混沌与秩序 Ⅰ

变革时代企业领先之道

编委：彭剑锋　施炜　苗兆光　王祥伍　孙波　夏惊鸣 等

主编：彭剑锋　尚艳玲

华夏基石十年研究精选

Chaos and Order

The Best Collection
of Chinastone

中华工商联合出版社

图书在版编目（CIP）数据

混沌与秩序. Ⅰ，变革时代企业领先之道/彭剑锋，尚艳玲主编. —北京：中华工商联合出版社，2017. 10
ISBN 978-7-5158-2105-4

Ⅰ. ①混… Ⅱ. ①彭… ②尚… Ⅲ. ①企业管理 - 文集 Ⅳ. ①F272 - 53

中国版本图书馆 CIP 数据核字（2017）第 236949 号

混沌与秩序Ⅰ：变革时代企业领先之道

作　　者：彭剑锋　尚艳玲
责任编辑：于建廷　臧赞杰
责任审读：郭敬梅
封面设计：久品轩
责任印制：迈致红
出版发行：中华工商联合出版社有限责任公司
印　　刷：北京旭丰源印刷技术有限公司
版　　次：2017 年 11 月第 1 版
印　　次：2017 年 11 月第 1 次印刷
开　　本：880mm × 1230mm　1/32
字　　数：222 千字
印　　张：9. 75
书　　号：ISBN 978-7-5158-2105-4
定　　价：99. 00 元

服务热线：010 - 58301130
团购热线：010 - 58302813
地址邮编：北京市西城区西环广场 A 座 19 - 20 层，100044
http：//www. chgslcbs. cn
E-mail：cicap1202@ sina. com（营销中心）
E-mail：gslzbs@ sina. com（总编室）

主　　编　彭剑锋　尚艳玲

本套书内容精选自华夏基石内刊《洞察》杂志2006－2016年内容。其中，包括2014－2016年《洞察》所组织的“华夏智库3＋1论坛”的研讨内容，以及“华夏基石十月管理论坛”的部分内容。

Ⅰ卷主要内容是分析解读企业所处的时代变化、企业生存发展所面临的内外部环境变化，对企业转型发展战略、顶层设计思维、组织变革趋势、领导力，结合实证研究提出了华夏基石的见解和建议。

Ⅱ卷主要内容是对处于时代变革下的企业管理新机制、人力资源管理新思维、组织与人的新型关系，结合企业案例提出了新的认识论、方法论和管理优化建议。

本书的作者主要是华夏基石集团的首席专家和高级合伙人，他们大多是管理学专业科班出身，具有博士、硕士学历，有深厚的专业功底和研究能力，同时他们多从咨询师或企业管理者做起，在企业管理实践中成长起来，熟知本土企业的发展脉络与管理方法。在华夏基石研究性咨询公司的定位要求下，这支作者队伍真正把实践与理论结合起来，真正成长为管理实战中的专家。

管理咨询是以企业的具体问题为导向的，因此本书作者的思考无不源于企业的现实问题，见解均提炼于企业的实践探索，相信读者在阅读中会找到共鸣、共识。

当然，“管理就是实践，实践是最伟大的老师。”中国企业在变革时代的实践探索在继续，华夏基石的研究与思考也将持续，希望通过我们的工作，为企业创造价值，与企业共同成长。

走进混沌　坚守初心　砥砺前行

彭剑锋

2006年，华夏基石公司成立三年，甫一站稳脚跟，几位老友，吴春波、施炜以及一起创业的伙伴们就合计着要有一块张扬自己的价值主张，体现华夏基石独特思维个性的阵地了。华夏基石内刊《洞察》杂志就这样诞生了。

当时，管理学者的研究还没有真正将企业咨询与案例研究结合起来，我们中国人民大学和创办华夏基石的几位学者算是开了中国本土管理咨询商业化的先河。

咨询与研究并行的角色定位，不仅连外界疑惑，我们自己也有些混沌：我是谁？有人直接就我的“身份问题”问我：“学者、咨询专家、企业家，这三者之间的区别是什么？”我不假思索地回答道："学者就是将一句话拆成四句话，尽量将简单东西复杂化，让人觉得深不可测，玄；企业家就是将四句话变成一句话，尽量将复杂东西简单化，要解决问题，让人感觉爽；而咨询专家则既要将一句话拆成四句话，又要将四句话变成一句话，让人既玄又爽。"

这个问题似乎给了我一把认识混沌的钥匙，无论是对我们的身份，还是对我们的事业，有豁然开朗之感——为什么一定是非此即彼，非黑即白呢？灰度与事物的态叠往往可能是常态，既然是常态，与其说要"走出混沌"，不如说要"走进混沌"，在混沌之中去探索，在不确定中去寻求确定，在多种选择中去动态选择，在创新中去迭代创新。

如果将学者的纯学术研究当成科学的话，那学者就是"白"；如果将企业家的行为当成艺术的话，那企业家就是"黑"，而咨询专家就是将"黑"和"白"融合起来，将理论与实践结合起来的人。将理论的一般性放到实践的特殊性中去检验才能使理论不断与时俱进、丰富完善，而将实践探索中的一般规律提炼总结为理论，以指导更多的实践，正是咨询专家的价值所在。

我创立华夏基石正是基于内心一直潜藏着的一种信念，那就是要将华夏基石做成一个研究型咨询公司。华夏基石既要做咨询，要有市场业绩；又要做研究，要有研究成果。我们的咨询成果背后一定要有研究功底，咨询工具背后一定要有理论假设系统，要有华夏基石独特的理论范式与方法。作为一个研究咨询公司，我们既要为客户的成长发展提供系统的解决方案，还要出思想，源于本土企业管理实践的管理创新思想。

在这样的认知下，我们赋予内刊《洞察》几项职责：第一，超越拿来主义，用独特的视角和非凡的洞见，基于中国企业的实践及特点，提出具有原创性的观点与研究成果。第二，基于问题，以企业家的质感，对中国企业成长与发展过程中的鲜活案例进行剖析，窥见成功企业经营管理的真谛，解读企业成长规律，提供问题解决的现实标杆与最优实践案例。第三，知识创造价值，以杂志为载体，为中国致力于管理实践与创新的学者、企业家以及咨询师提供一个知识交流、传播与共享的开放平台，让他们在智慧冲撞与相互砥砺的过程中体验高手过招的快感。

10 年来，以《洞察》为主要载体，积累下来数百万文字的“华夏基石方法”，而《洞察》杂志的作者队伍也在慢慢发生变化，从最早主要是我们中国人民大学的几位参与撰写《华为基本法》的教授，渐渐的一批博士、硕士出身，在华夏基石成长成熟的咨询师成为主要作者，如王祥伍、苗兆光、夏惊鸣、孙波、黄健江、宋杼宸、郭伟、全怀周、陈明、邢雷、张小峰等。

华夏基石的研究性咨询师队伍渐成规模，华夏基石研究性咨询公司的形象也渐渐清晰并获得业界认知——华夏基石致力于做一家研究性咨询公司，坚持以传统咨询方式为主，面对企业的真问题，提出真正有效、能落地的解决方案，致力于为企业创造真价值，与中国企业共同成长。

《混沌与秩序》这套书是对这些年来我们在与中国企业共同面对问题、探索解决问题，带着企业的实际问题去思考研究，把思考研究的阶段性成果应用于实际问题解决历程的记录和整理。

当然，如今再翻阅这些年来的文章，发现也存在很多不成熟的方法，有偏于简单的论断，甚至是失败的案例分析。但这些是我们探索、成长的痕迹，我们也不怕露丑，没有犯过错误不叫成长，没有失败不会有成功。我很庆幸我们的团队始终保持着探索的勇气和自我批判能力，只有自我批判才能不断自我超越。也许我们的历史还短，我们的积淀还不够，但我们自信，我们的梦想还在！

这是一个混沌与不确定的时代，需要重构思维，刷新认知，走进混沌，拥抱变革；这也是一个充满机遇和希望，更需要回归常识，坚守价值，静水流深的时代，因此我们也将不忘初心，付出耕耘，砥砺前行。

混沌与秩序 |

第一篇　做时代企业

一、企业“向生而生”之大环境

彭剑锋

近两年来，在跟企业家交流时，发现大家普遍有些焦虑。企业家们感到，在这个经济社会转型的质变时代，很难看清楚局势以及发展方向；互联网带来的种种变化又令人觉得未来充满了不确定性；做好企业的愿望和信心并没有丧失，但在经济放缓，进入新常态期间，一时间又不知道机会在哪里，怎样才能抓住机会。种种情况似乎都令人茫然而“找不着北”了，不知道该怎么走下去。

对于企业当前面临的困惑和问题，我们也在持续地观察、思考和研究，今天要跟大家分享和探讨的是我对以下几个方面问题的看法：

一是对中国经济形势及新常态的判断，对未来是持乐观还是悲观的心态，其中包括对正在推进的国企全面深化改革、深化反腐等举措对企业的影响的分析；

二是对互联网时代与新技术革命的判断，互联网究竟给中国企业带来怎样的挑战与机遇；

三是对新时代企业重构战略、组织和人力资源管理的看法及建议。

2014 年“华夏基石十月管理论坛”的主题是“中国企业向生而生，重构战略成长”，“向生而生”和“战略成长”是华夏基石提出的新主张。重构企业战略成长，内在的推动力还是如何在互联网时代回归到企业三个基本命题：战略、组织与人。所以我今天分享的重点最后还是放在战略、组织与人这三个命题上。

“向生而生”是我和陈春花、施炜老师在参加一个主题为“中国企业如何向死而生”的论坛时生造出来的词，是针对“向死而生”的。“向死而生”是德国存在主义哲学家海德格尔提出的一个哲学命题，大意是说，人生来就是绝望的、是要走向死亡的，所以要在有限的生命中寻找人生的意义，实现自我价值，以这种方式来超越对死亡的恐惧。但我们几个认为，“向死而生”还是带些宿命的观点，而且企业和人不一样，企业的生命是可以超越人的寿命的，可以活得很长久，国内外也并不乏百年老店、百年品牌。

我们提出“向生而生”，是认为企业家和企业应该用一种更积极的态度来对待未来，要为活着而活着、主动求活，抱着生的信念和愿望主动进行自我变革和蜕变，这样一定能够跨越时代与成长中的陷阱，活得更长、更健康、更有价值和尊严。

“生”是形容词，是活着的一种状态；“生”也可以是动词，表示一种活法。当“生”代表一种活法时，它就是一个企业与死抗争的过程，是企业对外部环境的动态适应方式，是一系列的战略选择和战术动作。

企业要“向生而生”，很重要的一点是要做时代的企业。所谓做时代企业，就是企业能够不断地适应时代要求；能够在应对外部环境变化过程中不断突破时代带来的挑战，不断去寻找每一个时代的大趋势；能够抓住历史性的机遇，实现企业突破性的成长，即战略成长。

要做时代的企业，首先要洞悉我们的时代，抓住这个时代的脉搏。

对中国经济基本面的判断，我一向是乐观派。

经常有人问我：“彭老师，你对中国经济形势怎么看，对未来是乐观还是悲观?”按照官方说法，我会说“我是谨慎乐观派”，但这其实是一个不负责任的说辞，就个人来说，我一向是乐观派。

近 20 年来，经济学界和管理学界对中国经济形势一直有着两派观点，一派是悲观主义者，一派是乐观主义者。悲观主义者的极端观点就是认为中国经济将硬着陆，经济早晚会崩盘。

而我对中国经济形势持乐观态度，是基于以下几个基本判断：第一，我认为中国经济持续发展的内在动力仍然非常旺盛，发展空间仍然非常宽广；第二，经济和政治体制深化改革还在带来改革红利，比如国企市场化改革方向带来的各种性质企业平等竞争的红利；第三，中国企业对环境的成长适应力与成长创新力仍然令人期待。

（一）对中国经济持续发展的内在动力和发展空间的判断

第一，价值创造动力机制仍很旺盛，中国与世界的差距、国内的发展差异蕴藏着巨大的发展空间。我认为衡量一个国家或一个经济体能不能持续发展，最关键是看整个社会对财富的渴求是不是衰竭了，其次是看还有没有需求空间。

中国改革开放发展到今天，我认为中国人对财富的追求仍然没有衰竭，大家普遍还在追求更好、更有尊严的生活，这就是经济发展的动力机制！我去欧洲考察时，感受很深刻。为什么北欧这种国家会出问题？虽然福利很好，老百姓很富足，但老百姓对财富的渴求不强烈，人人都在享受生活，国家的财富价值创造动力衰竭了。

只要一个社会的价值创造动力机制没有衰竭，它乱一点没有太大关系，就像我们说一个企业有没有发展前景，最关键是看有没有活力。如果你到一个企业，看大家都在各种抱怨，对公司制订的目标却没有挑战的欲望，那这个企业就有大问题。所以，企业最重要的变革叫“持续激活”，只要大家有持续的价值创造的冲动和动力，这个企业短期内就死不了。

国家、社会也是如此，虽然在经济转型升级阶段，很多结构性矛盾开始突出，有些方面确实显得混乱无序，但只要还有价值创造的活力，它就不会崩盘。有个开玩笑的说法，在欧洲是“好山好水好寂寞”，在中国是“好脏好乱好快活”。为什么还会好快活？因为乱中其实孕育着机会和潜力。

衡量一个国家经济能不能持续发展，一个关键要素是看它内在的价值创造动力有没有衰竭，另一个关键要素是看有没有发展差距。有发展差距就有发展需求，有需求就有经济发展的

源泉。

中国GDP虽然已经全球第二，但按照人均GDP来算，跟世界很多国家的差距还很大；就国内而言，城乡差距、中西部差距还很大，这些差距蕴含着巨大的国内需求。如果我们要把中国的农村发展得跟日本和美国的农村一样，把我国东部和西部的发展差距缩小，这里面将产生多少商业机遇？

还有，中国人所追求的更有品质的生活与我们现在提供的商品和服务品质还有非常大的差距。看看在各个商品类别里，我们有多少有国际竞争力的品牌？如果把现在赖在市场上的假冒伪劣产品都灭掉，提升我们的品牌品质，又将带来多少商业机会？

有些人看到一些企业死掉了，就觉得是不是经济形势不好，其实要看死掉的都是什么企业，如果是那些假冒伪劣的，没有技术，没有品牌的企业，它就该死。如果一个行业有上万家企业，随便弄弄都能赚钱，那这个行业肯定是没前途的，产业不可能整合升级，技术也不可能转型创新，提供的产品和服务自然也不可能是高品质的。

所谓转型升级，本来就是一个提高产品和服务品质的过程，在这个过程中优胜劣汰。其实我们也可以看到，真正的围绕客户价值，提供好的产品和服务的企业，还都活着，如果能抓住转型升级中的机会的话，还能活得更好、更健康。

第二，实用主义文化与结构化创新思维所整合的全球资源运筹与全球市场渗透，使得中国企业还有巨大发展潜力。现在国内外有一批学者一是批判中国企业没文化，只想做暴发户，二是批判中国企业没技术，尤其是原创性创新，对这两种批判我都不认可。

先说中国文化，我个人认为，中国文化绵延五千年而没有断绝，最核心的原因是中国文化是以实用主义为核心，凡是能让我生存下去，能让我活得更好的东西我都可以拿过来、融进去，包容开放、兼容并蓄。

我个人觉得，邓小平的伟大之处就在于他掌握并运用了中国传统文化精髓：实用主义。改革开放，把世界先进的东西吸收过来，运用全球资源运作及全球市场渗透，盘活了中国经济和社会。

再说中国企业技术，我们现在在一些领域是有实力参与全球市场竞争的。华为 2015 年手机市场销售量大幅增长，而三星 2015 年第一季度下跌了 4%。我今年去美国时专门了解了一下美国手机市场的情况，看到一些卖场里卖的不是三星手机，而是华为手机，我觉得特别振奋，当然苹果手机还是挺厉害的，但起码可以看到中国企业开始有实力跟三星这样的跨国品牌在国际市场上短兵相接了。

还有我认为我们的结构性创新思维很厉害，最有代表性的是高铁。虽然我们每一个模块都不是原始创新，但我们把德国技术、法国技术、日本技术融合到一起，通过结构化创新整合成一个全新的技术。这种结构性创新思维，恰恰适合在互联网时代进行全球市场的渗透。

（二）对体制改革和政治形势的判断——还有改革红利

第一，国企混合所有制改革和行政审批简化所带来的改革红利。首先，是国有企业全面深化改革，加快推进混合所有制经济发展，这个政策如果持续推进、落实的话，就能解决国有企业的根源性的内在矛盾。李荣融担任国资委主任的时候一直在推动两项改革：国有企业的董事会建设和EVI（中央企业负责人绩效）考核，但成效不显著，很难推动，为什么？因为在国有企业一股独大的条件下，党管干部的原则是不可能改变的。

但现在推动混合所有制改革后，情况就不一样。比如广东，就出现当国有资本只占51%后，当地政府主管部门对这些企业的董事长就只有推荐权，没有任命权。这是一个本质上的改变，突破了国有企业干部管理体制、人才管理体制的体制制约，为国企管理机制改革创新创造了条件。如果照这种趋势发展下去，将来国有企业的资本就能实现多元化，那么国有企业就很难形成对资源的垄断了。现在民营经济之所以遇到很多障碍，就是因为国有企业在一股独大的条件下可以垄断资源、垄断市场，民营企业没法跟它竞争。从这一点来讲，国有企业深化改革、发展混合所有制经济，是为民营企业跟国有企业在同等的市场竞争环境下去竞争创造了前提条件。

当然这会是一个渐进式改革的过程，在这个过程中，民营企业也不要干等着政策，主动创造机会和条件，参与改革、推进改革进程。

其次，李克强总理任职以后一直在进行行政审批制度的简化与放权，而不是直接进行政府机构精简。我认为这种思路是对的，为什么？把行政审批权真正简化、放权后，很多政府部门就没有存在价值了。现在很多审批权掌握在各个部门手里，等于把国民经济的咽喉掐住了，而行政审批权的简化和放权，为精简政府机构创造了条件，也为未来中国市场环境的优化提供了前提条件。

最后，必须看到国家推进自贸区建设的背后考量。现在上海自贸区在推进，福建自贸区也在推进，还有亚太自贸区，这说明什么？说明我们在进行全面的对内开放和对外开放。

第二，深化反腐和依法治国带来的红利。

党和政府正在进行的深入反腐，对市场秩序的维护以及商业环境的优化是能带来很多好处的。很多企业界人士就跟我说，现在办起事来，少喝了很多酒。从我们做咨询来讲，现在没人对我们提出要回扣的问题，过去可能会明目张胆地提出来，虽然他也想要，但不敢要，我觉得这就是一个进步。

总的来说，我对国企体制全面深化改革、深化反腐及依法治国等现在正在推进的改革政策是乐观的，这些都会给企业，尤其是民营企业带来更多平等参与市场竞争的机会，民营企业还能分到改革红利。

（三）对中国企业家精神及中国企业转型能力怀抱希望

在互联网时代，我们发现新一轮创新与创业精神正在回归，有两个现象：一个是调查显示，“90 后”比“80 后”“70 后”的创业意识更强。“70 后”“80 后”的创业愿望大概不到 1%，但“90 后”的创业愿望是 6%，美国是 25%，虽然跟美国比还有很大差距，但超过上两代人，这是一个好的现象；另一个现象是，大量“海归”不再仅仅把政府或央企作为就业的选择，选择回国自主创业。

目前，在互联网的推动下，新的商业模式不断涌现，新型产业与互联网企业正在蓬勃发展，同时推动传统产业的转型与升级，这里面都蕴含着新的机会。

我始终认为，不要仅仅看到宏观经济指标下行，还要看到经济结构正在朝着优化的方向发展。比如新型产业、互联网经济的发展速度远远超过传统经济，服务行业的发展势头仍然不错。

我天天跟企业打交道，现在很多新型企业、好企业还是有着非常旺盛的生命力。这些好企业有几个共同点：一是企业家的层次比过去更高，都是有追求、有理想的；二是他们所从事的产业是代表未来新型产业发展方向的；三是这些企业都舍得在人才、技术上投入。

总的来说，我对中国未来20年的繁荣是持乐观态度的，因为持续繁荣的动力还在，空间还很巨大，改革红利还有。

二、企业“向生而生”之互联网时代

彭剑锋

有位学者提出现在是互联网的中国时代，我比较赞同。如果从工业文明的角度来讲，中国确实跟世界有30到50年的差距，到了信息化时代我们可能相差20年，但是到了互联网时代，中国企业几乎与世界同步，甚至在某些商业模式方面我们还领先于世界。

首先，我们需要正确认识互联网时代。关于互联网到底是一种思维，一种技术，还是一个时代，还有一些争论。我个人认为互联网是一个时代。因为互联网创造了全新的生活方式、交往方式和劳动价值创造方式，这就意味着一个时代的来临。当互联网作为一个时代来讲，任何一个人或一个企业就不能逆势而动，而要顺势而为。

互联网时代的四大特征。

第一，互联网时代是一个互联互通的商业民主时代。互联网时代是一个人与社会、人与组织、人与人、现实世界与虚拟世界都相互关联、彼此交融、互联互通的零距离时代。在这样一个时代，信息的对称和零距离的沟通，使得商品交易中各相关利益者都可以自由、瞬时表达自己的价值诉求与价值主张，靠信息的不对称和黑箱运作获取利益的盈利模式及股东价值优先的思维定式必将彻底颠覆，取而代之的是以客户价值与人力资本价值优先，相关利益者价值平衡基础上的盈利模式。

同时，对“粉丝”价值诉求的重视与话语权的尊重，折射出商业交易过程中的厂商价值诉求主导让位于消费者及相关利益者价值诉求主导。从某种意义上讲，互联网时代真正实现了商业民主和社会分工最优化。

这种商业民主时代给企业带来什么样的影响?

一是从股东价值优先到各利益群体价值平衡。从公司治理的角度讲，过去是老板、股东说了算，但是到了互联网时代，因为信息变得对称和透明，各相关利益群体（客户、合作伙伴、员工等）的价值主张和诉求随时可以表达，所以除了考虑股东利益，还要考虑员工利益，合作伙伴利益，价值链参与者的利益。

二是从产品思维到用户思维，以用户体验至上。从产品设计上来看，产品价值链的各个环节都必须以客户为中心去考虑，你所面临的问题不是你能设计和生产出什么产品，而是什么产品和服务能让消费者感知，让消费者开心。你的产品服务要做到最好、极致，超越用户的希望才能得到用户。

三是从高端客户定位到得粉丝者得天下。让用户成为产品服务的一个组织部分，小米就比较典型，让用户参与产品设计与优化，参与品牌传播，让粉丝来决定产品的改进与创新趋势。在互联网时代，这将会成为一种趋势，就是谁能跟用户进入深度的交流，谁能走进用户心里谁就能赢得用户和市场，这要求企业以客户为中心来组织运营，建立“顾客驱动性组织”。

第二，互联网时代是一个基于大数据的知识经济时代。人与人之间低成本、零距离、无障碍的互动互联的交流与沟通，必然会产生大量数据、信息与知识，这些数据背后隐含着人的需求、个性特征、情感变化，以及深度沟通与思想冲撞所产生的新信息与新知识。企业的经营决策将日益依赖大数据及数据背后的知识，谁拥有大数据，谁能对大数据进行有效的分析、挖掘与应用，谁就能够拥有未来。

对企业来说，数据基本来自三个层面：信息、行为和关系，在这三个层面当中产生海量数据，这些数据里面实际包含着每个个体的需求、个性特征、情感变化等必然的消费行为逻辑。

从大数据中可以分析出不同层次、不同群体消费者的行为逻辑。也就是说，大数据看似是动态和不精确的，但其实能从小样本中推到大趋势，从不确定的数据中获得确定的事实。基于大数据，企业可以向客户既提供标准化，又提供个性化的服务，真正把标准化跟个性化融为一体。

大数据对企业的影响主要是以下几个方面：

一是数据将成为企业的核心资产，知识成为企业最大财富。企业最大的财富不再是人才，因为人才总是会流动的，人才一走就带走数据和知识。

二是企业不再是业务驱动，而是大数据驱动经营管理，因为企业的运营管理将会依赖大数据及数据背后的知识，另外，企业可以通过互联网来整合个体知识劳动力。就像维基百科，在全球有30万个编辑，这30万个编辑都不是它的员工，维基百科的用户既是客户又是员工。它把不同的客户分成不同的专业群，把要研究的问题发到群里面，然后群里的专业人士自己组织项目，维基百科再给予资金支持，通过项目合作制来整合全球的人才，“不求人才为我所有，但求人才为我所用”。

第三，互联网时代是一个客户价值至上与人力资本价值优先的网状价值时代。信息的对称和透明，客户、员工互动参与、交融，无障碍表达价值诉求与期望，共同构成了以客户价值与人力资本价值为关键连接点的网状价值结构。

也就是说，员工跟客户之间完全是互动的关系，而且在互动过程中不断产生价值诉求，企业在不断满足不同层次、不同类别的客户员工的价值诉求过程中，其实又构建了一个全新的价值创造网，这个过程中人力资源成为最具价值创造潜能的要素，又处于优先的位置。

客户价值至上与人力资本优先的网状价值时代对企业的影响是什么？我认为主要是五个方面：

一是员工跟客户之间界线模糊，员工变成客户，客户变成员工，共同构成一个价值创造网。我在2001年写过一篇文章叫《员工就是客户，客户就是员工》，那时候大家不是很理解，现在大家理解了。所以企业的人力资源管理不仅要延伸到员工，还要延伸到你的客户。

二是人才资源要素是最活跃、最具有价值创造潜能的要素，要真正处于优先的位置。企业要发展必须要真正体现人力资源的优先投资和优先发展。

三是人力资本合伙人制度将成为这个时代的主流，越来越多的企业将由知识群体构建，知识雇佣资本，人力资本合伙制将成为普遍现象。

四是组织将去中心化，人人成为价值创造的主体，人人都可能变成核心员工，人人都可能变成最有价值和创造能力的员工。

五是客户优先的商业模式创新。客户价值免费模式实际是客户价值优先模式的一种体现，这种客户价值优先的模式适应中国式消费创新。

第四，互联网时代是一个开放、共享的“有机生态圈”时代。过去的组织和价值链基本上是串联关系，到互联网时代则是一个串联、并联并行的网状结构关系。

在网状结构中，各个网的节点、节点背后的分支，互联互通成为一个有机的生态圈，有机生态圈各种机体之间，既竞争又合作，既独立生存又开放包容。

开放、合作、共享是有机生态圈良性循环的基本生存法则。

企业和社会之间、各个利益相关者之间、组织内各价值创造体之间形成彼此独立、相互依存、相互影响和互动交流的有机生命体。它们彼此之间深度联系、互通互联，既竞争又合作，谁也离不开谁，任何一方要挑起争端，对自身都是一种伤害。在开放的有机生态圈中，没有了绝对的赢家，也难以通吃和利益独享。

它对企业的影响主要体现在以下几个方面：

一是企业必须要开放合作，要构建多方共赢的资源配置平台。

二是要把企业打造成成就员工的平台。所以企业有两个生态圈，一个是跟它的合作社区之间所形成的生态圈；另一个是内部生态圈，员工与员工之间、各个团队之间既是独立的自主经营体，同时又能协调共赢。

三是需要有跨界思维，去不断打破利益分配的格局，高效率整合各种价值创造，敢于创新，主动跨界。

四是构建“共创共享机制”。我们原来叫“利益分享制”，华为叫“获取分享制”，还有一些企业叫“自主经营体”，其实都是强调组织内部之间，跟外部合作伙伴之间，跟生态环境之间要构建一个相互依存、多方共赢的有机生态圈。

这个时代给中国企业未来的战略成长提供了更大的想象力和发展空间。战略成长主要是一种长远生长，战略成长需要新的、巨大的发展机会、发展空间与生长点。而战略成长是要通过转型变革去激活价值创造力，也是一种内在成长要素的重构，其核心是商业模式创新与技术的进步。

所以中国企业要在新一轮的经济长途中不被抛弃，就要努力做一个时代的企业：不犯历史性错误，不错失历史性的发展机遇。

三、新时代战略、组织和人力资源探索案例

彭剑锋

在互联网时代，企业的发展战略、组织和人力资源究竟朝着什么方向发展，我们可以通过一些案例来判断趋势。

（一）小米的管理创新

小米在全球手机产量排行中的位置是第三，在短短的几年之内小米能够进入全球手机产量前三名，我认为主要得益于他

们对于互联网时代特征的把握，以及相应的一系列创新实践。在管理方面雷军和他的团队有很多创新的理念和做法。

1. 找最优秀的人才

雷军认为人力资源80%的时间应该用在找人上，要找最聪明的人，跟最聪明的人合作。过去我们一直讲企业不一定要找最聪明的人，而是找最合适的人，但小米就颠覆了人力资源的理念。他们认为如果一个同事不够优秀，不但不能有效地帮助团队，反而有可能影响到整个团队的工作，要把产品做到极致、超越客户需求，人才必须是超一流的。要找到超一流的人才，你就不能靠自己培养，而是要不惜代价去市场上挖。

小米团队从14人到400人，整个团队平均年龄33岁，几乎每个员工都来自最优秀的公司，如谷歌、微软、金山、摩托罗拉。雷军一半的时间都用在了招人上，前100名员工，每位员工雷军都要亲自见面并沟通。小米的这种理念不一定对，但找到了一个公司在高速成长时候最需要的优秀人才，而且把其他公司的经验都带了过来。

2. 组织扁平化和管理简化

他们认为，互联网时代要贴近客户、走进客户的心里，企业就必须缩短跟消费者之间的距离，跟消费者融合到一起。只有融合到一起才能跟消费者互动，才能把消费者变为小米产品的推动者和产品设计研发人才，要实现这些就要组织扁平化，组织要尽量简化。

小米的组织完全是扁平化的，7个合伙人各管一块业务，形成一个自主经济体。小米的组织架构基本上就是三级，核心创始人—部门领导—员工，一竿子插到底。他不会让团队过大，团队一旦达到一定规模就一定要拆分，变成项目制。从这点来讲，小米内部完全是激活的，一切围绕市场、客户价值，大家进行自动协同，然后承担各自的任务和责任。在小米，除了7位创始人有职位，其他人没有职位，都是工程师。在这种扁平化的组织架构下，不需要去考虑怎么升职这样的杂事，一心扑在设计上就可以了。

因为组织扁平化，在管理上就能做到极简化。雷军说，小米从来没有打卡制度，没有考核制度，就是强调员工自我驱动，强调要把别人的事当自己的事，强调责任感。大家是在产品信仰下做事，而不是靠管理产生效率。管理要简单，少制造管理行为才能把事情做到极致、才能快。除了每周一的例会，小米很少开会，公司成立三年多时，合伙人只开过三次集体大会。

3. 强调责任感而不是指标

雷军曾介绍说，小米一直是6×12小时的工作日，坚持了将近3年，靠的是大家的责任感。雷军在一份材料中写道：比如我的代码写完了，一定要别的工程师检查一下，别的工程师再忙也得第一时间亲自检查，然后再做自己的事情。其他公司都有竞争制度，大家都为了竞争做事情，为创新而创新，而不一定是为了用户而创新。其他公司向工程师强调把技术做好，小米的要求是工程师要对用户价值负责，为伙伴负责，而不是为技术而技术。

4. 小米强调要建立透明的利益分享机制

在互联网时代，企业赚多少钱都是透明的，所以企业必须建立透明的利益分享机制，基于每个人的能力和贡献分享利益。

很多人说小米是去文化管理，其实我认为它恰恰是文化和价值观管理。小米的7个初始合伙人原本都是老板，为了共同的理想和目标追求，7个不同能力、不同价值取向的人聚在一起，把这件事情做了起来。

靠价值观凝聚人、牵引人，一切围绕客户价值，组织扁平化、管理简单化、强调速度，这是我们从小米的实践中看到的互联网时代管理的创新。

（二）海尔的转型和创新实践

我了解到，张瑞敏近几年一直在研究海尔作为一个传统工业企业如何实现转型。张瑞敏讲要用互联网思维来升级传统制造行业，他最近提出了一些理念。

1. 平台化企业与分布式管理

他认为企业总部应该是一个平台，进行资源的整合、运筹，形成一个生态圈，进行全球资源运筹与人才整合。

2. 人单合一自主经营体

这是在海尔推行了多年，以用户为中心的“人单合一双赢模式”。所谓“人单合一双赢模式”，就是运用会计核算体系去核算每个员工为公司所创造的价值，依据你所创造的价值来进行企业价值的分享，这叫双赢。这种模式使几万人的企业在内部形成了无数个小小的自主经营体，员工自我经营、自我驱动。

3. 员工创客化

海尔有专门的创业基金，有合作的投资公司，员工只要有好主意、好点子，公司就可以提供资金成立项目组，鼓励员工组建队伍去创业，而且让员工持股。这样企业内部就能变成一个个的创业中心。在互联网时代，要发掘和发挥员工的创造力，你只要给他资源，他可能就能做成功一个项目，或者成立一个企业。海尔倡导员工创客化，那将来有可能在内部创业出几百个公司，海尔就变成一个创业的集合体，这时候企业的利益就不再简单的来自于家电，围绕整个价值链，什么都可以做。值得注意的是，现在海尔很多新型的公司都是员工创业的成果。

4. 倒逼理论与去中心化领导

去中心化就是让消费者成为信号弹，让消费者倒逼员工提升素质、开发市场，让员工做 CEO 做的事情，每个人都是中心，人人都是 CEO，管理者成为资源的提供者。强调企业不要提“以某某某为核心”，而是每个员工都可能变成核心，人人都成为自主经营体。

5. 利益共同体与超值分享

海尔提出，你只要为公司创造了价值，我就让你分享这个超越的价值，建立分享的利益公共体。

像海尔这种传统企业，它已经在用互联网思维来做产品和服务，用互联网思维在做管理。张瑞敏提出，海尔要实现转型升级就必须砸碎旧组织。2013 年海尔就提倡企业平台化、员工创客化、用户个性化的“三化”改革。企业平台化就是总部不再是管控机构，而是一个平台化的资源配置与专业服务组织，并且提出管理无边界去中心化，后端要实现模块化、专业化，前端就是员工，这里强调个性化、创客化。而且张瑞敏最早提出“时代组织”的概念，大家可以看到海尔从商业模式到组织和管理的一系列创新举措。

（三）华为的组织变革

华为最近的组织变革做得比较多，任正非提出，简化组织管理，让组织更轻更灵活，是未来组织的奋斗目标。华为最近做的一个大的改革，就是提出“班长的战争”。华为将从中央集权变成小单位作战，通过现代化的小单位作战部队，在前方去发现战略机会，再迅速向后方请求强大火力，用现代化手段实施精准打击，这就是所谓的“班长的战争”。

要实现这种改革，首先要建立子公司的董事会。过去华为实行中央集权是因为火力不够，得把整个企业的资源集聚在一起形成强大火力去冲锋。现在不一样了，企业的品牌、资金、客户资源都有了，这时候就需要变阵，把集中的权力下放，企业的一些重大经营决策就会下放到子公司董事会。

强调“班长的战争”，并不是说班长可以为所欲为，而是需要资本的力量监督，需要董事会来监督班长。所以任正非提出，既要及时放权，把指挥权交给一线，又要防止一线的人乱打仗，所以监控机制要跟上，要建立子公司董事会，由子公司董事代表资本实现对经营者的监督。

任正非认为企业管理要学部队，他认为部队的组织机构是最具有战斗力的。像美军早就把作战单元变成旅，以旅为单位，作战能力更厉害。美军内部还在改革，未来的方向是作战单元有可能从军直接管到营，班长可能就是少将，因为一个班的火力配置要达到一个旅级的配置，以后炮火就是跟着班长，提高一线的综合作战能力。

缩小作战单元，让前方听得见炮火的人指挥战争，提升一线的综合作战能力，总部变成资源配置和支援的平台，这是华为组织变革的一个趋势。

所以华为现在提出要简化组织管理，让组织更轻更灵活，逐步实现“让前方来呼唤炮火”，要缩减组织层次，缩小规模，几个组织合并成一个组织，进行功能整合，以便于能快速响应前方的呼唤。

缩小经营单位，我认为这是未来组织变革的一个趋势。因为企业往往一做大就面临很多问题，首要问题就是搭便车、混日子的人越来越多，要快速捕捉机会、响应市场，组织就必须精简，而不是人海战术，每个人都要成为价值创造者。这就需要改变整个组织结构和组织模式，总部是要求提高专业化整合与管理能力，一线则是要提高综合作战能力。

不管是互联网企业小米，还是传统企业海尔及华为，所进行的变革都是在走向组织精简扁平化，强调速度，强调客户价值导向。

组织结构不再是过去的传统的金字塔结构，企业的权威也不再是行政权威，而是专业权威、流程权威。

（四）阿里巴巴的人力资本合伙人制度

除了组织的变革外，在互联网时代还有一个重大的变化就是利益分享机制的变化，从人力资源走向人力资本，未来可能是知识雇佣资本，一个人少量控股甚至不控股，他就可以实现对这个企业的有效控制权，称为“人力资本合伙人制”。所以海尔提出超值分享，华为要实行获取分享制，企业的利益分享机制正在发生变化。

阿里巴巴从本质上来讲应该是个日本企业。阿里巴巴的股权结构，日本软银集团孙正义占 34.4%、雅虎占 22.5%、马云只占8.9%、蔡崇信占3.6%、陆兆禧等高管占1%，其他社会资本（包括员工持股）占30.6%。雅虎的股份也可能属于孙正义，所以如果从股权来讲，阿里巴巴应该算是个日本企业，但马云和他的创业合伙人实际掌控着企业的日常经营决策。

阿里巴巴为什么要在美国上市？就是因为美国承认“人力资本合伙人制”。“人力资本合伙人制”最大的特点是同股不同权，就是大股东并没有企业的日常经营决策权，资本方不参与经营与企业管理，企业的经营权、管理权还是由职业经理人、企业创始人来进行。

阿里巴巴的人力资本合伙人主要来自两方面，一是马云自己培养的合伙人，还有是空降的技术人才。就财富来讲，马云虽然只有8.9%的股份，但市值130多亿美元。有人说阿里巴巴上市后，杭州一下子多了成百上千位千万级、亿万级富翁。

所以我认为未来将进入人力资本价值管理时代，它有三个特点：一是人力资源成为企业价值创造主导要素；二是人力资源不仅要获得工资待遇，还要参与企业的利益分享；三是人力资本不仅要参与企业利益分享，而且要参与企业的经营管理。

（五）从案例探索的几个发展趋势

从以上几个案例来看，在互联网时代，企业在战略、级织变革和人力资源管理上表现出几个发展趋势：

第一，企业是基于客户价值进行商业模式创新，通过商业模式创新走进客户、走进消费者，依此来提升未来的战略发展空间。同时，企业围绕客户进行跨界经营，借助互联网寻求战略性成长。企业不是单一靠研发一个产品出来去渗透市场、扩大市场，而是围绕客户进行资源和价值整合，构建价值网，从而实现突破性的成长。

第二，从组织角度来讲，大组织做小、划小经营核算单位，管理去中心化，激发活力，从中央集权变成小作战单位。不管是海尔的自主经营体，还是华为的“班长的战争”，都是在把大企业做小，激发经营活力，提高各个经营体的自主经营能力。

第三，从人力资源管理角度来讲会出现以下几个特点：

一是员工和客户的界限模糊化。客户会成为你的品牌推广者、产品服务设计者、生产参与者，员工也是你的客户，要用服务客户的思维管理员工。

二是用会计核算体系核算组织中每个人所创造的价值。旨在进行人力资源价值管理，与组织划小经营单位相对应，价值创造的核算也会落实到每个人。所以我认为人力资源价值管理时代将到来，即真正通过一种机制设计、制度设计去提升每个人的价值创造能力，目标就是让每个人成为价值创造者，让每个人有价值地工作。互联网时代企业人力资源管理的核心就是通过价值管理激发活力、激发价值创造能力。

三是建立人力资本合伙人制度和全面认可激励制度。人力资本合伙人制度就是强调人力资本要优先投资，人力资本参与利益分享，人力资本要参与企业的经营决策。对普通员工，提出要进行全面认可激励，就是员工只要是为企业做出贡献，符合企业价值的所有行为，企业都给予认可、评价、激励，让评价无时不在、不处不在，使评价体系变得透明，价值分配有客观依据。

同时要激发所有员工的创新、创业精神。海尔的自主经营体和员工创客化就是一种尝试，员工的一个点子、一个创意、一项能力，在企业的扶持下，它就可能会变成一个产品，再从产品变成一个公司，企业内部就激发了创新、创业的活力，企业也就有了永不枯竭的持续创新动力源泉。

人力资源的价值开始成为企业业务推进主要的动力来源，知识真正在雇佣资本，人力资本在优先发展，这些都是在互联网时代对战略、组织和人力资源所提出的要求。

第二篇　中国企业的成长转型

一、中国企业成长导航（上）

施　炜

企业成长是企业做大做强的过程。在艰辛的航程中，企业通常需经历若干成长阶段。管理学界对企业成长阶段的划分，比较著名的有葛雷纳的“五阶段”模型、爱迪斯的“企业生命周期”理论等，杨杜教授也对企业成长的内在机理做过深入的研究。我们《中国企业成长导航》项目，旨在为企业成长提供管理解决方案，亦需从动态角度提出一个基于中国企业实践、适用面广、解释力强的成长阶段模型。这样的理论建构，有利于我们分析、判断企业成长过程中所处的阶段，以及各阶段典型的、共性的特征和问题，有利于我们提出有针对性的对策和方法，动态地进行成长导航。

构建中国企业成长阶段划分模型，我们找出了 4 个基本变量：一是时间，即成长模型中的时间轴，对企业组织而言，它有起点但无终点，意味着企业成长是永无止境的航程（当然，不断有企业在不同的航段上退出或消亡）；二是绩效，即衡量企业成长的指标，即成长模型中的纵轴，它可以是销售及利润规模，也可以是资产规模，还可以是数字化指标背后的企业能力（这个只能定性评价）和优势；第三、第四个变量都蕴含在企业成长的动态曲线中。

按照我们对企业成长的理解，影响和决定企业成长的因素主要有两个：一是战略，即成长的方向、方式和路径，也就是如何成长。在本模型中，我们主要描绘和分析不同阶段的成长特征和成长的驱动因素（或称作“关键变量”），我们对成长阶段的划分和命名就是按照其若干成长特征中最主要、最鲜明的特征做出的；二是组织，即成长的支撑和平台，具体内容包括组织的形态、架构、管控方式等，它们都属于“管理”的范畴（而战略则属于“经营”的范畴）。

在战略和组织两个变量中，我们遵循“战略决定组织”“经营牵引管理”的原则。

按照成长特征，我们把中国企业的成长过程分为 5 个阶段：一是创业阶段；二是机会成长阶段；三是系统成长阶段；四是分蘖成长阶段；五是整合成长阶段。除了企业成长之初的“创业阶段”和二次创业、重启战略成长的非封闭的最后阶段（“整合成长”），其余 3 个阶段企业都会产生、积累大量的管理问题，因此需进行“管理整合”。有些优秀企业边成长边整合，也就是人们平时所说的“边开车边修车”；但对于更多的企业来说，在快速成长的时候通常是顾不上解决管理问题的，一些管理问题在企业高歌前行时也暴露不出来，或不能充分暴露出来，只有当成长停滞、增长乏力时，才会发现问题积累既深且久，不着手处理和解决就无法迈上新的航程，甚至有可能退出。因此，在每一个成长阶段的后期通常会进入“管理整合”状态，整合成功了，企业成长曲线会重新抬起头奔向下一阶段。

基于以上分析，对应于企业成长的中间3个阶段，分别有3个不同主题的“管理整合”：一次整合，职能发育；二次整合，体制调整；三次整合，战略重构。需要说明的是，无论是“边开车边修车”，还是“车歇了，再修车 ”，都不会影响“管理整合”的存在和在理论上单独分析的逻辑合理性。

对于每个成长阶段（尤其中间3个阶段），我们分析的基本逻辑是：成长特征—关键驱动因素和行为—管理特征—管理中存在的问题—管理整合—管理整合中的问题—如何解决整合中的问题。除了前两者属于战略层面，其余均属于组织层面。将5个阶段连贯起来看，彼此之间是有逻辑联系的：前面阶段是后面阶段的准备和铺垫，既提供了新阶段的“种子”、条件和基础，又消除了妨碍进一步成长的积弊和障碍；也就是说，后一个成长阶段是前一个阶段组织变革和管理整合的产物。

当然，一些企业的成长是一条连续曲线，各个成长阶段的区分不是很明显和清晰，也并非所有企业都会完整地经历这5个阶段，提前退场的、浓缩的、跨越的情形都会存在。我们这是针对典型成长情境的分析，并不能囊括所有企业的成长实践和例证。

（一）创业阶段

这是一段充满不确定的航程，时刻面临生死考验。绝大多数企业在这一阶段“出师未捷”。企业这一阶段的成长特征是：

第一，创意驱动和牵引。创业者创意的本质是对市场需求的假设，对竞争环境的假设，对顾客价值以及顾客价值创造方式的假设，以及对自身及团队能力、资源的假设。创意或许来自于模仿，或许来自于移植，或许来自于前瞻和洞察，甚至来自于异想天开。

第二，商业模式试验和产品试错。任何一个创业设想，其主要内容是商业模式的设计。其可不可行，与现实情境和条件是否吻合，逻辑是否坚实可靠，都需经由实践检验。商业模式的核心是为顾客创造的价值（以产品或服务为载体）。它们是否真的为顾客所需，是否真正契合顾客的认知和情感，都需进行市场测试。这种测试不是简单的数据调查，而是不断试错，即将产品推向市场后，根据反馈不断改进，错了再试，直至逼近、抵达理想的状态。

第三，资源和能力的检验。创业之初，通常对商业模式落地、产品（服务）价值实现以及项目推进过程中的困难以及所需资源估计不足，而对自身（创业者及创业团队）的能力估计过高。因此，在创业阶段，需对资源和能力进行检验，动态地完善、弥补和增添。

创业期企业的基本目标是“活下来”。存在问题及主要风险，从战略角度看，主要是两个：一是商业模式不成立或不完全成立，产品（服务）市场试验失败；二是资源和能力不足，尤其是“浅钱袋”的制约。因此，关键要素或关键行为则是商业模式的打磨、改进和证实，资源的储备、扩充，以及团队的优化。雷军曾言，互联网时代，创业企业要有花不完的钱。只有资源充裕，才有可能为商业模式的试验、调整提供较大的回旋余地，才有可能延长创业时间，实现“以时间换空间”。

创业期企业的管理问题相对少一些。一方面是因为团队人员规模小，组织复杂度低，另一方面是因为团队有激情、有冲动（这是所谓的“去 KPI（关键绩效指标）”“去流程”的背景）。但导致创业失败的内在问题，最主要的是核心团队的磨合。很多创业企业都上演了从“中国合伙人”到“中国散伙人”的悲剧。而这背后又有两方面的原因：一是创业时凭感性认识人、理解人，理性不足，未能事先严格、细致讨论确定合作规则，尤其是对权力边界、责任边界和利益边界的划分。其结果是，遇到困难时，不能同舟共济，稍有利益时，为一些小利益而相互猜疑甚至反目成仇；二是未确立核心团队共同遵守的核心价值观，未能有效地构建团队文化基因。核心团队成员基本价值观不一致，不仅增加合作过程中的沟通成本和协同成本，而且会导致企业的战略方向、基本组织规则上的分歧，使合作无法持续。因此，在创业阶段，“契约”和“文化”（心理契约）是管理的关键所在。

需要指出的是，由于创业期企业的目标是“生存第一”，那就很可能为了生存而忽略了手段、途径的合理性、合法性。一些创业企业为了原始积累，把道德底线拉得过低，甚至违法经营，那就很有可能遭遇“颠覆性”风险。

近年来，在互联网和“第三次工业革命”的时代背景下，全球主要经济体创业活动方兴未艾、蔚然成风。由于资本（天使投资、风险投资等）提前、深度介入，使创业企业的资源条件和内部治理都有了很大改善，使创业企业的战略图景及商业模式更加清晰和可行（众筹和孵化），使创业的成功率提高了，但也使创业的门槛抬升了。理论界针对创业活动，也提出了一些新的战略主张，例如《精益创业》理论（埃里克·莱斯），提出创业的3大工具："最小可用品""客户反馈""快速迭代"；《从0到1》创业理论（彼得·蒂尔），强调创业企业需在细分领域内构建垄断性优势。雷军创办的小米的成功，提供了现代"压强式"创业的典范：在一个大市场内，整合优秀团队和多种资源，构建创新性的商业模式，并聚焦在关键竞争要素（"极致单品"，应用软件，粉丝社群）上，压强式突破，迅速形成竞争优势。

（二）机会成长阶段

恭喜你从创业阶段的九死一生中闯出来了。下一段航程，市场提供了良好的机遇，比起创业阶段，成长的确定性大大提高了。在这一阶段，商业模式已经确立并基本稳定，增长的路径也清晰可辨，只要不犯常识性、基础性错误，通常都会获得巨大的收获。

1. 企业这一阶段的成长特征

第一，基于关键机遇的成长。关键机遇可能是进入了成长期而持续、快速增长（如近10年来的房地产以及相关产业）的某一种需求，可能是有望与之建立关系的优质大客户（如中国移动、中国电信、中国联通3巨头之于华为），可能是因竞争结构变化、竞争者退出而出现的市场空间（如谷歌退出中国市场后百度所遭遇的市场环境），等等。总之，企业站在了风口上，只是风量大小不一而已。

第二，营销拉动。面对市场机遇，许多白手起家的中国企业，没有什么技术基础，很难以产品（服务）的技术优势赢得市场份额，只能通过营销创新和营销运作将外部市场资源转化为收入及盈利；以营销环节为先导，拉动研发和制造环节的发育，从而构建整个价值链。

以消费品为例，国内企业的营销经验不外三个：一是“概念化”的产品价值；二是突破顾客认知障碍的强势传播；三是渠道模式创新（包括采用电商模式）和垂直渠道体系（专卖店、专区等）的构建和掌控。到了互联网时代，可以再加上一条，基于社交网络的营销。

第三，规模化产能保证。通过营销打开市场后，企业的一个重要任务是产能（或供给能力）建设。我国改革开放以来，众多行业都属于新兴行业，无大量的存量资产可以激活利用，因此生产外包的“轻资产”模式走不通（目前，国内一些行业开始产能过剩，“轻资产”模式有了可能性）。同时，由于市场机遇非常诱人，企业不愿意因供应链（包括企业内部生产链）问题影响快速成长，也不愿意丢失来自制造环节的附加值，因此倾向于自建生产及供应体系。通过规模化生产，企业也获得了规模经济带来的利益。处于机会成长阶段的中国企业，常常有一个共同的经验：市场的机会来了，产能意味着收益。

基于上面所讲的成长特征，处于机会成长阶段的企业，关键因素和关键行为，一是导入新的营销模式，采取有效的竞争策略。大海里鱼很多且在不断增加，关键就在于能否找到比竞争对手更好的作业方式和工具手段把鱼捞上来。二是产品（服务）的品质水准和性价比竞争力。20 世纪 90 年代，正是中国家电市场迅速膨胀之时，但许多“先行者”或因竞争策略失误，或因内部治理失范，或因产品品质不过关而倒下了，教训殊为深刻。

处于机会成长阶段的企业，其基本目标是快速增长，其管理上必然是绩效导向。抓住机遇，迅速做大规模，使自身在行业和市场上的“位置”快速前移，超越众多的中小竞争对手，是这一阶段的主要战略任务。在“做大”与“做强”的平衡上，以“做大”为前提，即不“做大”就不可能“做强”。

此阶段的核心团队，通常是一头狮子带领能力参差不齐的伙伴；在文化风格上则是强烈的英雄主义以及营销导向背景下的“草莽”作风；在管理体制上，创始人通常高度集权，事无巨细，均亲自掌控；在管理运行上，流程化、规范化程度低，“人治”色彩浓厚；在组织形态上，职能机构和专业支持平台缺乏，内部分工亦不十分严格，非正式沟通成为主流。

饶有意味的是，由于企业创始人或领导人强势领导和管理，一些处于此阶段的企业，看上去很混乱，但经营效率并不低，有的时候还能收到“乱拳打死老师傅”的奇效。

2. 企业这一阶段风险和问题

第一，在急切的业绩导向下，很容易滑向冒险主义。主要症状是资金杠杆率（负债率）过高，容易导致资金链断裂、产能膨胀过快，超越管理能力，以及给予渠道和内部营销组织任务压力过大，通常会导致市场行为扭曲，等等。

第二，在浓缩式成长（“三步并作一步”）的情形下，制度、流程、规范等控制因素跟不上前行的步伐，往往会出现管理失控，如大面积的腐败、内部利益结构崩溃、团队大规模流失等。

第三，在急于求成的指导思想下，为了业绩增长不择手段，恶性竞争，经常碰撞社会公德和法律的边线，最终因“野蛮生长”付出难以挽回的巨大代价。

第四，由于高度集权，不仅会形成“家长型”的组织文化，抑制员工尤其是知识型员工的内在积极性以及能力发挥，而且在战略决策上“一言堂”，容易出现重大失误，更重要的是，妨碍管理者团队的培养。

第五，企业领导人集权和专业职能发育不足相互作用、互为因果，影响产研销各环节、人财物各要素的效率、效能提升，使团队和能力基础薄弱的问题长期得不到解决。

3. 随后需要的管理整合

上面这些风险和问题长期积累沉淀下来，终会或前或后在某个时点上使企业成长曲线出现拐点，从此时起，企业急需进行第一次管理整合。这次整合以职能发育为主题，以建立管理基础为主要内容，以提升专业能力为旨要，使企业从创始人或领导人“个人化”的状态，真正变为一个由众人纵横编织、相互协同的“组织”。本次管理整合的要点是：

第一，健全组织架构，构建专业性的职能管理平台，完善决策支持和参谋体系，促进各项关键要素的生长、发育和积累，提升价值链各环节以及整体的运行效率。

第二，与第一点相关联，开始系统导入管理体系，包括制度、流程、模拟以及方法工具，使组织运行走上有序、可控、规范的轨道，通过系统管理避免“翻车”风险。

第三，重视组织建设，开始引进职业经理人，同时注重内生方式的人才培养（招录、使用大学生）。

第四，形成企业领导团队“班子”，以“班长”（通常是企业创始人）为首，“班子”内部分工明确，各领其责。这时，企业决策机制和指挥、协调机制相应变得较为规范。

这些举措，写在纸上一蹴而就，但在企业的现实操作中却殊为不易。相当多的企业就是没有通过这道坎儿，而止步于机会成长阶段。

4. 管理整合中容易出现的问题

第一，引进的职业人水土不服。一拨儿又一拨儿来来走走，几番折腾，企业大伤元气，不仅打击了原有团队的积极性，也挫伤了企业创始人的信心和勇气。这里，既有“树”（外来职业经理人）的问题，也有“土”（企业的管理基础、文化特征以及组织氛围）的问题，还有双方的期望错位的问题（通常彼此的期望都过高或不准确）。对许多民营企业来说，不引进职业经理人未来发展无望，而引进则又缺乏人才识别、选择、使用、融合（或统称为驾驭）的能力，这几乎是个“死结”。

第二，引入职业经理人，企业的利益格局和利益关系比以往复杂，内部的离心力增强，同时随着管理体系尤其是各项流程的导入，企业的运行效率不仅没有提高反而显著下降。这必然会增添企业创始人及管理团队对管理整合的疑虑。

第三，更深层的问题是，原先内部统一性强、自洽程度高（自圆其说）的企业文化发生稀释和变异，旧的价值理念未褪去，新的价值理念未建立起来，这种“中间状态”会影响企业的思想统一和行动统一。组织中的任何一种声音，都会找到反驳的理由和依据，不排除少数外部引进人员用貌似先进的文化理念包装、掩饰自己（一些“质朴少文”的企业创始人无法识别，甚至附庸风雅地附和），当然也有可能是企业老的组织文化拖住了新的先进企业文化导入的后腿。

5. 解决本次管理整合中的问题

第一，企业创始人或领导人要有危机感、紧迫感，要有变革的决心，同时有清晰、明确、合适的价值观体系，遇到阻力不动摇。

第二，企业创始人或领导人要提升自身驾驭管理变革以及识别人才的领导力，并找到合适的方法。

第三，明确人力资源管理尤其是干部和专业人才队伍管理的基本政策，在较短的时间里建立人力资源及干部、专业人员管理体系（包括标准、制度、流程、模板、工具、方法等在内），为培养人才、提升能力构造机制，奠定基础。同时也借此梳理企业文化，并融入人力资源管理体系之中。

第四，借助本次管理整合，基本建立符合企业未来发展要求的治理结构，即通过顶层设计解决企业长治久安的根本性、基础性问题，这里包括股东会、董事会和管理层的责任、权限配置，董事会、监事会以及管理层运行规则、决策机制等。

二、中国企业成长导航（下）

施　炜

（三）系统成长阶段

如果你顺利、有效地完成了第一次管理整合，你的船只会由快艇升级为真正意义的军舰，你将进入高歌猛进的主航程，只要不出现重大的决策和运作失误，企业在本行业（或细分领域）内，将会成为领先者。

1. 系统成长阶段的成长特征

第一，企业成长具有明显的战略意图，即具有明确的战略目标，知道企业向何处去，同时也清楚地知道成长的路径和方式，及如何实现成长，能把握影响企业成长的关键因素和变量。

第二，企业成长仍然具有较好的外部市场环境。行业生命周期要么仍然处于成长期（很大可能是成长期的后半段），要么刚刚进入成熟期。在此阶段，企业的成长很大程度上依赖于强劲、有效的竞争策略，依赖于关键要素（资金、技术、人才等）的有力支撑，依赖于价值链（或价值网络）的整体优势。进一步说，到了本阶段，企业价值链各环节都有了坚实的基础，且彼此形成高效的互动、关联和协同，在关键要素上也没有明显的短板。

第三，企业成长属于具有管理含量的成长。在前一阶段导入管理体系、奠定管理基础之后，本阶段的企业管理基于专业化职能平台进一步丰满和完善。企业运行受流程牵引和约束，同时处于绩效管理（经营计划和预算）的动态循环之中（大循环里套着小循环，即年度、季度、月度乃至周的管理循环）；内部机构及职位的职责清晰，分工明确；员工的评价（考核）、激励均有制度可依且设计周密；各项管理职能均衡发展……到了这一阶段，企业已真正成为组织，并从游击队变成了正规军。

企业这一阶段的目标除了快速增长外，还包括扩大竞争优势，这也意味着优势背后的能力提升。

2. 此阶段影响企业成长的关键要素

第一，商业模式的调整和创新。孕育于创业期、发育于机会成长期的商业模式，到了系统成长期，已高度成熟，并被固化下来。如果企业已经成为市场和行业的领导者，此时有必要通过商业模式的创新来防范、消解挑战者的“创造性破坏”，以及“门口的野蛮人”（来自其他行业的新进入者）颠覆性的竞争；如果企业仍处于挑战者的位置，则以此来追赶、超越前面的领导者。

第二，资源战略的制定和实施。这里的资源包括资金、技术、人才以及其他有形、无形资源。在企业高歌猛进时，必须注入充足的“燃料”和“养分”。在这一阶段，企业通常会谋求上市，既筹集巨量资金，同时也可以提高企业声誉以及整合资源的能力。

在人才战略方面，企业应扩大人才吸纳能力，建立多层次的人才资源池，实施能力发展计划，构建使人才生生不息的持久机制；在技术战略方面，企业应有清晰的技术进步路线图，循序渐进，集中资源对重点领域进行“压强”式研究开发。

3. 系统成长阶段容易产生的问题

第一，由于业绩增长态势良好，在目标设定上很容易过于关注短期目标，忽视长期性、基础性的要素，缺乏旨在长远未来的战略性举措，即行为短期化。比如在核心竞争能力上倾注的精力、资源较少，等到行业景气过去，才发现除了体量较大之外，并没有基业长青的真正基石（如技术积累、管理平台）。这也意味着企业在“做大”和“做强”之间不平衡，过于偏向“做大”。“做大”容易“做强”难，能“做大”为什么要下大气力去“做强”？这实际上属于投机主义思维。

第二，与目标短期化、行为短期化相关联，许多企业采取了不恰当的绩效管理。比如目标结构中缺少长期目标，短期任务压力过大，迷信数字，关注结果和关注过程之间不平衡以及以考核替代管理，等等。不当的绩效考核，一定会引发扭曲的行为，势必催生、放大企业的经营管理风险，例如库存过大、应收账款过高、产品品质下滑等。这方面的教训，国有企业和民营企业均不鲜见，外资企业也有，诺基亚手机就是一例，目前基本退出中国市场，不仅仅是因为智能手机产品的落后，而且还因为短期任务压力过大，导致销售团队市场行为扭曲，引发渠道坍塌。有的民营企业由职业经理人操盘，但如果企业创始人（老板）不关注长期战略要素，对职业经理人采用短期绩效考核及激励机制，也会出现行为短期化问题。

第三，随着专业化的职能管理体系的发育和成熟，企业内部会滋生官僚主义。部门林立，本位主义严重，相互封闭和掣肘；重权力而轻服务；内部形成既得利益群体；流程冗长，签字环节众多，但找不到真正的责任人；组织内部“熵”值（复杂度）增加，不做“功”的无效“能量”（即不创造价值的因素）增加。总之，企业活力和效率下降，外部的攻击性和内部的凝聚力也逐渐衰减。

第四，随着企业经营规模的扩大，企业创始人或领导人授权的程度跟不上企业发展的要求，一方面不利于下一级的综合性领导者以及企业中的“企业家”的培养（影响未来多元扩张），另一方面也会出现领导力瓶颈。主要表现为三个矛盾：需要管的事既多且细，时间、精力顾不过来；决策深度和信息深度不对称，即需对许多不了解的事项做出决策；自身的知识背景、专业程度与决策事项对知识、专业的要求不匹配，即需对许多不太懂的事项做出决策。

上面所讲的管理问题，如果不能有效解决，将妨碍企业之船进入更加宽广的海域，妨碍企业成为“卓越”的企业。因此，企业需进行“二次整合”。

4. 企业需要第二次管理整合

这次整合是以激活组织和打造企业能力平台为主旨，以组织变革（体制调整，即责权利调整）为主题，包括组织架构、运行流程、责任、权限配置、利益机制等多方面内容。概言之，有以下几个要点：

第一，根据未来战略性业务布局和结构，调整组织形态和架构，采用包容性和弹性更大的事业部制或矩阵制。无论是事业部制还是矩阵制，均需同时强化组织中的“业务线”（SBU：Strategic Business Unit 战略业务单元，BG：Business Group 不是一个特指的部门，是指一个业务集团）和“资源线”（亦称“平台线”，即整合资源、提供共享资源服务的职能平台）。这样，在战略思想体现“机会”和“能力”平衡的原则，使企业在“机会”和“能力”的双轮驱动下成长。

第二，采用新的组织架构，意味着内部责任权力结构的调整。按照责权对等的原则分权授责，明确责任和权力边界。借鉴阿米巴模式划小组织内部的预算和核算单位，让更多的机构感受市场压力，承担业绩责任，同时拥有一定范围内独立经营、配置资源的自主决策权力。随着责任、权力的下移和分散，企业内部将会产生更多能独当一面的企业家，为未来的“分蘖”式成长创造条件。

第三，与前面两点相关联，重新设计组织的利益机制，给组织注入新的动力。在事业部制或矩阵制的前提下，基于责权利对称原则，可采取适用范围较为广泛的分享制，使组织真正成为利益共同体和事业共同体，使员工从雇员变成事业合伙人，做到像华为所主张的“利出一孔”——个人利益和企业利益最大限度地叠合在一起。

第四，按照客户导向原则进行流程再造。按照“从需求中来，到需求中去”的原则，优化组织运行流程；将流程再造理解为建设通往目的地的高速轨道，而不是处处设限、多立红灯；将许多工作以模块化方式封闭起来（和弹性组织形态，如项目制、小组制相结合），减少工作接口和流程复杂程度，促进组织高效运行。

5. 第二次管理整合可能出现的问题

第二次管理整合，涉及企业内部重大的权力、利益调整，因此其风险：

第一，“政治”风险。利益结构、权力结构设计失范（原则不清、依据不明）或分寸把握失当，都有可能引发企业内部的震荡。如果内外关系（内生培养的员工与外部引进的员工）、新老关系（新生力量和创业元老）关系处理不当，有可能导致核心团队或核心人才流失等严重问题。

第二，随着责任、权限的下放，很多以往人才储备不足的企业，会出现“机制”和“能力”不匹配的问题，即各个SBU（BG）等机构的负责人缺少行使权力、承担责任的能力。

第三，体制调整是一场内部“革命”，企业创始人或领导人要真心放权，适应放权之后的新的组织规则，采用新的领导方式。不能在分权问题上叶公好龙（原则上支持放权，但在具体事务上又不肯撒手），也不能高估自己的能力，更不能沉湎于以往的管理习惯之中，这对每个企业创始人（或领导人）都是胸怀、境界、能力上的巨大考验。

解决上述问题，一方面方案设计需要专业、科学、合理，推进执行坚定有力但不失灵活性和弹性，另一方面需统一认识，上上下下对重大问题达成共识。因此，第二次的管理整合也包含企业价值理念体系的梳理、调整及重塑。

（四）分蘖成长阶段

如果你成功地进行了第二次管理整合，你的企业将从“优秀”走向“卓越”，企业从体量较大的单一船只，演变为混合舰队。

1. 企业分蘖成长阶段的成长特征

第一，在主营业务成为行业、市场领先者的基础上，利用主业积累的资源（技术、人力资源、信息、供应链、品牌、渠道等）进行多元化扩张，或者进行产业链的纵向整合，或者进行横向的相关业务延伸。

第二，企业此阶段的主营业务，其所属的行业通常进入成熟期，其成长空间主要源于行业整合，因此赢家通吃的局面将会出现。也就是说，市场或行业领导和可以凭借位置优势即领导者地位所具有的马太效应，获取更多资源、超越竞争对手、构建相对垄断的地位。

第三，无论是多角化扩张，还是主营业务的发展，都需借助于资本运作，以收购兼并为主要手段。因此，在此成长阶段，企业与资本市场的积极互动、拓展资金来源殊为重要，同时收购兼并后的管理整合能力是快速成长的关键。

第四，经过多年的锤炼，企业已建立起较为坚实的管理平台，足以支撑多角业务的发展，在主营业务或其相关领域，已有较强的技术能力甚至是核心技术，即便市场规模不再扩大，企业仍有可能基于能力而成长。

2. 分蘖成长阶段的战略驱动因素

关键的战略驱动因素除了从“大”到更“大”，从较

"强"到更"强"的组织冲动和惯性之外，还有：

一是构建产业生态，充当产业链的组织者和整合者，比如基于平台产品的产业生态构建（安卓）、基于上游核心部件的产业链整合（英特尔）、基于通路资源的垂直一体化（沃尔玛）、基于顾客资源（流量）的同心圆业务结构（腾讯）、基于核心技术的"树"型业务结构（IBM）。这也可以理解为商业模式的一种创新。

二是进入全球市场，真正成为一家跨国企业。在全世界范围内进行产业链的空间布局，整合所需的资源，在这两方面，中国企业除华为等极少数企业之外，其他案例还不多，这也说明中国企业在成长的航程上任重道远。

3. 分蘖成长阶段的重要战略变量

此阶段的重要战略变量，或者说容易出现问题的地方，也主要是两个：

第一，是业务结构。多元化"多"到什么程度，新业务之间的相互关系如何，新兴业务如何培育，都是企业需认真考量的重要战略问题。在业务结构上，企业容易出现的失误主要有：盲目扩张，进入自己不熟悉的领域，分散资源，影响、妨碍对于重要战略业务的聚焦和压强，表面上各个产业板块都做起来了，都有一定体量，实际上是无竞争优势、无能力支撑的虚胖。

第二，从管理角度看，这一阶段最重要的变量（也可以说是最大的难题）是多业务、多机构前提下的有效管控。

首先，需明确管控的基本形态——是财务管控，还是战略管控，抑或是运营管控？企业不同的业务特征、不同的能力基础以及成长航线上的不同位置，都会影响其选择。

其次，形成多管齐下的立体管控机制和体系。从管控对象分，包括要素管控、运营管控和风险管控等；从管控方式分，包括制度管控、机制管控和文化管控等。这个问题如果处理不好，企业内部就会出现“诸侯化”倾向，轻则影响企业的资源共享和战略协同，重则导致企业出现分离、分立现象，甚至分崩离析。

无论是战略谋划及执行，还是多元化大企业的有效管控，背后的决定因素是企业领导人及核心团队的领导力，指挥一个混合舰队，比起单个船艇，需要有不同的视野和素质。具体包括四个素质因子：一是对产业的理解力和洞察力；二是驾驭庞大组织体系的系统思维能力；三是自身的价值观以及对组织价值观的管理能力；四是对高级人才（干部及专家）的理解力和驾驭力。一些企业创始人或领导人的领导力瓶颈，成为制约企业此阶段成长的主要因素（资源基本上不成问题）。

4. 第三次管理整合

企业分蘖成长到一定程度，最大的挑战来自外部环境：主营业务（可能不止一个）的市场需求饱和并开始萎缩，行业进入成熟期的末端并有可能进入衰退期。同时，在现有的行业和市场中浸湎已久，商业模式已经固化和老化。此时企业需要进行第三次管理整合：以未来发展为目标，以战略重构为主题，以寻找新的成长空间、重建商业模式，以及相应的组织变革为主要内容。

这是企业一次大的战略调整，是企业对环境重大、深刻变化的应对，往往具有颠覆性质。不进入新的产业领域，增长将难以为继；不进行商业模式重构，将会被改变竞争规则的颠覆者超越。联想、海尔、格力、美的、海信、娃哈哈、雅戈尔等一批成长周期较长的行业领导者目前都面临这样的战略难题。

这是一场艰难的战略转轨和转型。最可怕的是看不到战略性危机或用不成立的理由自欺欺人；最严重的问题是路径依赖导致战略变革延误，企业内部的利益结构妨碍战略变革；最有可能出现的错误，一是未来的方向选择错了，二是新的转轨、转型的操作失误，柳传志曾讲，企业变革要“转大弯”，但问题是“弯”太大了就可能贻误战机，而“弯”太小了，就有可能“翻车”。

借用一下名人名言：“在这里，一切怯懦都是无济于事的！”在战略思维上，必须丢掉幻想，准备新的不确定的航程，必须进行取舍，丢掉“坛坛罐罐”（IBM 卖硬件，态度多么坚决），坚决不能因为旧的逻辑缠住新事业的后腿。我们最近看了一些传统行业龙头企业的战略重构的设想，但大多数还是新瓶旧酒，缺少新的战略意味。

（五）整合成长

新的创业航程开始了，我们“从终点又回到了起点”。在新的成长阶段，企业一方面要对新战略、新模式进行验证（包括外部验证是否可行，内部检验是否高效）；另一方面需基于新战略发育、积累新的能力，包括技术能力和管理能力（包括新的领导力）。尤其重要的是，需依据新的业务结构、商业模式、运行方式调整企业文化，引入新的价值观和理念，使企业未来的成长有鲜活的源泉和根本的保证。

从操作角度看，企业在整合成长阶段，需注意两个问题：

一是新老业务的区隔。企业在转向新的业务时，若无重要的资源共享，最好还是在人员、管理体制、激励机制甚至空间布局上分离开来，给予新兴战略业务一个相对宽松、宽广的发展环境。

二是开放价值链，变为吸纳外部资源的创业平台、合作平台和分享平台，构建多种类型、多种形态的伙伴关系。在互联网的支撑下，形成既有统一性（“集中力量办大事”，对新兴业务和新的核心能力继续聚焦和压强），又有弹性（根据项目，内外部要素形成多种组合）的新型组织。它的边界是模糊的，说明整合资源的范围十分广阔，途径也多种多样，同时也说明将市场机制和组织机制这两种资源配置方式有机结合起来了。

三、打造2.0版中国企业的关键要素

彭剑锋

华夏基石这些年一直致力于研究世界级企业，研究它们在成长和发展过程当中的共性问题，以及这些共性问题对中国企业又具有哪些启示。我们一共研究了50家企业，写了30本书。这套书主要从这些世界级企业的发展历史的角度，还原它的发展之道，以期给正在和有志于向世界级企业迈进的中国企业提供一面“镜子”。在未来10年内，我们准备再研究50家优秀的中国企业，写出中国企业的发展史，把中国优秀企业的发展之道介绍给世界。

中国企业发展到今天，我认为跟中国经济一样进入了一个“中间状态”，也正处于“质变时代”，即企业现在不大不小，竞争力不高不低，管理体系也处于理性跟非理性之间，就像一个人爬山正在半山腰一样，后退绝不会甘心，也不太可能，继

续前进又面临很多困难挑战，而这恰恰是一家企业从优秀走向卓越的必经过程。

中国企业如何跨越“中间状态”，从优秀走向卓越，真正成为具有全球竞争力的企业，我认为有十个关键要素。

第一，从追求吨位到追求品位。所谓追究吨位，就是过去企业的增长是单一地以追究规模为核心。我们叫规模发展优先，企业发展优先，“大干快上”，可能还会不择手段获得市场价值，如非理性的低成本，非客户的价值体验，从而忽视了消费者真正的需求和客户真正的价值。在一定的发展阶段，追求吨位体量做大，我认为没有错，但是如何从追求吨位能够升级到追求品位，这对中国企业是一个重大的挑战。

追求品位就是要从追求单一的规模和资产的数量，转变为追求有效的规模，追求成长质量，追求资产的质量。我们现在很多企业资产规模很大，但是净资产很少，净资产盈利能力需要提高；产品与服务如何体现人文关怀，使得企业具有人文关怀持续的盈利能力；从非理性降低成本走向成本最优化，优化配方或材料，给消费者提供性价比高的产品。

追求品位就要从过去依赖资源投入、依赖潜规则的野蛮生长，转变为把顾客价值放在第一位，承担社会责任，赢得社会尊重的文明成长。企业要活得有尊严、活得体面，首先是企业能够真正站在消费者的角度，与消费者一起成长，产品与服务要真正体现人文关怀。

第二，从经营产品到经营价值。过去的产品经营大多是同质化的竞争，拼的只是价格，企业更加关注的是自我的发展，生存的任务不仅仅是为了消费者。到了 2.0 版本，我们就必须回到以客户为中心，以客户价值为企业的经营价值。

如何真正以客户价值建立客户化的组织？首先要精准定位客户价值。过去是盲目寻找客户、寻找市场，现在则要精准定位客户，定位客户价值，而且要通过企业的核心能力有效率地实现客户价值。

有效率地实现客户价值，要靠激发内部活力，要靠协同智胜，要靠制度创新，要使每个员工都成为价值创造者。所以我们提出，企业创新不仅仅是技术创新和管理创新，还有员工的微创新。员工是最贴近市场、贴近客户的，只有他们持续以客户价值为导向进行微创新，才能使企业真正成为经营价值的企业。

第三，从企业家的企业走向企业的企业家。过去的 30 多年里创业成功的一批企业家，他们的文化、事业和家庭是相互融合的，企业是企业家实现个人理想或者发家致富的工具。创业和初步成长期，这些可能不会有问题，一旦企业到达一定的规模要谋求进一步发展时，弊端就显现了出来：如企业的价值观失去或扭曲，权力结构封闭不开放，利益很难共享。另外，这个企业家跟企业已经融为一体，很难从情理法走向法理情，企业家就缺乏对人才的真正尊重，很难建立与职业人的信任关系。

到了 2.0 版本后，中国企业家要转化为企业的企业家，企业家不能凌驾于组织之上，你要变成组织化的企业家。首先，组织化的企业家要树立一种理念，企业的利益高于一切，企业家的个人追求要与组织追求融为一体；其次，要降低组织对企业家个人能力的依赖，从依靠企业家个人的创造力转向依靠组织的创造力；最后，要建立企业的组织权威而不是个人权威，企业运行靠的是机制和运行体系。

第四，企业的发展模式要从掠夺式的裂变转变为聚核式的核变。企业做到“中间状态”以后，不能光靠产品的经营能力，必须要有产品经营跟资本经营的双重能力，我们叫双重驱动，要会用资本杠杆发现新的机会。

最近，我们写了一本书《艾默生》，艾默生是一家多元化全球制造商，但是它所有的产品都不是自己做的，而是靠战略性产业整合、收购兼并而来的业务线。这个企业本身不出名，但是旗下有很多世界级细分领域的品牌，而且都是细分领域的冠军。艾默生的理念是：只收购最好的，你做到了前三名，我就收购你。这种做产品的思维跟我们现在的思维是不一样的，我们现在是谁做烂了就收购谁。艾默生的发展理念是，合作促发展，协同求发展，要通过合作创造机会市场。中国企业要走向 2.0 版，还要靠聚合各种核心资源和能量，形成企业的聚核式核变。

第五，从零和博弈转变为竞合双赢。过去企业聚集在产业低端同质化竞争时，就是零和博弈的思维，你死我才能活。2.0 版本时代一定是竞争双赢或多赢的格局，敌人可能就是朋友，朋友也有可能是敌人，所以既要有竞争又要会合作，要尊重竞争对手，学习竞争对手，和竞争对手合作，并共同维护规则，以实现双赢、多赢。

第六，从企业的基本能力走向核心能力。我们也称之为从机会导向转到能力导向，之前是哪块来钱快就发展哪块，缺乏客户价值和战略思维。真正要打造 2.0 版本企业，就要从做商业转变到做事业，以核心能力创造客户需求，从机遇导向转向战略导向。

如何从靠政策、靠行情吃饭转变为靠核心能力吃饭？美国企业认为要把一个企业做大，首先要选一个好行业，大市场才能有好行业。日本人却不这么认为，日本人认为不管在什么行业，我比你做得更好，就能比你更优秀。没有所谓的好行业坏行业，坏行业里有好企业，好行业里也有坏企业。一个企业能不能从行业里脱颖而出，具有相当的竞争力，还是要看它是否具有战略思维，能不能把握住发展机遇。比如金融危机时，可能就是企业发展的最好时机，因为这个时候成本最低，可能就是你扩充规模、兼并重组的最好时机。还有如果整个行业都不好时，烂企业都活不下去时，也会是产业整合的最好时机，这时候就是真正以能力制胜。

第七，从模仿创新真正走向融合创新。我国企业发展到现在的过程，也是一个借鉴、模仿西方企业管理手段和工具方法的过程。未来，我们必须从模仿创新走向融合创新，就是把别人的好东西、真功夫学过来后，在此基础上提升和创新，并使之融入企业血液里，形成企业自己独特的，竞争对手学都学不到的东西，这就需要进行融合创新、结构创新。这样再过一二十年，就一定会出现让世界借鉴的中国式的管理思想和管理理念。

第八，人力资源从粗放式低成本转向精益化高效率。2.0版本时代，人力资源变革的主题就是提高人力资源管理效能，一是要解决如何提高单位人力资源效率，二是要提高每个员工的价值创造能量和人力资源对企业的贡献度和价值。最近我们出了一本《人力资源管理进入效能时代》的白皮书，提出了人力资源效能管理的10个要素，也可以说是10种实现途径和方法，在这里我就只点个题，它们是：

一是基于客户价值量化人力资源价值创造，驱动员工自主经营与管理，这是实现人力资源效能管理的基础。

二是回归科学管理与职业化，剔出人力资源浪费，让员工有价值地工作，这是人力资源效能提升的核心。

三是优化人岗配置，建立标准职位与胜任力管理系统，实现职位管理与能力管理系统的动态优化配置有效监测管理。

四是对员工碎片时间有效集成管理，挖掘碎片时间的人力资源价值创造能量，激励员工利用碎片时间参与企业微创新与持续改善。如何挖掘碎片时间的人力资源价值，整合碎片信息和碎片资源提高效率，这是互联网时代的重要命题。

五是建立全面认可激励体系，激发员工内在的价值创造潜能，全面提升人力资源价值创造能量。

六是构建基于信息化的知识共享与协同体系，放大人力资源效能。

七是构建人力资源效能对标管理体系，加速人力资源效能提升，通过对标管理缩小中国企业跟世界标杆企业的差距。

八是建立人力资源共享资源平台与人力资源外包服务体系，不求人才所有，但求人才所用。

九是建立全面人才发展体系，为组织源源不断地价值创造提供有效的人力资源。

十是建立人力资源效能评价指标体系，提升人力资源效能管理绩效。

第九，营销从虎口夺食走向价值让渡。企业迈入 2.0 时代，营销升级有三大驱动，一是以客户价值驱动，二是以互联网为核心的新营销技术驱动，三是资源驱动。我们提出，营销的命题就是要寻找新的价值点，让客户为价值买单、为购买的效率买单。营销新价值来自客户的感知、客户购买产品的效用，这对营销提出了全新挑战，即企业如何重新定义客户价值，如何传播和沟通客户价值，是品位营销所要思考和所要解决的核心问题。

第十，从文化理念到文化落地。所有的企业管理最终要回归到企业的宗旨，回归到企业的核心价值。1.0 版本时期，中国企业引入了很多新的文化理念，我们现在不缺文化理念，缺的是文化理念落地，真正成为企业家、各级管理者及广大员工践行的准则。企业发展到今天，真正到了文化落地、践行核心价值观的时候，真的要做到知行合一，言行一致，将理念转为全员的行动，使理念真正变成企业的核心能力。

1.0 版本的企业是引进理念、学习理念，2.0 版本的企业是理念落地、知行合一；1.0 版本是理念整合、统一思想、达成共识，2.0 版本不仅要统一思想、达成共识，还要落地践行。

上述十条是中国企业界在 1.0 版本时期，面对错综复杂的机会的时候，企业高层对企业未来发展要进行的系统思考，并且高层要达成的共识。

四、“中国制造”转型升级的路径与举措

施　炜

“中国制造”是中国经济的名片和标志，是其参与国际竞争的基石。甚至可以说，“中国制造”有未来，中国经济就有未来；“中国制造”没前途，中国经济则前景暗淡。

2008 年金融危机以来，“中国制造”在重重压力下的确出

现了疲软迹象。一些低端的、劳动密集型的、贴牌代工类企业倒闭破产，部分外资工厂撤转至印度及东南亚国家。有人惊呼“中国制造”要崩溃；有人痛斥“中国制造”未能掌控品牌、通路、供应链等关键环节和资源；有人从日本的马桶盖说起，引发对“中国制造”的一片质疑；有人耸人听闻地宣称，工业4.0时代，我们已经跟不上了！

一片喧嚣中，我们如何客观、冷静、准确地认识“中国制造”？和悲观者（他们似乎以宏观经济研究者为主）的看法不同，我基本上是乐观的。主要依据，一是“中国制造”在未来相当长的时间内仍面临巨大的机会，二是“中国制造”企业卓有成效的转型努力。

（一）未来：有危机，也有巨大的机会

“中国制造”未来的机会主要有：

第一，中国城乡之间、东西部之间发展不平衡，变“平”的过程，会给“中国制造”持久的需求牵引。举一个例子，我国农村的不少地区，尚无排水及排污设施（符合卫生要求的），这是多么大的需求！进而言之，未来我国在国土治理、生态改善方面市场空间巨大。

第二，当社会经济发展进入“中产时代”，消费升级将持续发生。一方面随着社会结构的复杂化，各类人群、各种情境的细分需求集合将会增加并不断变化；另一方面，消费结构亦会转换，大家从电影、旅游市场的火爆中便可得出结论。此外，任何一种消费形态都会处于递进之中，例如消费者要求汽车更节能、更便捷、更安全、更智能、更美观、更具体验性等。

第三，“中国制造”在材料、零部件、工具、设备及软件等领域总体上相对落后，国外产品占主导地位。以手机为例，重要的软件、芯片及功能模组等，大部分是进口的。再以“工作母机”机床为例，我们可以造出它的骨骼，但神经系统（控制模块）还是以国外产品为主。在这些领域，对进口产品的替代，既是“中国制造”任重道远的使命，也是持续成长的机会所在。

第四，国际市场上，无论最终消费品还是中间工业品，“中国制造”的渗透、替代之路都刚刚起程。我们以颠覆性创新的方式从低端市场起步（长期以来，中国产品以便宜著称），从简易模式起步（贴牌加工），未来向更高级的市场和模式递进、转换是大有可为的。例如全球飞机发动机的叶片生产，为美日少数企业垄断，已有中国企业向此领域进发。

第五，全球经济低迷，在一定程度上为“中国制造”全球范围内整合、利用资源创造了条件。近年来中国企业在发达国家（尤其是欧洲）收购兼并的力度很大，在人才、技术、品牌、通路等方面均有斩获。同时，在全球产业结构及竞争格局激烈变动的环境下，某些市场空间及客户资源有可能从原先的领导者那里让渡出来，华为在欧洲的遭遇及发展就证明了这一点。

第六，随着全面深化改革，我国过去一些封闭、垄断的领域有可能逐渐开放，如能源、军工等，这对“中国制造”的提升极为有利。

那么，“中国制造”未来的危机又来自哪里呢？互联网因素会给“中国制造”带来机会吗？我国从互联网人数、互联网企业数量以及互联网企业上市公司数量等指标看，算得上是互联网大国。但我国互联网的发展有以下几个特点：一是模仿居多，原创较少；二是应用较多，技术不足；三是集中在消费及服务领域，制造领域的应用及创新鲜见；四是与外部互联互通、共享信息和知识资源不足，未能分享全球云计算的益处。到了物联网、工业4.0时代，无论是智能生产，还是智能生产体系的输出（智能产品），我国和美、德、日相比差距很大。互联网因素不仅未使这种差距缩小，反而有可能扩大，差距既体现在芯片、传感器、新材料、机器人及智能装备等硬件上，更体现在智能制造、云制造的软件上。

因此，在制造领域，互联网给“中国制造”带来的更多是威胁。在新一轮工业革命中，“中国制造”被甩开并非没有可能。我们在保持“基本乐观”的同时，也要看到形势的严峻。

（二）“中国制造”已经发生的三个积极变化

从中国制造企业的转型实践看，一批基础弱、规模小、领导人素质低的企业转型无望，只能退出，而一些具有较好基础、锐意进取的企业正扎扎实实地开始了始于足下的千里之行。互联网要素的导入、商业模式的变革，这些战略层面的调整创新自不待言，更重要的是，影响中国制造企业未来转型成长的深层次、基础性因素开始发生可喜的变化。

第一，在知识资本、人力资本的开发、动员和利用上，观念发生重大变化。企业开始采取多种形式的分享机制（上市公司普遍安排较大范围的股权激励），构造利出一孔的组织机能；资本和知本的融合，标志着一些中国制造企业已走出原始形态，找到了知识社会应有的合作模式。共享型的组织激励，不仅对于企业成长，而且对于社会进步都有重大影响。人力资本主权时代、人力资本价值伙伴时代的到来，意味着中国经济进入了新的航段。

第二，在天使、风险、PE（私募股权投资）各种形态的资本作用下，在资本市场的催化下，部分中国制造企业在治理结构和资源模式上有了双重的进步。就前者而言，公司治理的契约化、规范化程度提升，决策的民主性增强，个人凌驾于组织的现象减少，所谓的“国际惯例”一定程度上得到尊重；就后者而言，企业（尤其是创业企业）的资源（包括资金、技术、人才）来源增多、规模增大、层次增高。小米公司短时间内的迅速崛起，为新兴中国制造企业提供了范例。

第三，随着新一代企业家的成长，中国制造企业的领导力瓶颈问题开始缓解。投机型、生意型的企业领导人越来越少，而战略型、使命型的企业领导人越来越多。他们视野更加开阔，使命感和平等意识更强，更加关注战略性要素和举措，另外，在利益上更加大度和超脱（这或许是本人的期望）。

这些状况之所以出现，一是与互联网大潮有关，它极大地影响了新生代企业家的思维，如客户至上、去中心化、扁平化、极致产品、颠覆创新等；二是与先进企业的标杆作用有关。近年来，有志向的制造企业普遍在学习华为，尽管学会的程度不等，但即使学点皮毛，也是有益处的。小米的产品理念、社群理念也对大量中小制造企业产生重大影响；三是与新生代企业家自身的素质禀赋和学习能力有关。他们普通教育程度较高，同时对学习新事物有极大的热情。

（三）持续转型升级应坚持的三大原则

我们探讨制造型企业如何转型的问题，即转型方向是什么，应该依循怎样的路径，应该有哪些关键动作和举措？

就方向而言，应坚持三个理念和原则：

第一，成长目称应从追求规模转向追求价值，包括客户价值和企业价值。跑马圈地式的粗放发展，将变得没有意义，把事情做对、做好，把企业做强、做实，把基于客户价值的竞争壁垒做高、做厚，才真正具有战略意味。

第二，致力于竞争优势的升级。从营销类的策略优势向价值创造具有支撑的整体系统优势递进，并逐步向结构性优势转变。所谓结构性优势，指多环节、多要素组成的商业模式优势，整个价值链、价值网组合、联结以及运行模式的优势，乃至企业主导的产业生态的优势。竞争优势的升级过程，是企业进化的过程，是组织架构、管控方式以及资源结构变化的过程。

第三，聚焦到主营业务、主力产品、主要客户群以及背后的核心技术，把所有的力量投聚在细窄的方向上，从而获得技术、管理上的突破和长足进步。只有这样，追赶者才有可能逐渐拉近和领先者的差距。

归根结底就是一句话：摒弃投机主义，按照科学原则和普遍规律办事。有的朋友可能会问：颠覆、重构的时代，这样的主张会不会妨碍企业的创新以及差异化个性的养成？其实，创新往往是在一定的技术、管理平台上进行的，企业能力越强，管理基础越扎实，创新成功的可能性越大，而且创新活动也需依据科学理性进行。至于企业的差异化个性，需在符合企业属性、本质和使命前提下存在，离开了普遍性基础，所谓的个性之于企业，只会是一种噪音和负面因素。就像一架飞机，无论在空中如何翻转挪腾，都必须符合空气动力学等原理。

（四）成功的路径与关键举措

对于中国制造企业转型升级的具体路径以及关键举措，在此提出若干建议：

第一，改变成本节约模式。总的来说，“中国制造”的优势在于成本和价格，在未来相当长的时间内这种优势仍需保持。当劳动力成本刚性上升时，要把降低成本的重心放到系统成本和波动成本上，例如品质成本、研产销衔接的摩擦成本、供应链运行过程中的“多余”（库存）和“不足”（断货）成本、价值链运动的时间成本、与顾客需求不吻合的各类成本、客户订制的回应成本，以及产能、设备利用不足的固定成本等，这就需要通过精益生产、智能制造以及信息化系统提升效率降低消耗。一句话，依靠管理降成本。

第二，寻找、开发产品的附加值源泉。中国产品不能永远被贴上低价的标签，必须提升附加价值，而关键在于找到附加值背后的技术、审美以及文化、历史的支撑和来源。按照极致产品的理念，从多个维度提升、丰富产品的价值含量，并在动态上形成产品价值的连续“边际（增量）”，从而实现产品价值的递进和超越。需要说明的是，提高产品附加值未必一定进入中高端产品领域，日本“无印良品”等品牌面向中低端市场，同样营收了可观的附加值，这就取决于设计、生产和销售诸环节协同一体化的整体能力了。

第三，赋予国际化新的内涵。中国制造以往的国际化，属于国际化的初级阶段，以贴牌代工为主。而未来的国际化则具有新的特征：一是以自主品牌进入主流市场（国际市场亦按照“农村包围城市”渗透开发）；二是在全球范围内配置资源，重构价值链，尤其是供应链和渠道链；三是加大国际性购并重组的力度。

第四，实现产业链位置上的转移。中国制造从产业链上附加值最低的环节起步，是历史因素造成的，当产业发展到一定程度时，中国制造企业就有可能向上游或下游附加值更高的环节和领域渗透和转移。比如我国芯片产业基础差、起点低，只能从技术含量低的封装环节起步。当经验、能力和资源积累到一定程度时，就可以进入上游的晶圆加工环节，并逐步上移。产业链上位置转移战略，有时会表现为产业链的整合和一体化，在一定的情境下，这是后发企业成长的必由之路。在现代电子等领域，盛行水平分工，但我们不能甘心处于初级、微利的层面上。从微笑曲线的低端出发，向下游延伸亦有可能，比如软件行业，从外包做起，逐步发展为提供客户解决方案。

第五，确定合适的技术进步路线。我们一定要有技术为本、技术驱动的理念，同时设计适用、可行的技术发展路线图，循序渐进、步步为营，从相对简单的甚至边缘的领域起步，逐步进入核心领域。

这种成长方式的关键在于：一是沿着目标、方向不动摇，不游离；二是在每个里程碑阶梯上集中力量压强成功；三是寻求、开发多元化的技术来源，尤其要重视对外合作和引进。在许多领域，市场换技术是可行的，基于国内的市场资源，为我们所需的技术分享一定的市场利益，同时对这些技术消化吸收。近年来，我国电子、家电、软件、材料等领域均有这方面成功的例证。而汽车等行业“技术换市场”不成功，关键在于一些国有企业坐享市场管制的利益，缺少学习的强烈冲动，要破除狭隘意识，将自主创新和学习借鉴结合起来。

第六，在动态竞争中创新成长。产业竞争态势如大海波涛，一波未平，一波又起，踩准节奏，驾驭风浪，做个弄潮儿，就有可能从胜利走向胜利。一是在动态竞争过程中，不断优化“刺激—反应”模式，适应环境，准确应变，以边际（增量）方式持续扩大优势，直至超越竞争；二是在经济下行周期，把握机会，实现逆周期成长，如乘机吸纳关键资源，进行行业整合等；三是打破原有的竞争规则，进行“破坏性创新”，这种创新主要体现在商业模式、技术开发等方面，具有结构性、整体性特征，而互联网因素则是嵌入其中的关键变量。

第七，关注长期战略性基础和要素。在机会奔涌而来的时代，中国制造企业往往无暇关注长期目标，无心安排长期行为，打造长治久安的基石。面对未来的不确定，我们必须把战略重心从机会获取转向能力锻造，务必重视人，重视团队，重视知识，重视管理平台，在能力基础上的创新，才会结出丰硕的果实，否则都是浮躁的喧嚣。

五、歌尔声学：从机会导向到战略导向

彭剑锋

回顾改革开放以后一批企业的生与死，会发现 20 世纪 90 年代初很多企业的成功并不是基于战略，而是属于机会的成功——凭借企业家的胆识与魄力，以及对市场机会的敏锐直觉，运用非常规的运作手法，几乎一夜之间就可以把企业做大。然而，很多企业并没有完成对未来发展的系统思考，而陷

入机会导向的成长误区，步入单纯依靠企业家个人主观意志决策的陷阱，有些甚至逐渐衰败，退出时代舞台。

成长是有很多陷阱的，在“成功”表象下，要求企业家要有自我危机意识，必须对企业未来发展的基本命题做出正确假设，完成系统思考，帮助企业从机会导向转为战略导向。

回顾华为的成长历程，可以发现华为的成功并非偶然，而是诸多因素共同作用下的必然结果。一是华为的领军人物任正非具备优秀企业家的特质；二是华为在很多年里一直坚持战略聚焦，心无旁骛；三是针对华为的主体是知识型员工的实际情况，形成了对这类员工进行管理的结构化体系；四是以客户为中心的组织营运体系；五是开放合作的国际化策略，这是我所总结的华为成功的战略地图。

我们起草《华为基本法》的时候，华为正处于从机会导向到战略导向的重要转型期。如果说《华为基本法》是中国民营企业对未来发展完成系统思考的标志，而我们所起的最大作用也许正在于帮助其进行了战略的选择。

当时之所以能与华为结缘，其实源于我结合自己的创业经历正在思考的一个问题，就是作为一家民营企业如何能从抓住机会发一笔财转向长远化的发展，以战略而不是机会引领企业成长？当时，结合我观察到的中国民营企业的现象，我提出了十个“不等式”。

第一，机会的成功不等于企业的成功。机会是短暂的，是可遇不可求的，靠机会能取得一时的成功，不可能取得持续的成功。

第二，一个产品或一个项目的成功不等于企业的成功。一个企业的持续成长需要从单一的业务结构转向系统的业务结构。

第三，企业家个人的成功不等于企业成功。靠老板一个人有能力，企业形成不了团体智慧，形成不了团队，企业也不可能持续成功。所以企业最关键的是由老板个人的成功转向团队，团队建设是一个企业持续成功的关键。

第四，不定规则的成功不等于企业成功。很多企业是没规则或依赖潜规则而取得“成功”的，但是这样你就走不上正道，一个企业想要持续成功的话，还是需要建立阳光规则，要舍得付出规则成本。

第五，人治的成功不等于企业成功。虽然我们并不完全否定人治，但一个企业如果完全靠人治，没有制度、规则，这个企业很难健康地持续成长。

第六，粗放式管理成功不等于企业成功。企业如果不依靠建立管理体系，不积累管理基础，是不可能支撑和促进企业持续成功的。

第七，单一能力的成功不等于企业成功。企业依靠一个产品，而没有资本运作能力，不能借用资本市场很难走向“整合成长”的阶段。我们在研究那些知名跨国企业的成功之道时发现，几乎都是靠“两手抓”：一手靠产品，一手靠资本。

第八，硬实力的成功不等于企业的成功。企业光靠资源投入而没有软实力也是很难走远的，软实力就是人才、技术、品牌、管理、文化。

第九，利益驱动的成功不等于企业成功。企业持续成功的关键在于企业能否从一个利益共同体走向事业共同体。

第十，只有规模没有质量的成功不等于企业成功。企业如何从追求规模成长到实现有质量的增长，即有效增长，是企业真正取得成功不可回避的命题。

这十个不等式虽然是十多年前提出来的，但我认为仍然符合今天处于转型发展的企业的“成功困惑”。

战略首先是一种选择，以歌尔声学为例。

战略到底是什么？我总结为六句话：战略是一种选择，战略是一种模式，战略是一种能力，战略是一种共识，战略是一种变革与均衡，战略是一种执行。经过对歌尔声学等企业案例的思考和研究，我认为战略首先**是一种选择，是企业关于干什么和不干什么，要这么干还是那么干的选择，**然后对应地去做产业研究、竞争态势、市场格局和环境分析，等等。

当年，歌尔声学是全球最大的微型麦克风 OEM 加工厂，然而董事长姜滨并不满足于这一现状。华夏基石介入时，歌尔声学的销售收入是几亿元，当我们详细了解了它的能力和市场后，我们就建议他们提出向百亿级企业进军的战略目标。这个目标的提出似乎有点惊世骇俗，很多核心管理人员都有存疑，当时很多高管认为，歌尔声学能做到十亿元就已经登顶，百亿元的目标如同镜月水花，可望而不可即。但董事长姜滨和我则意志坚定：行业既然存在着百亿元的市场需求，而企业也有做到百亿元的潜力，为什么不努力去实现呢？

但是，走向百亿级、千亿级企业的必由之路是什么？很显然，仅靠企业家的热血是远远不够的，歌尔声学当时就面临战略选择：是继续做 OEM 还是走自主品牌的道路？如果继续做 OEM 的话，出路在哪里？

当时，歌尔声学和大部分中国制造企业一样，处于“微笑曲线”的底部，在整个产业利润链上获得最低的收益。企业要想追求更大地发展，获得超额利润，要么走品牌运作的道路，要么走创新研发的道路。当时歌尔声学内部有一种很强的声音，认为企业要实现愿景，必须具备自主知识产权，提出投资两亿元走自主品牌的道路。但是，这与当时的企业和商业阶段并不符合。

众所周知，基于大客户的中国制造企业大多以“三来一补”为发轫期，这种模式是最原始的加工制造模式，仅仅是一种加工服务，连材料都由客户提供，企业的核心能力是制造和物流服务，过去广东沿海遍布着此类企业。另外一种就是OEM模式，即委托加工，把OEM做到极致的是富士康。但实际上，企业并不是只有OEM和自主品牌两种选择，其实还可以从OEM模式进阶到ODM（原始设计制造）模式或JDM（联合设计制造管理）模式，不光可以做生产，还可以做设计、物流和同步研发，围绕大客户成为一个全方位制造价值提供商。通过对全球企业的研究，我们发现国际上有很多企业都走过了这种历程，并不断升级。

我们得出结论：OEM企业不一定都要做自主品牌才能得到发展，不一定都要自己完全去开发新的产品，也可以做成一个自主制造品牌。所以，我们和歌尔声学一起，打破常规，在“微笑曲线”的基础上提出了“W曲线”理论，即同步研发与精密制造的叠加。

郭台铭曾把ODM或JDM商业模式下企业所需的能力概括为“全方位成本压缩能力”。对于企业来说，OEM升级需要以下六种核心能力：

第一，与大客户共同研发能力。

第二，模具开发能力。

第三，产品检测能力。

第四，弹性制造能力。

第五，品质优良能力。

第六，全球资源配置能力。

根据这几种能力及 W 曲线理论，我们给歌尔声学提出了其必须致力打造的 JDM 成功的八个要素：

第一，与大客户共同研发的能力，不再被动接单，通过研究苹果、三星等企业，使己方的研发人员具备和对方对话的能力。

第二，模具 + 自动化工程的能力，做到能自建自动化生产作业线。

第三，系统产品检测能力。

第四，弹性制造与垂直制造整合能力。

第五，有稳定的产业技能型员工队伍。

第六，恒定的质量保证体系。

第七，全球资源动作能力。

第八，基于客户需求的交互期。

当确定了 JDM 战略以及战略成功要素之后，歌尔声学就依据战略目标对企业资源进行了优化配置。

比如为了能够与苹果、三星之类的企业进行对话，歌尔声学聘请了一些之前的模式中并不需要的顶尖研发人员；

为了打造竞争力，并颠覆自动化生产线依赖进口的状况，歌尔声学组建了近 2000 人的自动化工程队伍，这支队伍能做到自主设计和打造自动化生产线。只要苹果、三星之类的企业提出相应需求，他们就会在很短的时间内打造出相应的生产线，并使用自己的产品检测系统对产品进行严格的检测；

在人才配置方面，歌尔声学进行了与 JDM 模式相匹配的核心人才建设，这些人才包括与大客户同步的高端研发人才、开模技术与自动化工程技术人才、产品检测人才、生产作业管理人才、稳定的熟练工人、全面的质管人才、国际化客户经理人才及产品经理等。

在战略目标的指引下，经过企业资源的优化配置，歌尔声学完成了从 OEM 加工厂到声光电一体化精密商的跨越，通过自己的研发体系，形成了声光电一体化的制造解决方案，产业领域得到了大幅拓展。歌尔声学的发展也如虎添翼，在不到十年的时间里，完成了 OEM—ODM—JDM 模式的蜕变，其业绩更是完成了从一亿元到百亿元的跨越式增长。

由此也可看出，**企业从机会导向到战略导向变革的过程，其实就是一个企业系统整体变革创新的过程。**

第三篇　成为新时代的企业家

一、从企业家的企业到企业的企业家

彭剑锋

企业转型与升级能否成功的关键和主要难点恰恰是企业家自身，是企业家的自我超越与领导力的更新与提升，对企业家个人而言，则是一个痛苦的自我蜕变和自我超越的过程。

如何实现从企业家的企业到企业的企业家这个转变？我认为有以下 8 个方面。

第一，从所有权的角度看，要实现从企业“是我的”到“是我们的”的转变。不管是企业家的企业还是企业的企业家，企业掌舵人都应把企业当成自己生命和生活的一个重要组成部分，把经营企业当作毕生的追求。但不一样的是前者完全是把企业当成自己的私有财产，追求自我价值最大化，对财富和权利讲究绝对拥有而不是分享。后者更追求利益相关者价值平衡，为了组织的整体利益可以暂时牺牲个人私利，善于分享财富和权利。

任正非、柳传志、王石、马云等企业家在企业所占的股权都不大，但仍能实现对企业的有效控制，靠的不是所有权的禀赋，而是其对企业利益大于一切价值观的恪守、博大胸怀和对各类人才的包容，其分享精神也激发了人才的价值创造。

第二，从组织文化的角度看，要实现从老板文化到组织文化的转变。在企业家的企业中，整个企业文化的氛围和个性完全依据企业家个人的领导风格和行为个性而塑。比如老板喜欢骂人那这个企业就是“骂人文化”，老板喜欢负向激励就是负向激励文化，老板低调务实企业也低调……整个企业的风格完全和企业家融为一体。

但是企业的企业家情形下，企业文化既有创始企业家的个人烙印，又是多种文化个性的融合，更具包容性、开放性和创新性。老板个人价值诉求和个性风格虽然有深刻影响，但影响是有边界的。前者的文化相对封闭，而后者，个人文化已上升为组织文化，封闭文化让位于开放包容文化，空降人才有存活的土壤，不同文化在组织中能够融合并得到相互尊重。

第三，从价值评价体系的角度看，要实现从老板个人主观评价到构建客观评价体系的转变。企业家的企业中，价值评价以企业家个人为核心，完全依据老板个人好恶与标准，人事决策往往依据小道消息，而不是实际能力与贡献。

而企业的企业家，对于谁干得好坏是有客观公正的评价体系的。当一体化价值管理系统形成，人才就能够通过组织系统脱颖而出。

有人问任正非，如何概括他在华为的主要角色，任正非回答两个字：分钱！舍得分钱并将钱分好，对于企业家和企业而言，是一个世界级难题。我认为华为人力资源最具特色和最有效的制度就是建立了一套科学合理的价值评价体系。分钱分权有依据，老板分出去的钱、让出去的权就有价值，并最终会为他带来更多的人力资本投资回报。

第四，从对组织规则敬畏感的角度看，要实现从个人规则敬畏到组织规则敬畏的转变。对创始企业家而言，其骨子里就有敢于打破常规、不按常理出牌的天性，因此企业家的企业规则往往是基于企业家个人的规则，而不是组织共识上的规则，制度只约束别人不约束自己，且朝令夕改，老板个人可以凌驾于组织规则之上，整个组织缺乏对规则的敬畏感。

但是企业的企业家会将个人置于组织规则之下，既是组织规则制度的倡导者、制定者，又是率先垂范者和践行者。在潜规则盛行的中国房地产产业，万科为什么能持续做到中国第一并成为世界级企业，我认为原因之一是作为创始人的王石始终坚持建立阳光照亮的体制，按职业化行为要求自己和职业经理人。万科的成功可以说是王石及万科人所创造的治理企业规则的成功，是以机制和制度激发的组织能力的成功。

第五，从企业决策与智慧源泉看，要实现从个人能力与智慧到群体能力与智慧的转变。企业家的企业靠老板个人能力与个人智慧，企业家个人品牌大于组织品牌。企业家往往大权独揽，企业的决策与责任重心在上而不在下，企业决策是机会导向，往往是面对机会来临，老板不顾一切，生拉硬拽企业前行，老板既是决策者，也是执行层面的超级业务经理。

而企业的企业家既要靠企业家个人的决断，更要靠组织的智慧与能力。华为的任正非、娃哈哈的宗庆后等给外界的印象很专制。但我认为任正非和宗庆后是貌似专制，实则民主，正如杜建英对宗庆后的评价，“宗总是形式上的专制，实质上的民主，他每年花 200 天在市场上，倾听一线和消费者的心声，在决策前一定会听取各方意见，只是在拍板的一刹那，个人独断，敢于承担责任”。任正非从创业伊始，就善用专家团队为他提供智慧支持，实现从个人智慧到团队智慧的转型。

企业家个人能力再大，也受时间与精力所限，企业家个人智慧再高，也受新产业、新领域所需要的知识所限。企业家要成为宗旨守护者、机制与规则创建者、团队领航者，善于激发群体智慧，善于放权，驾驭比自己更能干的人，这就需要企业家有更高的追求、更宽广的胸怀、更高的境界。

第六，从企业家的关注重心看，要实现从盯着人到关注人背后的机制制度建设的转变。企业家的企业会盯住一些具体的人、事，但是企业的企业家，更关注人背后的机制制度建设，从盯住人、事的具体事务之中解脱出来。

现在中国的一些企业家有两个误区。一个误区是好像企业家就要进入上流社会，打高尔夫，远离市场。但我们研究发现，全世界成功的企业，即使有成熟的团队和组织，也绝不会远离市场和客户。中国企业分权最彻底的老板是美的创始人何享健，他也非常喜欢打高尔夫，可他每天 6 点钟起床散步，会去跟门卫和基层员工聊天，通过基层员工了解干部做得怎么样，了解社会上对产品的反馈。

另二个误区是，当甩手掌柜，将全部经营责任交给别人，自己只管收钱。何享健之所以能抽出时间打球，是他多年来致力于企业的机制与制度建设，通过基于职业化契约的公司治理机制，开放包容的用人机制等，去实现对企业的有效管理。王石之所以能爬山、航海、游学也是一样，才使他从日常事务中解脱出来，在更高层次上去思考企业生存和持续发展的方向与哲学命题。他们对产业发展趋势的把握、对消费者的理解是敏锐的、鲜活的、接地气的。

第七，从责任体系角度，实现从对老板负责到对组织负责的转变。企业家的企业是对老板负责，崇尚对老板绝对忠诚，同时企业的责任重心在上，只有领导权威。企业的企业家则不仅对老板负责，更要对组织负责，对客户负责，企业的责任与权力重心在下，企业建立了全员责任体系，不仅有领导权威，而且有流程与专家权威，一出问题，全员自动担责并协同资源解决问题。

一个企业最大的危机有时来自责任的缺失。为什么许多中国民营企业做不大呢？大家都认为是对老板负责，而不是向客户与市场负责，所谓对企业忠诚是对老板忠诚，而不是对客户、组织忠诚，某种意义上来说是一个团伙而不是一个团队，是一拨人而不是一个组织。

第八，从人生价值目标追求看，要实现从做生意到做事业的转变。企业家的企业，老板本质上是一个生意人，以获取财富并拥有财富为人生目标。而企业的企业家并不如此，他以经营企业为终生职业，以将企业做大、做强、做长为人生目标，既追求财富又不沉溺于财富的享受。正如巴菲特的境界：巨额财富捐给慈善，自己时常到麦当劳吃快餐，享受平民生活，玩的就是企业家追求财富的过程，结果回馈社会。

企业家的企业与企业的企业家没有对错之分。创业时期必须是前者，要靠企业家来牵引，力量才能聚焦，才有决策速度，资源才能有效配置，才具有战斗力。但当企业解决了基本生存问题，要持续做大做强，就必须实现转型，谁超越了谁就成功！

二、中国企业家的成长之道

杨　杜

孔子曰：“君子爱财，取之有道”。企业家的使命是创造财富，这不是他的目的，而是企业家的职业使命。穷则独善其身，达则兼济天下，企业家个人财富达到一定程度，就是为社会创造财富了。但我认为还要加一句话，就是“君子不爱财，弃之亦有道”。有些财富不是你的，舍弃掉也是要讲究道的，在某种意义上，弃财之道甚至要难于取财之道。无论从老子还是孔子的立场，企业家之道到底包括什么东西呢？窃以为，道有三，即成长之道路，内在之道理，追求之道德。

（一）从成功到成道

包括优秀的企业家在内的所有人，人生不外乎是一个从追求成功逐渐走向追求成道的过程。

什么是成功？成功是人的欲望的满足，成功就是得到了你想要得到的东西，包括权力、地位、美色、美食，等等。不外乎心理和生理的刺激，但人的刺激会随着满足而消退，也会由于成功而导致外界的反作用。

什么是成道？成道就是失去了你必须失去的东西。其实人生之中，成道的事情比成功的事情要多得多，也就是说，你失去的永远比占有的要多。我站在今天这个讲台上，就失去了同时站在另一个讲台的机会。这是一种哲学的思考，它告诉我们一个道理，真正明白宇宙之道、明白管理之道的优秀企业家们，首先是明白了什么是应该失去的东西。他们不是从要干什么开始，而是从不干什么开始，他们不是从得到什么开始，而是从放弃什么开始。当然，他们并不都是一开头就是如此，而是逐渐悟道活明白的。

那么，企业家的成长之道在哪儿呢？企业家成长之道首先在于企业的成长之道。企业的可持续成长靠什么？我的观点是：三年发展靠运气，十年发展靠亲情，三十年发展靠文化，百年发展靠制度。一个人要成为优秀企业家，需要把企业做强、做大、做久，才能证明自身。一个小公司成长为大公司，没有机会和运气几乎不可能，然后就是其他要素：小型公司靠亲情，中型公司靠亲情加文化，而大公司就要靠亲情、文化加制度。一个企业的持续成长，需要维系企业组织系统的手段或纽带的增加。靠亲情能够构建情投意合的自己人的圈子，靠文化能构建志同道合的干部员工队伍，靠制度能将文化固化到制度中，实现企业的代际传承。

那么，做一个企业家，而不是做一个传统的生意人，就要有相当的自我约束力——解放思想但不胡思乱想，有所作为但不胡作非为。三流领导管下级，二流领导管同级，一流领导管上级，超一流领导管自己。管好自己是一个企业家在成长过程当中最难的一件事，管不好下级会犯小错误，管不好同级则会犯中错误，处理不好上级关系会犯大错误，但是管不住自己则会犯致命错误。管好自己需要内在定力，这种定力从何而来？我认为有三个来源：一是来自于坚定的组织立场；二是来自于明确的价值观念，你了解对于组织来讲什么重要、什么次要、什么不要；三是来自虔诚的职业信仰，这是你的职业，不能随意商而优则仕，商而优则学。

总而言之，有定力的企业家明白成长之道路，内在之道理，追求之道德，是活得明白，活得敬畏的企业家。

（二）企业家成长六道

企业家成长的道在哪儿？我认为有财富之道，经营之道，竞争之道，用人之道，事业之道和自然之道，这六个方面。

第一，财富之道。对企业家来说就是赚钱，赚钱的企业家不见得是好企业家，但是不赚钱的企业家一定不是好企业家，这是企业家自身职业使命所要求的，是企业就要赚钱，赚钱就是企业家的职业，如果你做不到就换人来做。从这个意义上讲，好企业家的标准应该有四个：一是能赚钱；二是合法地赚钱，三是不断赚更多的钱，四是知道财富如何为企业和社会所用。

从本质上说，企业家思考的财富之道，不是赚钱不赚钱的问题，而是为谁赚钱和如何用好钱的问题。他必须有这个最为基础的支撑才能使企业人才济济，让投资者不断投入，所以，财富之道应该放在最前面。

企业家为谁干的问题是随企业的发展而发生变化的。一般有三个阶段，第一个阶段老板是为自己干的，员工是为老板干的，开始时总有一点剥削员工的意思，否则分光吃净，企业就无法生存和扩张；第二阶段员工开始为自己干，老板开始为企业干；第三阶段员工依然为自己干，干部队伍为企业干，而老板开始为社会干，不然企业家这个社会阶层就难以在整个社会实现定位。这三个阶段能否向前推进，关键是企业文化变革和激励制度的再设计，企业家的成长需要一个脱胎换骨的变化过程，这个变化的本质就在于要利益分配机制，当然，这需要非常缜密地考虑利益分配的制度设计。

我认为一个企业家脱胎换骨的成长包含有四个层面的人格变化：

一是把钱分给别人是想自己挣到更多的钱的功利人格企业家。这样企业才会有积累，才会有资产的增值，这是最基础的，不能丢掉；

二是把钱分给别人，是一种高尚道德修养的伦理人格企业家。别人尊敬你，这是一个好企业家，不拖欠工资，福利待遇等方方面面比别人要高一些；

三是把钱分给别人是你的职责要求的职业人格企业家。你是干这个的，你有责任保证跟随你的人生活得不错；

四是把钱分给别人是一种习惯和自然的超然人格企业家。现实中这样的企业家很少了，属于圣人的一类。一般来说，企业家是至少可以做到前三个层面的。

第二，经营之道。简单来讲，包括怎么投资，做什么、不做什么；用什么样的人，不用什么样的人；提倡什么、反对什么，需要定出企业文化，比如说核心价值追求。企业家追求的东西很多，但也要有先有后，有舍有得，所以一要排序，二要取舍。

其实这里所谓的道就是“上求合德，下需合法，中要合理”的选择。违法肯定不行，过于高尚的道德，杀身成仁也不行；我认为合理应该是企业家行为的职业选择。

第三，竞争之道。有人说市场就是战场，我认为不必将市场竞争搞得那么残酷，优秀企业家尤其要学会与人合作，共搭平台，共享价值。学会整合资源，说得俗一点就是学会傍大款、攀高枝、访名门、拜大师。傍大款求财，攀高枝求势，访名门求知，拜大师求道。

第四，用人之道。管理企业的员工应该分类，韦尔奇曾把员工分成三种人。韦尔奇认为企业中贡献者（干得多拿得少）大概有20%，是企业发展的依靠力量；有70%的人是来支撑企业的，这种人属于交易者，干多少拿多少；除了这两种人，企业还常会有干得少拿得多的人，企业要防备和淘汰的就是这种人。企业不能重用的人要有明确的标准，比如没有学习欲望的人不能用，没有再学习能力的人不能用，培养不出接班人的人不能用，不能吃苦的人不能用，不能和同级建立良好合作关系的人不能用，等等。

第五，事业之道。企业要成功、要成长，没有强烈事业心支撑的职业企业家阶层可不行。

什么叫事业？企业家要有事业和组织支撑自己，不是仅靠买卖和财富，靠买卖支撑自己是商人，靠财富支撑自己是富人。企业家以企业的盈利能力来估算企业价值，不是光看产品本身赚多少钱，企业家是教会人管企业，决定企业交给谁去管，怎样管好，而且你离开企业别人可以管得更好。企业家积累资本，不积累财富；积累职业声望，不积累权力。

第六，自然之道。企业家总要把自己和企业组织做一个切割来理解自己的角色？企业是企业，你是你，尽管你希望做一个百年企业，但那是你或你们的愿景，你必须明白企业早晚是要灭亡的，不可能基业常青。企业家的使命就是在企业的有生之年，遵从资本增值的逻辑，尽量将它经营得好，不能懈怠。

人总有成功的欲望，但优秀企业家的成长之道是要具有控制自己欲望的知识和智慧。我以为优秀企业家要具有“不”思维，不妄为、不妄文、不妄言、不妄想，而这是很难的。佛学界讲究首先要持戒，戒而后能定，定而后能慧。我认为获得智慧还应该加一个中介变量，那就是“悟”。从这个角度来看，优秀企业家的理性极其重要！用通俗的话来讲就是度的把握，做到爱财不贪，恋色不迷，有气不怒，饮酒不醉！

总而言之，所谓企业家的成长之道，最重要的就是找到规范自己行为的“马路牙子”，修炼定力。我将定力做了六个分解，那就是：控得住欲，抵得住诱，压得住火，弯得下腰，闭得住嘴，藏得住身。

三、企业家的境界决定企业高度

彭剑锋

（一）企业家与“封顶理论”

企业家的抱负与追求的高度决定这个企业的高度，企业家的境界决定这个企业成长的边界。

如果企业家胸无大志，小富即安，自己都不想把企业做大做强，这个企业就一定做不大，除非撞了大运，但也只能被“宠幸”一两次，不可能持续被上天眷顾。最近我到温州讲学，许多中小民营企业家对我说：“彭教授，听完您讲课当时非常振奋，也想把企业做大做强，但是回到家里细细一琢磨，为什么要把企业做大？企业做大了给我带来什么好处？企业做大后越来越难管理，人越来越累，越来越没有安全感，家庭生活越来越糟，生命品质越来越差，以我目前企业的规模和盈利水平，活得很舒服，一年有几千万元的销售，盈利有几百万元就心满意足了。”

这就是许多中小企业家所面临的要不要把企业做大的困惑，正因如此，有的企业家不是把盈利投入再生产，加大对技术、人才的投入，而是将资金用于做期货、炒股票、炒地产、炒艺术品。做投机性的投资生意与做实业是两码事，做惯了炒股票和炒地产等投机生意再想回来做实业其实是很难的。所以我经常跟企业家说，我不反对你适度炒地产、炒股票、做投资，但你一定要想清楚你要追求什么，人生的价值定位是什么，是想多挣钱，还是想做大事业，是仅仅想成为一个富人，还是想成为真正的企业家。

企业家的人生价值定位决定着这个企业的发展方向。很多成功的企业家都面临人生价值定位的问题：我到底追求什么，我的人生终极目标是什么？这一问题思考不清楚要么进入人生迷惘，不知自己为什么而忙碌，为谁而忙碌，导致创业激情衰减、工作倦怠；要么面临众多诱惑而不知选择，不懂得放弃，企业家最难控制的是欲望，人生目标追求多样反倒失去了方向。

我曾问柳传志为什么能一直坚守干企业，他应该有很多机会去当官、从政。柳回答我他知道自己这一辈子要什么，人生价值定位是什么，“我为企业而生，我这一辈子就是干企业的”，有了这个终极目标，就会懂得放弃，就会执着。中关村有两家企业，一家是联想，一家是四通。联想为什么能够持续成功？联想的成功在某种意义上是柳传志的成功，而柳传志的成功是其人生价值观及基于价值观的领导力的成功。柳传志有两点超越了四通的万润南及其继任者，一是“我为企业而生”的准确的人生价值定位，二是“企业利益大于一切”的企业家境界。万润南没有弄明白自己这一辈子要追求什么，没有做到将企业经营作为自己的人生价值追求，最终使企业发展失去方向，万润南的继任者也没有做到，个人财富多了，企业却做没了。

（二）画好人生新圆圈，不断追求企业有效成长

假定我们每个人的一生都有 100 年，那么，每 25 年就会画一个圆圈。比如 25 岁以前，我们要求学与成长，这是人的第一个圈；25 岁以后，开始画第二个圈，追求事业，成家立业；50 岁以后，功成名就，前半生的沉淀与积累，将我们推向了人生的第三个圈。大多数人都是在这个阶段达到了人生和事业的顶峰，歇下了前进的脚步。

但是，我身边有不少老朋友们，仍在满怀激情地继续画着人生和事业追求的第三个圈，仍然要把这第三个圈作为人生的新起点，长久保持着奋斗者的本色。

人生就是要与高手过招，与正能量的人为伍。于我来说，人生中最大的收获，是能够始终与这些高手同行，在与他们进行思想的交流与碰撞中，不断地提高自己。同时我们也一直在向企业家学习，因为管理就是实践，实践才是我们最伟大的老师。

比如华为的实践，让我们看到探索、敬畏、尊崇和坚守常识的力量。“以客户为中心，以奋斗者为本”这一理念并不新

颖，但华为是真正能够深度践行这一理念的企业，是最能够坚守这一常识的企业，这就是华为成功的“秘密”，也是经过实践检验得出的常识。

企业要敬畏和坚守那些在长期实践中总结出来的，并且被普遍认可的规律性的常识，也要在时代更迭中认识和探索新的经营管理常识。比如在工业文明时期，管理假设是建立在资本雇佣劳动，组织与人的关系是雇佣与被雇佣这一常识上的。但是在互联网技术、共享经济和知识经济大潮涌动的今天，这一关系正在发生悄然的变化，在知识型企业中，某种意义上资本也在被劳动所雇佣，所以它们形成了相互雇佣关系。

管理就是实践，而实践则需要常新、常变，坚守常识也需要跟随时代的脚步，与时俱进，识变求变。

在经济社会转型期，我们中国企业成长突围的难点正在于难以脱离成长惯性，要走出自己的**舒适区**。中国企业在过去的发展中，大多数是按照实用逻辑、机会主义“野蛮生长”的，而不是使命和愿景驱动，也不是价值追求牵引的。**这既是过去成功的依仗，也是今天转型突破的障碍**。

企业家要引领企业转型突破，首先需要自我转型、自我超越，自己革自己的命，这多么艰难！也因此我们看到，在很多民营企业里，企业家自身的变革才是企业持续成长的最大瓶颈。

所以，对一个成功企业家而言，企业家精神最核心的要素，除了创新、敢担风险，就是自我批判与自我超越。我认为，任正非最值得我们学习之处，除了他高远的追求、博大的胸怀，更在于他身上那种持续的自我批判、自我突破的精神。只有具有这种自我批判精神，企业做大以后，企业家才不会狂妄自大，才能引领企业从成功不断走向成功！

在改革开放接近四十年之际，我们一大批民营企业都有了20多年、30多年的发展历史，到了一个转型突破求持续发展的“质变”阶段，而我们的一大批民营企业家，也到了要画人生第三个圈的年龄。**在这个历史节点上，我们呼吁企业家继续保持奋斗激情，把阶段性的“终点”当成人生新起点，在使命和责任驱动下，画好自己的人生新圆圈，以企业家的自我转型、自我超越推动企业的转型突破和持续成长。**

最后，对中国企业家的转型提出八点建议：

第一，在企业治理方面，从“我的企业”转变成“我们的企业”，构建共创、共担、共享的公司治理机制。

第二，在组织文化方面，从“老板文化”向组织文化转型。

第三，在价值评价方面，要从老板的个人主观评价向构建客观公正的评价体系转变。

第四，在组织规则方面，要从对老板的“怕”转向对规则的“怕”，让规则守望企业。

第五，在决策与智慧方面，要从依赖于老板个人转变为依靠团队领导力，依靠群体智慧与群体能力。

第六，在监管机制方面，从过去“点对点、人盯人”的管理方式，转变为关注管理背后的机制、制度建设。

第七，在责任体系方面，从过去对老板负责转向对客户负责、对组织负责。

第八，在价值目标追求方面，从简单的财富追求转向事业追求、使命驱动。

四、中国企业需要“使命型”领导

施　炜

中国企业的未来成长，需要一大批具有新的文化特质的企业领导人，而中国企业文化的演进，也主要体现在新型企业领导人精神境界的提升上。

具有“新的文化特质”的企业领导人，其领导方式应属于“价值观型领导人”（Value-based Leadership，简称 VBL）。这一概念是由多伦多大学罗伯特·豪斯（Robert House）在其首创的“路径—目标”理论的基础上于 20 世纪 90 年代提出来的。这种领导方式或领导行为，以组织远景和核心价值观为核心，注重领导者价值观的自我管理，也注重对企业组织及团队的价值观管理，包括领导者向组织注入价值观，形成、强化、分享组织价值观等。（参见经理人分享百科“罗伯特·豪斯”条目）

“价值观型领导”与儒家文化关于领导的定义是相似和契合的。儒家将领导方式描绘为“为政以德，譬如北辰，居其所，而众星拱之”（《论语·为政》），这里所说的“德”，就是组织的愿景和核心价值观。

现在的问题是：价值观型领导者，应信守、推行什么样的“德”？也就是说，“德”的内容应该是什么？企业领导人经营管理企业的价值取向应该是什么？这里的“应该”，意味着保证企业组织长治久安、基业长青的价值选择。

为在一定的坐标系和框架下讨论研究企业领导者的价值取

向，有必要对不同价值取向领导者类型（同时也是领导方式类型）进行划分。

以价值取向辨别四种领导风格，我们基于对中国企业领导人的理解，对中国企业实践的认识而提出“价值取向”分类法。

所谓“价值取向”，包括两方面内容：一是指企业领导者的价值偏好、价值追求，对各种不同价值的态度，以及驱动行为的动机；二是指实现价值的手段、方式和途径。显然这里的“价值取向”是“知”和“行”的统一，它们是我们概括、分析中国企业领导者类型的两个维度。

从“价值偏好”（横轴）维度看，可分为“利益型”和“事业型”，前者指追求物质利益，后者意味着追求人生价值的实现，比如成就一番事业，得到社会认同等，最高的境界是超越个人本位的使命追求。在中国古代，儒家文化背景下的书生们，“以天下为己任”，其使命是“家国情怀”，即“风声、雨声、读书声，声声入耳；家事、国事、天下事，事事关心。”当今的企业家，其使命主要投射于企业共同体：企业的可持续成长（“基业长青”）、企业的价值制造（相关利益者各有所获）、企业的社会责任（产业发展和社会进步）。在这一横轴上，利益追求和事业追求并不是完全矛盾、非此即彼的对立关系，而是一种递进关系，从左至右体现的是目标的扩大、延伸和超越。

从“价值实现手段”（纵轴）维度看，可分为“机会导向型”和“能力导向型”。前者指企业领导人实现目标和理想时，主要凭借外部市场或行业中的机会，其工作的重心在于寻找、发现、整合这些外部机会。而“能力导向型”与之相对，意味着企业领导人将目标、理想实现的驱动、支撑、保证因素定位于企业内部的能力，致力于能力的打造和提升。饶有意味的是，企业战略理论主要分为两大流派：一是“结构派”（主要基于美国企业的实践）；二是“能力派”（主要基于日本企业的实践）。其实，“结构派”理论，与“机会导向型”有异曲同工之处。

把前面讲的“横轴”和“纵轴”结合起来，得到4个象限，即4种企业领导者类型，如图3－1所示。

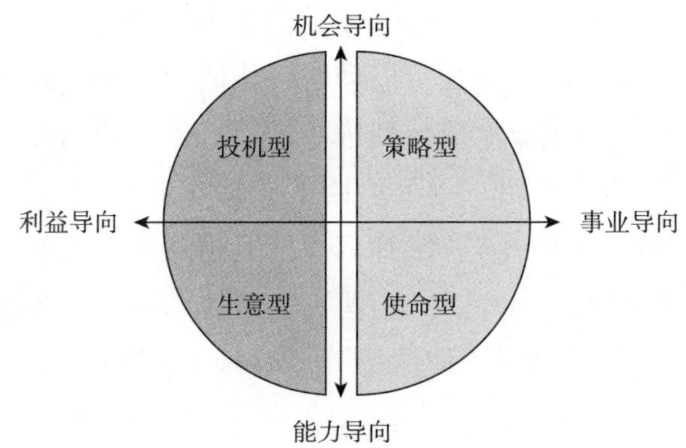

1. “利益导向＋机会导向”——投机型；
2. “利益导向＋能力导向”——生意型；
3. “事业导向＋机会导向”——策略型；
4. “事业导向＋能力导向”——使命型。

图3－1 四种企业领导者类型

其实我对以上4类领导者的命名颇为踌躇，这些词也未必准确。比如有人可能会问：这里面怎么没有“战略导向型”？从战略的一般意义上说，这4种领导者类型都蕴含着战略选择，即便是投机，也可视作一种“战略”。但我们一般说到“战略导向”时，往往有特定的意义，比如具有远大的战略意图和清晰的战略方向，有自洽的战略框架，对战略目标实现的路径和过程有所设计和规划等。从这个意义上说，可能只有“使命型”领导才是真正的“战略导向型”的；“生意型”和“策略型”领导有一定的“战略导向”成分，而“投机型”则与“战略导向”无关。

需要指出的是，4 类领导者中都有成功的，也都有不成功的。当然，从企业成长的长远视角看，“使命型”领导更有可能使企业走得远一些，迈上的台阶高一些。可以这样说，“使命型”领导是成就卓越、伟大企业的必要条件。

企业领导者的类型是可以动态转化的。转化的路径和过程恰恰是我国一些企业家成长和进步的轨迹。一般情形下，企业领导者类型的演变沿“N”形路线，即“投机型”—“生意型”—“策略型”—“使命型”，但也可以变为正反俩个“L”：“投机型”—“生意型”—“使命型”，或者“投机型”—“策略型”—“使命型”。如图 3－2 所示。

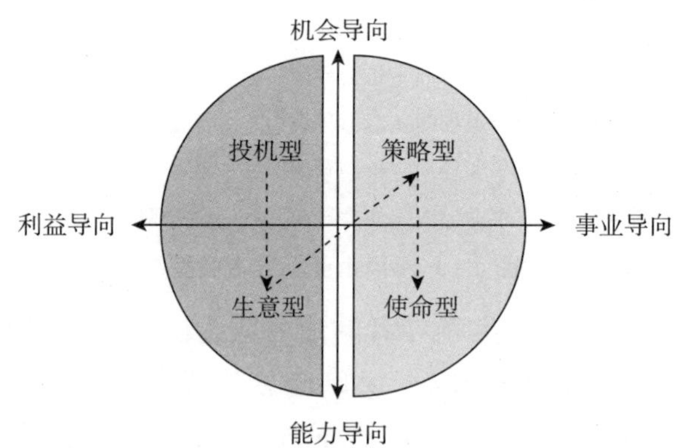

图 3－2　企业领导者类型的动态转化

下面，我们对 4 种领导者类型再作一些较为详细的描绘。

1. 投机型领导

投机型领导具有强烈的财富动机。工作的重心在于寻找、捕捉外部机会，且无确定的方向和定位。目标短期化，不太关注企业长久利益和可持续发展，不重视管理和组织建设，忽略企业长期发展的基础。在实现目标的手段上，喜欢出奇制胜，不按常理出牌，甚至不择手段、不按规则行事，重结果不重过程，热衷于“超常规”发展。

就人格特征而言，投机型领导敢于冒险（俗称有赌性），习惯于“紧运行”（在资金、人才等约束条件较为严苛的条件下运作）。如果成功，将是以少胜多的奇迹；如果失败，则容易陷入绝境。

2. 生意型领导

生意型领导和投机型领导一样，同样具有强烈的财富动机，但将目标放远，注重长期利益。通常在既定的业务领域内精耕细作，以求利益的最大化。为此，重视团队建设和专业人才的开发，重视积累经营资源以及打好管理基础。生意型领导和使命型领导的最大区别在于：有将企业做大做强的愿望和决心，但缺少做产业领袖，致力社会进步的抱负、追求和境界，对产业发展无强烈的责任意识和奉献精神。

生意型领导在实现目标的手段选择上，步步为营，精细运筹，具有理性精神和专业意识；不投机取巧，亦不浮躁虚妄；处理各种矛盾关系较为平衡；低调做人，务实做事，不喜欢空谈。在商言商，是他们的基本准则。

我们很难在公开场合看到他们的身影，没有什么特点就是这群企业家的特点。

3. 策略型领导

策略型领导愿景宏伟、志向远大，这方面和使命型领导相似。但是，在实现目标的手段上，策略型领导有不同程度的机会主义色彩。可以说，策略型领导是理想主义和温和投机主义的结合体。为了实现做大做强企业的抱负，策略型领导会主动地选择机会和把握机会，常常以“东方不亮西方亮”的态度均衡布局，形成多主业或者主业带动其他业务的多元格局。在聚焦和专注方面，策略型领导比不上使命型领导。

策略型领导注重运筹谋划，敢于冒险，偏爱“弯道超越”，热衷并购等资本运作；到了互联网时代，更是津津乐道于“颠覆性创新”，谋求从商业模式层面结构性地进行战略变革——毕其功于一役；在组织内部，则有强烈的折腾倾向；对长期性的能力（技术）积累、管理提升工作，重视程度和专注程度均不及使命型领导；急于求成，总是试图从策略层面而非本源（基础）层面解决问题，是“策略性”领导的主要特征，而方向多变、根基不牢是策略型领导所管理企业的普遍现象。

策略型领导由于注重“出奇制胜”，因此显得具有充满智慧的战略思维（有些在实践中并不能完全行得通）。他们大都属于魅力型领导，个性鲜明，既高调做事，又高调做人，经常出现在各种媒体上抛头露面，是媒体的宠儿，是年轻创业者们热议的对象。有关他们的典型情境之一：站在电光闪烁的台上，对着黑压压的人群，阐述未来趋势，构思“一盘很大的棋”。

4. 使命型领导

使命型领导将经营企业作为一种使命，对企业怀有宗教般的信念。他们通常有超越财富目标（可以包含财富目标）的事业追求，有强烈的成就动机、进取精神和责任意识（包括企业责任、产业责任乃至社会责任）。其中的佼佼者，继承了中国传统文化中最优秀的精华——超越“小我”的理想主义和家国情怀。

在使命的牵引和驱动下，使命型领导有率领企业攻坚克难的巨大勇气和坚定信心，也有志向高远的战略蓝图和战略意图，始终具有危机意识，有创新变革的强劲冲动。他们不断锤炼战略思路，力求使之符合实际、适应未来变化。在较为清晰的战略导向下，他们不轻易为外在机会所诱惑，往往聚焦于核心业务和关键要素，关注影响企业长期持续成长的基础性变革，重视价值观管理、组织建设、人才培养、核心能力培育以及管理体系（平台）的构建。

使命型领导虽然是理想主义者，但并不迂执和呆板。他们重视使命达成、重视目标实现，重视结果，能够将原则性和灵活性结合起来，甚至不乏实用主义，吸纳一切有利因素为我所用。有人说，使命型领导就是理想主义和实用主义的结合体，也不无道理。他们具有理性素质（这与生意型领导相似），客观冷静，很少情绪化（而“壮怀激烈”、将经商活动审美化则是策略型领导的常见症状），方向坚定、目标明确，但在战略路径、战略举措以及资源安排等方面留有较大的回旋余地。他们也很“平衡”，善于处理“进与退”“变与守”“新与旧”等多种矛盾关系和悖论。饶有意味的是：他们战略上偏执，战术上谨慎；构想时举重若轻，而执行时则举轻若重。

使命型领导既有远大抱负，又能脚踏实地地埋头苦干。他们倡导艰苦奋斗精神，始终保持谦虚谨慎、兢兢业业、如履薄冰的工作态度，他们韧性强，遇到困难不轻言放弃。在企业面临重大挑战时，他们沉着应变，常常能带领企业峰回路转甚至绝境逢生。

使命型领导由于其使命追求，加之率领企业从胜利走向胜利，因此具有强大的精神感召力和非权力影响。如果他们再舍得与员工分享利益，那就更会得到社会认同和员工拥戴，如果他们关注产业发展、引领产业进步，则会成为产业领袖。

很多使命型领导，都像苦行僧似的，孤独地跋涉在崎岖的山路上。他们为人低调，远离媒体，信奉“多做少说”；这更加增添了他们身上的神秘感，更加激发了人们对他们的敬意。

五、企业家的境界：稻盛哲学与盛和塾

饶　征

见过日本“经营四圣”之一稻盛和夫的人，都会被他的企业家境界所撼服。我有幸参加了盛和塾第十九届世界大会，耳闻目睹了稻盛和夫和他的盛和塾塾生们互动交流的感人场景和关于创业的真知灼见，深受启发，引起了我对企业家成长与境界的深思。

（一）企业家的三种境界

长期以来，在咨询的过程中接触企业多了，我常用企业家和商人来区分企业主。何谓“企业家”，我的理解是不仅把经

营企业作为正当获取财富的工具，而且把正当经营企业作为毕生爱好和事业追求的人。我把“商人”定义为为了赚钱不择手段，不顾社会伦理，巧取豪夺、唯利是图、自私自利的人。

从稻盛和夫的成长经历来看，真正伟大的企业家成长道路上会出现三种境界。

1. 走出混沌的境界

这是企业家自我探索的阶段，企业家每天都在为企业的生死存亡而忙碌，在试错中成长，逐渐形成了独特的商业模式和核心能力，在市场竞争中逐步确立了自己的区域优势和制高点，此时的企业家顿时有了走出混沌的感觉，进入一种全新的事业境界。

2. 问道求真的境界

企业家就自身而言，往往建立了一定程度的物质生活基础，开始反思企业家自身的人生意义和价值，开始研究“活法”。人生到底应该为自己“活着”，还是为他人“活着”。企业家“活法”的选择，决定了这个企业家所能达到的人生境界。企业家对人生意义和价值的思考如不能转化为对人类生存和发展的意义和价值的思考，不能转化为对生命意义和价值的思考，企业家的境界将难以走出混沌境界，多数企业家止步于此。

3. 敬天爱人的境界

这是企业家的最高境界，“敬天”就是尊重自然、尊重科学、尊重法律和社会伦理办企业；“爱人”就是办企业要造福人类，促进人类的进步和发展，要至善，要利他。企业家达到这种境界，他所经营的企业才能成为世界级的企业，世界级的企业只有有了敬天爱人的企业家和员工，才是伟大的企业。稻盛和夫就是这样的人，因此在他有生之年成就了京瓷和KDDI两家世界500强企业。

世界上有许多的企业家，无论你的规模有多大，无论你积累了多少财富，无论你信奉何种宗教，你的境界在哪层最为重要。你的企业也许不是最大，但只要你和你的员工敬天爱人，正当盈利，你的企业就是最好的企业，你就是最好的企业家。

（二）稻盛哲学简单实用

企业能否持续成长与企业家的境界和思维方式相关，企业家的境界和思维方式的系统表述，可称之为企业经营哲学。稻盛哲学可归纳为四个字："活法"和"干法"，简单实用。

1. 贯彻正道

首先要合法经营，不违背各国法律，遵守人类社会的伦理道德准则；同时，找到实现企业目标所必须的思维方式，并向企业注入形成优秀品格的思维方式和度过美好人生的真理。

2. 动机至善，私心了无

无论你要做的事情别人是否理解和认同，只要你动机纯正，没有私心，有利于企业发展和人类社会的进步，就应该坚定信念，机智勇敢地去实现既定的目标。

3. 从正面迎击困难

面对困难要正面交锋和进攻，要光明正大，用正确的理念和方式解决问题。

4. 垂直攀登

对待企业目标或人生目标要有必胜的信念，自断后路，并选择最困难但最有效率的解决方式和途径，这往往需要分析研究比其他途径更全面、更细致的技术和方式，形成比别人更强的战斗力和核心能力。

5. 把知识提高到见识，把见识提高至胆识

这是精神变物质的过程。“知识变见识”就是首先要广泛地学习，要博学，并在学习和实践过程中领会知识，将知识转化为见识；“见识变胆识”就是以自信的心态，以经过检验的意志和耐力为基础，敢于对事物做出正确的判断和决定。

6. 洞穿岩石般的坚强意志

所谓坚强的意志，就是要有平静而强烈的斗志，要有滴水穿石的志向和毅力，战胜困难首先需要战胜自己的软弱和动摇。

7. 燃烧的斗魂

在稻盛和夫看来亏损的企业一定是企业主缺乏斗魂和能力所致。所谓“斗魂”就是对事业的执着与持续的热情，企业家是需要用斗魂去感染员工、凝聚人心的。

8. 创造力＝思维方式×热情×能力

稻盛和夫特别强调企业的创造力，并提出了企业成功的方程式。稻盛和夫认为企业的一切活动都是围绕创造力进行的，而企业创造力的三个要素中思维方式最为重要，因为它决定着企业前进的方向与目标，方向对了一切努力才会有结果。只要方向和目标是对的，热情和能力的大小与结果成倍数增长，就能挖掘出企业和人的无限创造力。

9. 努力工作的彼岸是美好人生

稻盛和夫认为工作是人生最尊贵、最重要、最有价值的行为，工作能造就人格，只要“极度”认真地工作就能扭转人生的境遇。

（三）盛和塾的力量与贡献

盛和塾是1983年日本京都一批青年企业家希望稻盛和夫向他们传授经营思想和经营方法而自发成立的组织。如今，该组织每年有一次世界大会，吸引了包括日本、美国、巴西和中国的青年企业家参会。盛和塾本质上是一个传播先进经营管理理念和方法、企业家相互学习交流经验的场所，尤其是企业家现身说法，著名企业家点评和对企业经营管理上有突出成就的企业家颁奖等形式，产生了极佳的示范效果。

2011年7月5日盛和塾第十九届世界大会在日本横滨召开，我有幸目睹了盛和塾大会的全过程。会上发言的青年企业家无一例外把稻盛和夫当成自己经营企业的榜样，遇到困难和挫折时的精神支柱，以下是盛和塾的塾生们对参加盛和塾的体会。

小林武彦，医疗法人爱生馆理事长："身体条件和经济条件都很好的我，成为一名医生和医院经营者，但在中途也遭遇到了挫折，由此我放弃了医生的道路，进入'东京'盛和塾学习。在那里所学的正是'人类为什么活着'的稻盛哲学，我参考稻盛哲学，创造了特有的'爱生馆哲学'，参考了阿米巴经营，引入了'家庭账簿式经营'理念。"

平井浩一郎，株式会社HIRAI董事长："我一度只知道望着父亲的背影奋力蛮干。我不吝惜时间和努力，以不输给任何人的决心勤奋工作，但总觉得哪儿没有满足。在这种情况下，我邂逅了盛和塾，接受了塾长（稻盛和夫）的教导，拿出勇气面对困难，从而度过了各种经营危机。同时我认识到了自己的使命和公司的使命，并勇敢承担，成功摆脱了经营的低迷状态，如今迎来了第二个创业期。”

马渊健司，太阳 FASTENER 株式会社董事长兼总经理：“今天能有我们公司存在，都源于公司现任会长（公司创始人，现盛和塾学员）与塾长相遇，被塾长‘即使明天公司就垮掉，你的心也不能放弃’的一句话震撼灵魂，决心东山再起开始的。‘专心致志做一件事，并持之以恒，能让一个平凡的人成为一个非凡的人’，塾长这句话影响了我们父子两代人。”

本昌康，株式会社 BUDOUNOKI 董事长：“在京都召开的第三届全国大会，我是在毫不了解盛和塾的情况下参加会议的。但塾长讲话给我很大的冲击，‘不能盈利的经营者是社会的罪人’这句话深深刺痛了我的心。塾长是这么说的‘你们公司里总有几位员工吧，这些人至少应该是小学或中学毕业，他们上学的费用都是依靠纳税人的税金提供的，道路和铁路也都是用税金建造的，如果经营企业却不能盈利，无法纳税，就应该把这些员工和设备让给那些能够盈利的经营者，只有这样纳税才能增加，社会才能更好。’塾长指出我一直以来坚持‘与其纳税还不如都花掉’的想法存在着根本性的认识错误。现在想起来，塾长所说的就是经营原点的第一条‘明确事业的目的和意义’，即树立光明正大的、符合大义名分的、崇高的事业目标。”

本昌康与稻盛和夫在盛和塾的一段对话，很能反映盛和塾的影响力。本昌康获得了难得的向稻盛和夫提问的机会。

本昌康：“导入阿米巴经营后情况良好，本期有望取得近

10%的税前利润，请问发放奖金时应遵循的原则是什么？”

稻盛和夫：“你说的话我不懂啊。”

本昌康：“哎？”

稻盛和夫：“为什么必须要发放奖金呢？”

本昌康：“这个，有一些员工还要还分期付款的贷款。”

稻盛和夫：“原来是这样，你公司的工资水平比社会平均水平低吧？”

本昌康：“不，既然有能力偿还分期贷款，应该在社会平均水平线上。”

稻盛和夫：“这样的话就没有必要发奖金了。”

本昌康：“可是员工们都很努力。”

稻盛和夫：“啊，你是不是对员工有些什么愧疚的地方啊？”

本昌康：“不，没有这样的事。”

稻盛和夫：“那就不用发了。”

本昌康脑海中已经是一片空白，稻盛和夫继续说道：“从来没有实现盈利的经营者一旦有了盈利，经常会犯这样的错误。考察这位学员过去的经营状况，从来没有实现过盈利，自然也没有内部盈余公积。他说今后打算发展店铺，扩大规模，那么这些资金从何而来？本来应该将所有的利润都保留在公司内部，作为今后投资的准备。并且必须向员工做出解释‘多亏大家的努力本期取得了这些盈利，但今后必须进行这样的投资，所以现在还不能发放奖金，希望大家忍耐。’你的想法不过是小善，发奖金可能会让员工们很高兴，但是这样不行的，要认真考虑公司的未来，考虑员工的将来，必须要求员工们做出暂时的忍耐，这才是大善的做法。我们必须具备行大善的勇气。”

从中足以感受到盛和塾的力量和稻盛和夫对日本企业家成长所做的无私奉献和社会价值。由此我想到中国企业家的成长同样需要像稻盛和夫一样伟大的企业领袖和学习的榜样，“他”应该有敬天爱人的境界，遵循正道，即懂得“活法”又懂得“干法”，巡视中国企业界这个“他”又是谁呢？

第四篇　新时代下的管理思考

一、重新认识德鲁克：兼谈中国企业转型

彭剑锋

我对德鲁克的认识和理解，只是片断式的，一直没有系统地阅读德鲁克的全部著作。

近几年，德鲁克备受中国企业界的推崇，在企业面临转型和持续发展的困难和矛盾时，企业家想到管理大师德鲁克的书中去找答案或指引，结果常常感到困惑。有企业家在读了德鲁克的书后，对我说："德鲁克的境界太高了，而我们碰到的问题太具体，不知道怎么把他的观点和实践结合起来！"

老实说我也有这种感受。读德鲁克的著作，可以找到认识问题和解决问题的方向和思路，却似乎难以找到解决问题的具体工具和方法。**如果对德鲁克的管理智慧没有深刻领悟，并在实践中创造性应用，而只会生搬硬套，你会很迷茫，并对现实的管理问题的解决不知所措，其结果会适得其反。**

这些都促使我试图基于今天中国的管理环境和现实，重新认识德鲁克。而且，我也觉得，如果只是把德鲁克视作一个管理大师或大神，可能恰恰看不清楚德鲁克。

我的理解和认识不是来自于对德鲁克的系统研究，所以较为主观，一家之言，不妥之处欢迎探讨。

（一）带有理想主义色彩的社会学家

德鲁克的伟大之处，在于他扎根于实践，却不拘泥于实践。他是将管理学上升到哲学高度思考的第一人，他不仅从价值观和伦理层面来思考企业的生存和发展命题，而且他站在社会生态的角度，在管理学研究中第一次把社会、企业和人三者作为一个统一体来思考。

德鲁克是法兰克福大学的法学博士，曾在贝宁顿学院任哲学教授和政治学教授，他对于企业的关注从来不止于企业本身，而是把企业作为社会中最能创造价值的组织，探究如何通过企业的成功，不断地为客户创造价值，承担更多社会责任，使得社会更美好，最终目的是要创造一个和谐的社会。所以他更强调企业的社会责任，很少论述企业的赢利能力。

他的使命是解决社会矛盾，建立一个更和谐的社会，为什么又把企业作为研究对象呢？因为他认为企业是现代社会中最具有创造力、最具有活力的组织，他认为通过改变企业是能改变社会的。

相较于同时代的管理学家，德鲁克**站的高度比别人更高，立意也更深远，但与此同时在操作层面就有一定的局限性。**比如他谈管理学很少谈管理职能本身，不谈模型，也很少谈方法论。又如，他把企业的社会责任提高到了一个至高无上的地位，但企业本身作为一个赢利组织是需要赚钱的，是需要生存的，企业最大的社会责任还是要创造利润、要纳税、要解决就业问题。所以我认为德鲁克的管理思想带有一些理想主义色彩。

他与斯隆的矛盾就在于这里：斯隆更强调管理是一门科学，是一个理性过程，更强调效率；而德鲁克认为，通用汽车的管理过于理性，会抑制人的个性。但企业如果完全强调员工自主管理，不建立秩序和规则的约束，不强调效率的话，企业本身也是有问题的。

德鲁克从解决组织内的矛盾出发来探索如何从根源上解决社会矛盾。在这一点上，我认为他与马克思有些巧合之处（目前还没有资料显示德鲁克受到马克思的影响）。马克思认为劳动和资本是对立的，是雇佣与被雇佣的关系，要通过暴力革命来推翻资本家的剥削地位，而德鲁克也认为企业组织里要有和谐的劳资关系，要尊重人，他呼唤企业组织承担社会责任，呼唤人要发挥主动性。他的假设前提是，如果所有的企业都承担社会责任的话，这个社会就是和谐的。另外，政府如果为了优化企业，为企业家创新提供一个好环境的话，社会就没有那么多矛盾了。

他扬人的善意，呼唤创新，呼唤企业家精神。他的核心思想是顾客价值，创造顾客，这些东西恰恰是整个社会和谐的根本，也是一个社会充满活力的根源之所在。从这个层次上来讲，**德鲁克研究企业组织的目的最终是指向社会问题和社会矛盾的解决，建立一个和谐的社会，这使得德鲁克的管理智慧超越了管理本身，也超越了企业本身。**

（二）超越了工业时代，破译了知识经济时代的密码

德鲁克的思想产生于工业文明时代，但他恰恰揭示了高度分工的大工业组织的弊端——大工业组织对人性的泯灭，把人当成一种工具，当成企业的附属物。他的思想在某种意义上跟与他同时代的科勒等人的观点是相悖的，所以并不被时人所理解。

我很赞同王欣院长（彼得·德鲁克管理学院院长）的一个观点，容我原文照录如下：

“在过去几年里，我每每读到德鲁克书中的一些论述，总有一种感觉：德鲁克先生是一个活在工业文明，但是却洞悉了以互联网技术开启的知识文明，或者信息文明管理密码的人。他对工业文明当中存在的很多问题深感遗憾。例如将人作为机器和系统的一部分，导致人的潜力无法得以充分发挥。他总是批评工业文明的一些做法，同时指出应该如何构建有效的管理。所以，尽管我们在德鲁克先生的书所看到的案例均来自于工业文明时代，然而他所选择的那个部分往往带有非工业文明的性质，甚至带有强烈的人文色彩或者叫博雅智慧。”

今天来看，德鲁克实现了三个超越：超越了工业组织的现实，超越了企业和管理，超越了他所处的时代。

他认为，管理不是抑制人恶的一面，而是要扬善，所以强调组织管理的核心是要释放人的善意，这一点是符合后工业文明时期的管理思想需求，因为后工业文明时期知识型员工已经成为主体。这也是为什么时隔六七十年后，人们读德鲁克，却

没有时代隔阂的原因。

从这个意义上来讲，可以说德鲁克是未来学家。德鲁克的很多思想是站在未来看未来，洞悉趋势、把握趋势。事实证明，德鲁克的很多预见在当时可能不被大家所理解，也不被学界所理解，但是在后工业文明时期出现的很多问题，恰恰需要用德鲁克的思想来解决。

（三）德鲁克的思想更易被中国人所理解

与同时代的管理学家戴明或泰勒显著的科学思维相比，德鲁克更强调社会、企业与人三位一体的不可分割的有机联系。他反复说，“组织是社会的器官”，“管理是组织的器官”，器官不以自己的目的存在，而是要为整体做贡献。这种观点就与将事物割裂开来，一分为二，非此即彼的西方绝对化思维模式迥异，而趋近中国文化强调的“和”或“合”，强调天地事物的整体联系。

还有他强调的“管理不是科学，不是艺术，而是一种实践”，强调管理是可以学习的，但学习的唯一方法是在实践中，由实践定义管理。我个人认为这与中国的禅学思想不谋而合。我一直认为，禅的本质就是实践，“禅的真理在于实修”，禅的本质源于中国人所具有的实践精神与知行合一的心学理念。我们在多年的管理咨询中经常强调，“管理是一盘永远下不完的棋”，就是说管理学的问题产生于实践，解决办法同样产生于实践。这既来源于德鲁克的思想，也受到中国文化的影响。

还有德鲁克对组织中人的认知，他说，“雇一个帮手，来的却是整个的人”，他将人视为一个整体，企业管理不可以只考虑人的物质需求，还要考虑他们的精神需求。他强调人的自主性，强调人的内在价值认定，而企业的任务是尊重人、唤起人，整个管理要以人为核心。这不仅正是后工业文明时代的管理主张，即要从外向性激励（薪酬与约束）转向内向性激励（关注人心、人性的激励与开发），也与禅宗关注内向型价值（禅强调清净自性，见性成佛，以修炼内心世界，实现人生超脱为目的）的智慧跨时空相融。

我不太了解德鲁克在一生中是否受到东方智慧的影响，但是，他的思想直到现在也无法真正被西方人接受，反而在日本、韩国、中国发光发热。而且，中国是唯一德鲁克同意在美国之外的地方成立德鲁克学院的国家，全世界也只有两个地方可以举办德鲁克思想论坛，一个是中国，一个是德鲁克的故乡奥地利，其中的原因不知道是不是德鲁克认为，只有中国人更容易读懂他的思想？

而我一直主张的，要从以禅学为主的中国传统思想智慧里找寻后工业文明时代中国企业的出路，居然在德鲁克的思想里也能找到依据！

（四）今天我们如何认识和学习德鲁克

我个人一向反对盲目崇拜和盲目跟随。这也是德鲁克本人一直坚持的，他曾经半开玩笑地说，媒体将管理学家称作“大师”（guru），是因为“江湖术士”（charlatan）这个词太长了而不适合用在新闻标题中。

我们在学习德鲁克时，不可忽视一个因素，即信仰在德鲁克人生中的位置。1989 年 4 月，德鲁克在回答《今日基督教》旗下的《领导力杂志》专访时，被问到他的注意力为何在晚年的时候从公司转向了教会。德鲁克对此的回答是：“就我所知，恰恰相反，我开始对管理感兴趣，是因为我对信仰和制度的兴趣。”我们可以说，某种程度上，德鲁克是借管理来阐发他的信仰。**我认为对德鲁克的学习和认识应回归到理性层面，回归到实践层面。如果陷于对德鲁克的崇拜，可能会脱离实际，罔顾现实，而无法清醒地判断。**

我认为，我们既要学习德鲁克，又要看到他的思想在操作层上的局限性。

第一，德鲁克对于企业社会责任的定义，创造一个更和谐的社会，我认为要把它当作一个方向、一个目标，却不能脱离企业的实际躁进。企业的社会责任首先在于创造绩效，创造就业机会，为社会贡献税收。

第二，就管理实践而言，我认为它既是科学又是艺术，是科学与艺术在实践中的交织融合，这与德鲁克所说的“管理不是科学，也不是艺术”不太一样。其实，科学、艺术与实践并不矛盾，更不是对立的。在管理实践中，对事情的处理需要强调科学理性思维，但对人的问题上则要讲究艺术，讲究共情和感受。

经营企业更是要在实践中融合科学与艺术。企业家既要有科学理性思维，又要学会“拐大弯”，讲竞合，懂“灰度”；既要坚持原则，又要学会妥协；既要懂得竞争之道，又要学会开放合作；既要讲制度规则，也要懂人情世故。

德鲁克提出了领导力的四个要素：远见卓识、承担责任，懂得妥协，赢得信任。我认为懂得妥协就是“灰度”，既要学会在现实中生存，要有一些招数，又要有高远的目标追求。你心里要明白，这只是过程，不是目的。

第三，德鲁克指出推动社会进步的源泉是创新和企业家精神，我很赞同。但在某种意义上，他提高了企业家在整个社会经济发展过程中的地位：企业家是整个社会发展的原动力，企业的社会责任承担才是社会和谐的根本。这可能就是令很多企业家感到压力和困惑的地方，大家在理念上认同德鲁克的思想，但是到了操作层面上又不由自主地被现实所拖累，可能又走到了与德鲁克理念相悖的方向。

第四，与其说德鲁克创造了现代管理学，不如说他创造了新的组织管理学。我认为德鲁克所研究的管理学的本质是组织管理，是组织和人的关系，而不是从一般意义上的管理职能角度思考管理问题。所以，如果在操作层面上把德鲁克当作管理大师来学习，可能会面临知行难统一的挑战。

（五）企业转型探索期，怎样在德鲁克那里找到启示

第一，转型迷茫期，要回归到德鲁克关于企业生存和发展的三个基本命题上，回归到为顾客创造价值的企业本质上，回归到管理有效性这些本源性问题上来。德鲁克谈企业始终是在使命和事业理论这个层面来谈的，所以首先要回答企业生存发展的基本命题："我是谁？我从哪儿来？到哪儿去？"越是感到迷茫，越要追问："我是谁？我的优势是什么？我能做出什么贡献？"找到自己的生存意义和价值，用发展的眼光，从企业生存与发展的本源性问题入手，来理解和解决企业的现实问题。

第二，站在未来看未来，基于未来看现在。德鲁克既关注现实，又能跳出现实，站在未来看未来，他经常讲的是未来应该是什么样子。德鲁克的很多思想是基于战略导向、未来导向、长远导向，更强调企业的基业长青，而不是短期能做多

大。他更强调企业要为未来的战略做投入，而不是为现实的生存做投入，这正是华为任正非坚持的战略导向。

第三，企业家要有信仰和追求，要把企业放在社会生态中去思考，要树立正确的财富观。事业理论是德鲁克经营管理哲学的核心。他提出，做企业要有追求、有信仰；做企业的目的不是满足客户而创造客户；企业生存发展的目的不是为了赚钱，而是承担社会责任，等等。

德鲁克从社会责任的角度来呼唤企业家，这是我很赞同的。中国很多企业家目前来讲有两个问题，一个是往往只关注怎么赢利而没有思考如何为客户创造价值，为社会创造价值；另一个是没有正确的财富观，很多人赚取了个人财富后，丧失了事业激情和奋斗动力，财富也不知道怎么处理，有的人在海外挥霍，有的人拿到家乡大修宗族祠堂……在这方面我认为要学习西方企业家的观念，上帝让你来赚取财富，但并不要你带着财富去见他。取之于斯，用之于斯，从社会赚取的财富，应该反馈于社会。

第四，注重创新与人力资本驱动。对人的尊重贯穿了德鲁克大半生的言论，直到 92 岁时，德鲁克在《哈佛商业评论》一篇题为《他们不是雇员，他们是人》的文章中指出：对于任何组织而言，伟大的关键在于寻找人的潜能并花时间开发潜能。只有恢复对人的尊重，才可能真正把人的才能释放出来。德鲁克的主张为中国经济转型驱动力提供了理论支撑——转型需要创新与人力资本驱动，要保护企业家的精神，也要唤起知识型员工的自我驱动与创造性劳动。具体怎么做？要强调员工的自选动作，而不是规定动作，在一个大的目标旗帜下，使员工从“让我干”走向“我要干，我们一起干”和“像老板一样干”。

第五，企业要打造组织能力，而不是依靠企业家个人力量。德鲁克在《他们不是雇员，他们是人》的文章中还提到：“根据统计学显示的规律，任何组织都不可能找到足够多的优秀人才，一个组织唯一能够在知识经济和知识社会中成为杰出的途径，是使得现有的人们产生更多的能力，即通过对知识工人的管理产生更大的生产力”。中国企业要学会打造组织能力，组织的目标在于使平凡的人有能力从事不平凡的事情。

第六，管理要以绩效为导向，通过机制制度扬人性之善，抑人性之恶。必须承认，人性并不是只有善的一面，人天性是讨厌被监督和约束的。人是一个复杂体，组织也是一个复杂体，牵引和约束两个要素都要有。尤其是在中国文化中缺乏新教伦理那种“天赋神职”的职业观的现实下，仅仅强调呼唤还不够，还需要有科学管理的方法和制度、机制，通过机制、制度来抑制恶，最后让善有出口。

最后，德鲁克思想最为闪光之处在于他超越了工业时代的时代局限，破译了后工业文明时代的企业密码！他的价值恰恰体现在后工业文明时期，尤其对于转型期的中国企业有着“在苍茫中点灯”的意义和价值！

二、与三种情景对应的三种管理模式

施　炜

管理学的信息爆炸基本上是以 20 年为一个周期，距离上一轮发生在 20 世纪 90 年代的信息爆炸已经十多年了，我们再次面临了又一轮管理学信息爆炸，在这个过程中出现了各种各样的悖论。

比如马云说企业战略只要 3 个人思考，其他人执行就行了，张瑞敏说人人都是 CEO，也就意味着人人都要思考战略问题。

再如，彭剑锋老师说管理就是灰色的，也就是混沌的，有人却声称中国人就是要学习工匠精神，所谓工匠精神就是精雕细作，而这是混沌所无法完成。

实际上，管理学的很多问题超越了管理本身，和我们的生活密不可分。从小处说，是讲如何应对生活中遇到的各种问题；从大处说，则涉及人类如何面对未来的问题。

对于那些纷沓而至的管理学新概念或主张，应该在不同情境下思考。

（一）白色世界：流程化、标准化

确定性的世界在系统论里面也称为白色世界。实际上，管理问题中 99% 面临的是确定性的世界。也就是说，99% 的情境下是不需要混沌的，也不需要灰度。

确定性世界的特征可以从做西红柿炒鸡蛋这个小事中体现出来。我们可以使用系统语言和数学语言赋予它理论意义。用系统语言来描绘，过程和结果是既定的和清晰的：输出的目标是明确的，即做饭和吃饭把肚子吃饱；输入目标是鸡蛋、西红柿，还有盐、酱油等。用数学语言来描绘，这属于一个最简单的函数，所有的限制条件、影响变量都是已知的，变量怎么转化为目标值也是清晰的，函数关系也就很明了。凡是这样的世界就是确定性的世界，这样的世界里所发生的关系是自变量和因变量的关系，也叫线性关系。线性关系是一种直接的因果关系，等同于管理学中的清晰的完全理性决策。

究其本质，做饭也属于一个微型工程。工程问题共同的特征都是有目标、设计蓝图、施工方案、科层组织及操作规范，再复杂的工程也不过是各个问题的叠加，只不过把空间拉大、变量增加，并没有发生质变。对于复杂的工程，可以用确定的思维还原归结到更小的单元，再加以解决。

与此相同，管理的大部分问题也属于工程问题。因此，解决这样的问题所运用的管理思维实质上就是一种科学思维，首先提出一个假设，通过可重复的实验证明目标和结果之间存在直接的因果关系。

在管理上要体现专业化，然后再协同，这是一些基本的管理思维和思想。那么，从管理的重心来看，在这种工程类的情景下，管理重心是什么？管理的重心是盈利、运营。当确定方向之后，如果变量也是确定的，就只剩下整合的问题了。从运营角度来看，人为了完成事情而服务的，所以这个过程是以“事”为中心，而不是以“人”为中心。

以“事”为中心，就意味着要以流程为中心，大部分工作要实行标准化，而且要更加注重细节。另外，要借助信息化、制度化、智能化，使工作高效运行。在这样的背景下，管理职能的要点在文化管理方面就是确定符合生产力发展的行为习惯，在战略管理方面就是制定战略规划。由于情景是比较确定的，所以战略规划完全不用考虑外部环境的变幻，只需要针对目标，考虑资源投入等。运营管理和财务管理是目标绩效和预算制为核心，人力资源管理的核心则遵循职位—任职资格-评价、鼓励的途径，构建出整体 PDCA 系统。

（二）灰色世界：模糊控制

第二种情景是彭剑锋老师所提倡的灰色世界，属于中间地带。举个例子。前几天，我的一个老同学从日本回来，和我们一起聚餐。一个老大姐提到了自己的烦恼：女儿30岁了，对于嫁人的事始终模棱两可，不说嫁也不说不嫁。如果她愿意嫁人，父母会帮她安排相亲；如果她不愿意嫁人，父母也就此死心。在这种情况下，由于女儿在情感过程中能够产生影响的变量不清晰，导致老大姐的目标也无法确定。

这种情境中，变量很多，状态也很混沌，而且会有突变情况，每个变量都可能引起系统的变动。用系统语言来说，目标、输入、影响变量都不清楚；用数学语言来说，函数关系的模糊导致机制、结构和过程都不清楚，属于一种非线性关系。

如果说第一种情景比较适合机械时代的传统产业的话，第二种情景则适合互联网时代的服务产业。当管理的对象变为人的时候，不确定性就大大增加了。面临灰色的世界，我们首先要有一个愿景性的方向，再根据价值观和手中现有的资源制定框架性的方案和路径。结果自然是可能会赢也可能会输，但是我们要尽可能地让赢的概率大一点。

面临灰色世界，管理的理念和思维是什么？不确定情景具备自组织性质。比如在生态环境中，一棵树下有了蓄含水分的草，就会引来兔子，有了兔子就会吸引野狼。在自组织中，系统按照相互默契的某种规则，各尽其责而又协调地、自动地形成有序结构。在自组织里，基本靠价值观规则进行管理，靠自组织的内动力自发形成能量。

在这种情景下，我们对任何事情都需要一个概率论的判断。以股市为例，目前是否加仓，与个股关系不大，关键在于大环境，比如现有的金融管控机构能否顺利控盘。如果大盘稳定了，股民信心得以提振，入市的好时机就来了。我是个乐观主义者，我相信政府能够稳住大盘。当然，我的判断也可能出错，但大体没错，这就是概率论。

概率论同样适用于企业管理。旅游网站的前景如何，谁都无法准确判断。比如目前的趋势是互联网化，聚焦于互联网线上旅游的途牛和携程之类的公司则可能有较好的发展前景。往往是当决策者有了一个大体的判断后，就开始试运营，这种情况就是一个模糊系统的控制。模糊系统的控制大概知道输出的方向，再根据能否创造价值增减能量，在这个过程中总有可能看见未来。在不明确未来的情况下，走一步看一步，每走一步就形成一个知识循环，并据此反馈总结。

对于企业来说，处于不确定的时代，只能如同人类的进化过程那样，在适应环境的过程中完成进化。比如由于不确定哪种平台会适合大众的口味，有些公司会如同种树一般培养几个平台，这几个平台里面可能就会有一个如同一棵树那样成长了起来，微信就是这么火起来的。

从管理的重心来看，要保持事和人之间的平衡，既要重视事也要重视人。每个人都需要成长的空间，管理要注重人力资本，给员工以阳光雨露般的关爱。

确定了目标，在推崇模糊控制的基础上，这一种情境下的管理重心可以落在两个点上：第一，从企业文化方面来说就是要进行价值观管理；第二，从机制上来说，就是建立四维的决策机制，即使无法判断究竟哪个决策是对的，但可以先用严密的机制保证它不出毁灭性的错误。

从运营管理来看，网络化、阿米巴都是新的运营管理方式，从财务上来讲不再是以预算为主了，而是要有现金流，有钱花就行。你要问刘强东有什么预算？他肯定没有，反正他知道京东的钱还能烧 5 年，烧完了再说，烧完了别人就没有机会了。

对人力资源来说，共享和新能力决策也不再是职位的中心。那么，组织就更加有发挥的空间，你就要有多面的应对组织要求的能力，以形成各种各样的决策。

（三）黑色世界：回溯原点

这种情景，可以用一个故事来说明。

某人的妻子无故离家出走，一别多日，音讯全无，某人此时就陷入了困境。他要不要另结新欢？这个目标无法确定。假如他决定梅开二度，也会面临新的困惑：找个什么样的伴侣？目的会不会不纯，只是为了金钱或地位？女儿会不会反对？可以说，某人所面临的情况就是完全陷入了黑色系统中，也称之为“荒漠”。

面临黑色系统，当方法论无法解决问题时，我们就要回归哲学层面的思考，重新定义和解释这个世界。

与前两种情景相比，黑色系统完全不一样。我们需要寻找第一推动力，改变这种状态。那么，第一推动力在哪里？

如果在黑色系统中面临无路可走的困境时，我们要擅于回溯原点：我们从哪里来，当时是怎么解决问题的？所以，身处黑色系统，要回归“空”，要重新定义这个世界。

从管理理念来说，核心就是使命、信心和勇气，要构建解释新世界的全新逻辑体系和知识体系，这个时候是真的要注重以人为本了。因为，他们是决定组织能否绝地反击的关键，是新的组织模式和方式的创建者。从某种意义上说，他们甚至称得上是这个时代的英雄和救世主。所以，当系统向黑色发展的时候，我们常常在内心里期盼新的理念和新的英雄的出现。

最后一种情景讲得有点抽象，因为目前还没有什么具体的管理方法。

三、回到顶层设计的源头探析经营逻辑

黄健江　王祥伍　陈　明

任何企业，都必然围绕外部价值、资源获取、对资源的开发和利用这三个价值创造原点来展开经营活动。但不同企业有不同的经营逻辑，这决定着企业的顶层治理、战略、组织体制、管理机制与队伍建设等各类管理活动的差异性。所以，也有人将企业的经营逻辑上升为企业生存之道来解读。在关于“事业、组织与人”的企业理论中，经营逻辑与使命宣言是“事业理论”的两大核心内涵。

抛开互联网型企业不说，通常意义上，传统企业的经营逻辑，只有彼此难以兼容并蓄的两个类型：客户需求导向型与技术立企模式。至于当下甚嚣尘上的互联网企业的经营逻辑，无非是在此基础上的某些变种。

（一）从资源整合看两种经营逻辑的特点

以客户为导向的企业经营逻辑往往源自两个基点：一是确定性的客户关系，譬如就现实条件而言，只服务于某一类大客户，或某一群目标客户，那么围绕这类客户的一切相关需求，只要组织有能力去满足，都想尽办法使之成为企业的价值基点，即所谓的范围经济学。二是从本源性的企业能力来说，至少在主观意义上，这一类企业都较为自信，认可且推崇资源整合。有的企业家可能天生就是资源整合的高手，有的虽然客观上并不擅长，但为求生存和发展，只有基于客户关系，尽可能增强资源整合能力。以客户需求驱动资源整合的基本经营逻辑，如图 4－1 所示。

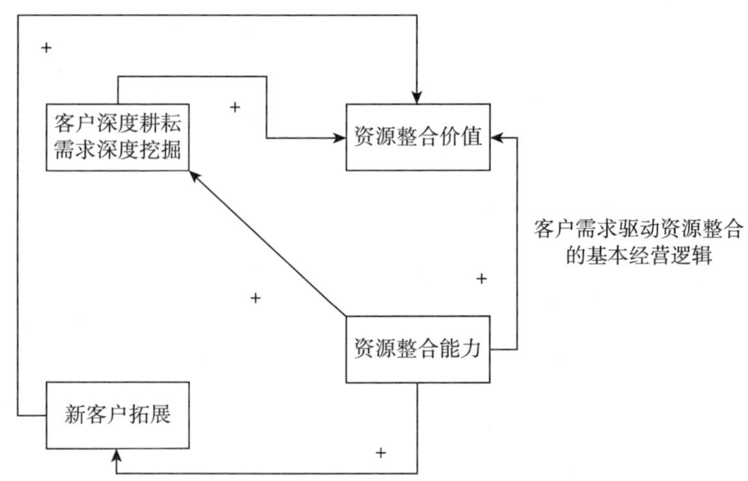

图 4－1　以客户需求驱动资源整合的基本经营逻辑

客户需求导向型企业的经营逻辑，概言之，就是但凡客户需要，什么都可以整合，整合能力越强，越能从既定客户那里收获价值。在这种经营逻辑的指导下，存在两个层次的经营着力点：第一，不断深化既有的客户关系，挖掘和延伸资源整合的价值；第二，不断提升资源整合能力，既能在老客户那里获得新的价值，也为拓展新的客户提供能力支撑。

技术立企型的企业不那么关注客户关系，甚至在战略层面上并不聚焦现实的客户需求。在内生能力方面，这类企业对资源整合也不那么看重。

相应地，技术立企型企业关注以下两个独特的经营基点：

第一，时间上更具长远意义，空间上更具普适价值的市场需求。这种需求在当下可能还不是社会组织或个人自觉的认知，而只是时不时感受到的痛点。有的企业家把这种需求理解为“人类生产、生活或社会治理中重大或至少不能忽视的挑战”。这种挑战，基于当前可用的资源、技术及人类智慧，很难在根本上予以克服，至多能“减轻一下痛苦，延缓一些痛感”。譬如，在现代交通工具诞生之前，人们长久以来希望能够一夜之间从北京赶到深圳。与其说此类普遍人欲是市场需求，倒不如说它们不过是人类理想或幻想。但无论如何，技术立企型的企业确实是将实现人类的某一种理想或幻想，当作自己经营的目的。

第二，技术立企型企业往往拥有某种专业技术能力。爱迪生如果不是爱钻研的电气科学家，比尔·盖茨如果不是痴迷于计算机技术，就不可能创办出通用电气和微软这样的企业。

在这两个经营基点之上，技术立企型企业的经营逻辑就是发挥自己的专业技术能力，去成就人类的某种理想。毕竟，这不是延续性创新，也不是集成式创新，而是原创型、颠覆式的创新。其价值创造是循着“理论研究—关键技术突破—产品研发—实验（不断扩大）—试范应用—市场推广与营销—销售与服务”的串行路径循序展开的，必须要熬过不间断的挫折，忍受长时间的商业寂寞，经历漫长的不确定性。

技术立企型企业的经营逻辑首先关注技术与知识积累，要练就能揽瓷器活的金刚钻，因此聚焦于研发是其经营逻辑中第一顺位的东西。在金刚钻逐步成形的基础上和过程中，企业才会加大对商业化运营的关注。

如果把这一类型的企业比喻成一棵树，我们可以看得见的树是地面之上的部分，是其主干和枝叶。对企业而言，核心技术及其载体的主导产品是主干；衍生产品则是枝干；围绕产品的各种服务可以理解为树叶；花是市场价值与地位，引诱着目标客户与合作伙伴的心；果则是最终的客户价值，同时也意味着企业的商业价值。但是我们往往看不到树的根茎部分，这恰恰对技术立企型企业而言很重要，怎么让看得见的部分枝繁叶茂不是其经营逻辑中的优先关注点。他们关注的首要是让“树”牢牢地扎根，深植于商业价值的深海肥田之中，练就强大的汲取营养的能力。

技术立企型企业也往往充分认识到，很多技术研发出来后并不一定能马上实现市场价值，但是当技术储备充足的时候，产品线自然而然就越来越丰富，如华为。财报显示，2015 年华为研发投入高达 92 亿美元，占销售收入 15%；相比之下苹果研发投入 81 亿美元，仅占营收总额的 3.5%。

（二）经营逻辑体现了不同的企业家能力与精神

经营逻辑是选择的产物。外部环境对任何企业都一样，然而不同企业为何会选择不同的经营逻辑？驱动因素不在环境，而在于企业。**进一步说，在于决定企业方向的企业家的能力和精神特质。**

企业家不同的能力和精神特质决定其如何认知经营的基点：其一，企业家要分辨是以现实客户需求为起点，还是以从根本上解决人类痛点的远大梦想为起点；其二企业家经营企业的自信心来源于同人打交道，以资源整合为主，还是专注于做事，以研发积累知识和技术能力为主。

企业家的能力特征主要包括身体素质、家世熏陶、所接受的教育与训练，以及创业前的工作经历与创业过程中因为成功而被正向强化的行为模式等因素综合起来而造成的模型化的做人做事能力。比如技术专家出身的企业家选择技术立企方向的可能性大一些，而对于教育与工作背景主要集中在营销与客户服务领域的企业家来说，面向特定客户需求走资源整合的道路往往成为其优先的选择。

与企业家精神相比，能力因素在企业经营逻辑选择中的权重更小一些。**企业家的精神特质可能是经营逻辑分道扬镳的核心驱动因素。**

企业家精神有共性的因素。不论遵循哪一种经营逻辑，创新精神都是企业家所共有的，但不同经营逻辑所蕴含的创新精神特质是有所差别的。

根据这么多年与企业家打交道的经验，技术立企型企业家个性张扬，而需求驱动型企业家则灵活融通，这两类企业家在世界观、人生观和价值观等方面，都存在一定的差异。

1. 个性张扬的技术立企型企业家

技术立企型企业家相信“人定胜天”。他们理性地看待横亘于人类面前的各种客观障碍与限制，但更相信，只要发挥人的主观能动性，定能逢山开道、遇水搭桥。比如埃隆·马斯克（Elon Musk），我们有理由相信，电动汽车、超级高铁、分布式光伏发电与运营，以及将飞行器送上太空的火箭工程，都是在一步步坚定并接近他移民火星的终极理想。

在人生态度上，技术立企型企业家奉行“天行健，君子自强不息”。为了做出成绩，他们往往不怕困难、不惧挑战、不畏诟病。而且，他们敢于“做梦”，有点“异想天开”的大胆。这类企业家往往不屑于修修补补、小改小革，而是试图找到一种革命性的解决问题的办法，一劳永逸。技术立企型企业家注重理性的人文关怀。他们不太关心个体需求，而要解决具有普适价值的人类痛苦。比如亨利·福特，他后来说：“如果我顺着一般美国人的想法，就不是去制造汽车，而是帮人们寻找更快的马了！”

技术立企型企业家还具有“板凳甘坐十年冷”的坚韧和“咬定青山不放松”的执着。他们从一开始就没打算赚快钱，从某种意义上讲，他们是商业社会里的苦行僧，但却甘之如饴。

2. *灵活融通的需求驱动型企业家*

需求驱动型企业家具备眼光向外的视野和为我所用的整合思维，其资源整合行为的认识论前提和指导思想是全球都是我的研发部，全球都是我的供应商，全球都是我的人力资源部。

在人生态度上，与技术立企型企业家希望“轰轰烈烈走一回”不太一样的是，需求导向型企业家更喜欢“潇洒走一回”。这份“潇洒”，不是来源于他改善了事物的效率，而是缘于他改善了人的主观体验，以及人与人之间的相互关系，甚至创造出新的文化范式，引领着文化进步的潮流。

他们认为，人是目的，事是手段。人生最大的快乐不在于做事的成就，而在于体验、文化或人际关系意义上的成就。做事不过是取得人际或文化成就的手段而已。强大的、凝聚且深入人心的终端品牌影响，或具体而感性的客户满意，或社会的某种认可，甚至员工的拥戴、伙伴云集等，都会使企业家体验到不同寻常的人生价值和成就感。

因此，他们崇尚“以德服人”的价值驱动。在他们看来，成功的法宝不是方法和技巧，而是做人的艺术。因此，这一类型企业强调对人的直接需求的满足，强调客户体验的改善、设计的功用、态度的重要性、外部价值的优先性，以及强调承载着独特价值主张的品牌来引领产品与服务。在这方面，他们自信“我最懂人”。由此，企业会誓愿成为最能读懂客户需求，并经济有效地予以满足的运作专家。

客户需求驱动型的企业家也“异想天开”，但不同的是，他的“异想天开”是表现在实现目标的手段上。他们具有“成人之美”的创新取向，围绕响应与满足人的需求来创新，而不是基于技术、资源和能力的功用来创新。只要客户有需求，就会想尽一切办法满足他们。当遇到力所不能及的事情时，他们会选择在市场上整合资源。因此，需求导向型的创新是搜索与整合，而不像技术立企型的创新是探索与试错。客户导向的创新往往是延续性和集成性的创新，技术立企型的创新往往是原创性和颠覆式的创新。

（三）不同经营逻辑的优势和成长烦恼

1. 两种经营逻辑在核心能力上的异同

（1）价值链条。

在创业阶段，客户需求驱动的经营逻辑往往发育出两种阶段性的核心能力：一是前端的客户关系经营能力，包括既有客户的深化和维护，还有新客户的拓展；二是后端的资源整合能力，包括供应商管理、合作伙伴关系建设以及商业模式设计等。有的企业前端强，有的企业后端棒。

这两种核心能力，都是直接瞄准客户价值创造的，或者说，价值创造的链条相对比较短，因而与技术立企型企业相比，客户需求驱动的企业更容易获得现金流，甚至能够很快建立起基于短期运营盈余的正循环，因而中基层的士气容易维持较高涨。

而技术立企型企业，因为价值创造链条比较长，稍有不慎就可能步入创新陷阱，或因长期投入不见成效而造成基层干部与员工的士气低迷，或现金断流而崩盘。在这种经营逻辑下，技术立企型的企业家不仅自身要有很强的韧性，更需要面对内外部挑战，培育一些必要的愿景激励能力。

（2）人际能力。

需求导向型企业的两种核心能力都有一个共同特点，就是人际能力是核心与关键。所以不论外部运作还是内部管理，这类企业都会表现出很强的灵活性和弹性，发展出高水平的情商文化，但也稍显圆滑世故，重体验而不一定那么强调逻辑。因此，组织管理上对领导艺术的要求较高，对标准、规范和理性秩序的要求相对较低。长此以往，在文化上，需求驱动型组织可能会滋生出一些山头文化，有时甚至尾大不掉，这是需求驱动型企业在组织建设上从一开始就必须关注的风险。

技术立企型组织则正相反，其核心能力是奠基在做事之上的，从老板到员工都聚焦于做事，重理性、讲逻辑，情商则较低。因此，在组织上对标准、规范和秩序的要求较高，而对领导的要求相对较低，既要坚守理性严谨的做事方式，又要驱动基于信心的员工士气。前者重务实，后者求务虚。这两者之间多少有一些矛盾，创业中的技术立企型企业能不能处理好，将在很大程度上影响其成功的可能性与成长的空间。

（3）专业与专注。

在社会分工之下，需求驱动型的企业若欲求得持续的生存，甚至谋求做大做强，必定要聚焦某一个或某一类专业领域，逐步发育这方面“足够”（达到合理水平即可，并非越专业越好）专业的与事打交道的能力。这其中，有研发、生产、交付和售后维护服务等运营过程。所以，很多遵循客户需求驱动资源整合逻辑的企业，表面上与技术立企型企业并无多大差异。

同样道理，技术立企型组织，基于技术积累和研发成果，必须要不断完善人们可以看得见的“树”的那一部分，包括供应链体系、市场营销、推广与产业合作、发展销售渠道与服务网络等。这个过程中，企业往往从上至下都不太善于授权，需要加大力度学习与各色人交往的情商型能力。

2. 需求驱动型企业持续发展的必由之路

客户需求驱动的企业，在大的市场环境不变的情况下，或许比较容易获得并保有生存的能力，但它梦魇般的难题是如何求得更好更持续的活法。

仅靠直接强化“客户关系”和“资源整合”这两个能力显然不够。换句话说，这两个能力已经转变为企业持续生存所必须具备的基础能力，只发挥基础作用。更关键、更核心的能力一定是某种基于资源整合而能持续创造客户价值的做事能力，一般称之为架构能力。

架构可以分为两种大架构：第一，与直接创造客户价值，满足客户需求相关的业务架构，也就是基于业务分析和标准化业务功能模块之上的系统设计方法；第二，与社会化整合资源对应的基于某种技术路线、技术专业化发展和插入式的技术中间件，构筑技术解决方案的系统设计模式。

企业必须基于过往经营客户、服务客户所获得的知识与经验积累，以及对目标客户及其需求发展趋势的深入理解，沉淀并不断提升业务架构能力，这是需求驱动型企业可持续发展的第一个能力原点；同时，企业必须不断关注相关专业领域内可供整合利用的技术，强化技术应用研究和集成创新，不断积累在经济有效性基础上的，满足客户需求及提升客户体验的技术架构。进而，基于技术架构与业务架构能力，瞄准特定的客户需求，为其定制解决方案，从而收获市场价值。

立足客户关系经营和资源整合能力，围绕技术架构、业务架构以及面向特定需求的解决方案，打造经营的前、中、后台，进而提升研产销过程的一体化衔接与协同水平，确保快速响应需求和经济有效的交付，大体是需求驱动型企业实现可持续发展的必由之路。

缘于面向客户需求快速、经济和有效地整合资源的需要，成功的需求驱动型企业一般很早就学会授权，并基于授权、分权，构建起责权利一体化的价值创造、评价与分配体制和机制。但现在，在内部价值链上的那些决定公司是否有未来的关键环节（即重要业务与技术架构能力建设及其发挥）上，继续按授权、分权模式来组织，必定不能成功；而必须按相对更加集权的模式，构建起基于专业化分工的一体化协同体制。同时，又要与灵活适应客户需求的前端组织无缝协同、有效衔接，才能解决问题。在组织理论上，企业需要有新的思维，学习新的能力，构建新的文化，设计更加复杂的体制机制，这个挑战是极其巨大的！

3. 技术立企型企业的持续发展命题

技术立企型企业既有了相对领先的技术优势，又无现金流之虞，则在战略意义上走出了生存危机状态，转而进入追求持续发展的新阶段。在这个阶段，企业一方面要在技术积累和研发上保持领先地位，造成难以动摇的差异化优势；另一方面，这些技术积累和研发成果能否找到有商业价值的应用方向，形成现实市场，并通过有效的商业模式设计与运作，实现技术优势的商业价值最大化，这是其持续发展的关键命题。

如上所述，在生存问题没得到解决之前，技术立企型企业会在资源配置和运营重心上严重倾斜到技术研发与积累之上，对可以看到的“树”的部分，组织只会从保障现金流的角度予以关注。但转入追求持续发展阶段后，组织要对资源配置和运营重心做适当的调整。虽然技术研发与积累仍然是优先级的工作，但对可以看得到的“树”的部分的投入与运营关注度必须显著提升。在有的公司，甚至可能提出“两手抓”的策略：一手抓技术，保持领先地位；一手抓技术成果的市场转化。

技术成果的市场价值转化，在组织上必然要求适度的授权和分权模式，否则前端组织很难高效率地灵活响应市场需求。这个时候，具有相当授权的市场经营组织、产品经营组织必须逐步完善起来，并与后端高度一体化运作的技术体系实现有效衔接。

成功的技术立企型组织在此之前一般都是按集权模式组织

并运行的，上上下下都很习惯于统一部署、各司其职、理性协同的工作方式。突然之间，前端组织转换成授权模式，内部协同会面临不适。并且，老板自己也可能成为新体制的障碍——不舍得放权，事就干不成；分权过度，又冲击了后端必须要保有的秩序。

华为的经验就是不断强化对前端的授权，按“少将排长”的导向建组织、配能力，所谓的“让听得见炮声的人来呼唤并指挥炮火”，“上甘岭上提拔干部”等，同时保持必要的约束“呼唤炮火是需要付出代价的”。按 MM&IPD（市场和研发流程管理）模式来组织产品的市场管理和集成产品开发，基于技术积累，通过产品经营平台，不断拓展市场绩效。

（四）亚分类与企业经营逻辑的嬗变

构建起两大类经营逻辑的理论模型之后，返回到实践中，我们可以看到任何一类经营逻辑内部又都可以进一步做细分的。比如在需求驱动的经营逻辑里，有的企业会更加专注于客户经营的确定化，其整合资源的面会更加广阔，甚至演变为机会主义的生存策略；另一些企业则可能强化资源整合能力，聚焦越来越确定的某个具体专业领域，成为这个专业领域里的需求响应“专家”，进而获得更多的客户。

技术立企型经营逻辑基于集成产品和技术演进的分野，也存在类似情况。特别关注技术演进的，会蜕变为某个非常专业的技术厂商，其产品与服务不大可能独立面向终端市场，而是成为众多应用市场中不同集成产品厂商的零部件供应商；特别关注产品创新的，则可能越来越关注缩短与市场和客户需求的距离，逐渐演变成面向某一类市场的集成产品供应商。

就单个企业而言，在其不同的发展阶段，经营逻辑可能会在大类内部适当演化，但除非驱动组织发展的企业家精神发生根本性的变化，否则企业经营逻辑很难直接从需求驱动型演变为技术立企型，反之亦然。

就专注于单个业务的组织而言，经营逻辑的粗线条变化路径大体就是这样。但我们知道，很多组织并不只做一项业务。对集团型企业的经营逻辑分析，或许不能直接照搬上述模型，而需要管理者和咨询顾问增强系统分析与架构的能力，首先将集团化企业按业务进行分解，了解各个单一业务的经营逻辑；接下来再按集团化经营成功的可能选择或必由之路，将这些单一业务有机组合起来，确定业务与业务之间的分工与协同关系。这时，集团经营的内在逻辑自然而然就浮现出来了。

四、用增长打通管理经络

苗兆光

包政老师曾经给我讲过一个段子：按摩师分好几个层级，最高层级的高手只要看一眼这个人的表面症状，比如疲倦，他就知道是经络的哪个节点出了问题，然后他就把一个点的阻塞打通，问题就全解决了。

既能找到“关键点”又能注意到深浅，这是最高的追求，也是我们做咨询管理一直追求的境界。**面对企业里纷繁多样的问题，我试图发现一个“关键”，通过它来处理遇到的问题，这个“关键”在我看来就是“增长”。**

（一）以增长为目标，跨越时空配置资源

企业内部的矛盾肯定是无处不在的，有正常的矛盾，比如产销的矛盾、研产的矛盾、营研的矛盾；有利益上的冲突，如权利的分配、利益的分配，职位角色不合适的冲突；有观念的不一致。很多时候，这些矛盾和冲突是纠缠在一起的，如何摆平？

我认为解决企业当下矛盾之道在于跨越时空配置资源。

（1）从时间角度跨越配置资源。

讲个小故事。东山和西山上各有一个和尚，他俩每天早晨8点会到山下的小溪里打水，然后开始念经、打坐修行。一年之后，有一天，东山的和尚突然发现西山的和尚没下来，而且连续三天也没见他下来，东山和尚决定去一探究竟。他跑到西山上一看，西山的和尚正在那里打坐念经。东山的和尚就问西山的和尚怎么不下山打水。西山上的和尚说，我每天打水之后会花一个小时挖井，经过一年的努力我这庙里的井通了，就不需要下山打水了。

表面上看两个和尚在做一件同样的事情，但不一样的在于西山的和尚为未来配置了资源。

（2）从空间角度跨越配置资源。

在空间的布局上是有战略的，要在空间上布局资源，麻烦在哪呢？按照一般绩效衡量，一些布局对结果有重大影响，但当下看不出效益，也可能不直接产生业绩。所以，如何让员工相信，做好这些方面的布局比直接取得业绩的“大”布局更

有绩效，更应该得到奖励？

跨越时空再来看企业当下所面临的纷繁复杂的矛盾，症结就突显了出来，即管理的真正难题是：**如何解决利益纷争和管理权威？**

（二）围绕增长构建管理的合法性

如何解决**利益纷争和管理权威这两个难题**？要回答这两个问题，关键在于**如何让员工信任管理，让员工信任管理的决策是正当的，这就是管理要有合法性**。所谓合法性，就是管理要符合人们对管理的期待，符合人们内心认定的正义。

（1）管理合法性的来源。

德鲁克的《管理》从头到尾讲的都是管理的合法性，为什么管理是合法的？第一，它使组织有前途，应该考虑企业的未来；第二，使工作有效率；第三，使员工有成就。

（2）管理合法性在成长型企业中的简化为增长。

对于我们大多数成长型企业来说，它的管理合法性来源于成长。如果企业的管理活动回答了企业的成长问题，那管理就有了合法来源，就有了权威。

那么，成长的内涵是什么？

一是规模上的增长。

二是业务的扩张、转型与升级。业务的扩张是指从地方性的小企业到全国化，甚至国际化，或是原来做一个产品，现在做多个产品；业务的转型是原来的业务模式不再适应当下互联网时代而转型；业务的升级是指原来做低端的毛利很低的制造，现在做附加值很高的制造。成长的内涵还有资源的积累和能力的获得。

三是文化的变迁。处在创业期的老板领着几个人的草台班子干，起先靠心跟心贴近，后来要靠规则、契约。

可以看出，只要所有推出的管理活动跟增长关联起来，那管理在企业里就是有权威的，可以长期坚持，即便有人不爽，你也能获得员工、股东等利益相关方的支持。

（三）从增长视角衡量管理有效性

管理是否有效，不能看理论上多么完善，形式上多么完美，关键看是否有利于增长。

（1）薪酬的增长视角。

2008 年，我应邀给 D 公司做顾问。当初请我们过去目的是做薪酬改革。当时 D 公司主要问题是人员大量流失，尤其是高技能的人才。为什么导致人才流失，企业的人归因是薪酬不合理。这个企业以前实行谈判工资制。比如招电工，今天来给 1500 元，明天市场行情紧了电工不好招，就给 2500 元。高管工资也如此，同一个级别的副总，有 40 万元年薪和 60 万元年薪区别。在这种情况下，会出现薪水低的跟薪水高的比，福利低的跟福利高的比较，谁也不满意！

如果要做薪酬改革，必须尊重一个经验，就是工资结构必须在增长中调整，甭想把工资往下降的同时实现调整结构。但要往上涨问题就来了，我们初步测算了一下要拿出近两千万元用于这项改革。

当时我们看这个企业的报表，已经连续三个季度亏损。再看业绩差的原因：当时 D 公司的主营业务是在通信市场上，它产品的价格每年会以 15% 到 20% 的降低，而且 3 年没有新产品，这是它增长乏力的关键。遵循以往的经验，这时候如果按照通过增长工资进行调整来写份方案，肯定会被老板丢进抽屉锁起来，也没有帮企业解决问题。

进一步调研发现，当时这家企业在研发一个重要的产品，一旦开发出来成本将降低一半多。我们认为，这个产品就是销售增量的来源。当时就跟老板谈，现在工资不要全方位改革，就从研发开始，先把研发队伍稳住，因为新产品不出来，企业没法激活。所以当时做的第一件事就是先调整研发人员的工资，同时也就做了任职资格和绩效考核。然后，围绕新产品的推出，要求研发项目组赶快把所有遗留问题加紧解决，要求营销部门、供应链都跟上。这个安排下去之后，当年D公司就扭亏为盈了。

在做薪酬改革的时候仍然跟企业的增长相关联，在这里，不需要我们有多少真知灼见，只要我们能够沿着这个逻辑跟他们深度交流，企业内部会有人告诉我们增长的关键在什么地方。

（2）绩效的增长视角。

绩效怎么跟增长关联起来？

我最近接触了一家企业，B公司。这个企业很厉害，几块业务都有非常光明的前景。但是这个老板的难题是，他也不知道他的问题是什么。

我们就面对客户，去“摸”它的毛病。结果发现这个企业每个地方都严重依赖老板，它所有的业务都不能快速增长，它是项目制，面临的问题是：在北京做成功了，北京一个市场就带来几千万元到上亿元的订单，但在外地复制的时候就复制不了。

后来，我们的建议是：

首先落实经营责任。当时B公司高管的经营责任基本是收入、利润、费用、指标，其实这是不完整的经营责任，经营责任里最关键的是要有成功项目复制能力、要有把几个大项目变成连续业务的责任和能力，而且要根据业务特点把每个业务的经营责任梳理清楚。

其次，经营责任通过能力结构体现，并且通过绩效管理落实。

这样做，B公司的绩效问题就回归到增长本身。

（3）组织的增长视角。

做组织架构时，怎么关联到增长问题？

我们接触一个公司W。W公司老板当时提出一个很宏伟的目标：要在若干年做到100亿元。我们不能说老板提出的目标不合理，老板的天才之处就在于他能看到别人看不到的机会。但当时W公司的业务很零散，一个产品推出去也只有几千万元到一亿元的市场规模，靠这样“鸡零狗碎”的市场和复杂的研发平台，要想做到100亿元，难！

老板就问我，那怎么办？我说你的业务要重新定义！现在企业想快速增长，难题是管理，因为你市场分散的时候，研发也分散，管理的复杂度很高，难以获得增长。要降低管理复杂度，现在得把产品平台建立起来，因为无论如何市场机会和资源之间是通过产品来连接的，这就需要对它的组织架构进行简单划分，建立产品中心，强化产品中心的能力。这时候，增长就变成了一个组织架构的问题。

（4）文化的增长视角。

大家知道，企业文化建设就是三板斧，一是诊断，二是设计价值理念体系，三是落地。这三板斧互为关联，得连着做才有效。

最近接触的L公司，找到我们的时候，老板说公司的文化价值体系已经构建完成了，也不想折腾了，现在就希望将价值体系落地。但是，这从哪里下手呢？

后来，我找到这家企业历年的报表，发现它从成立到上市一直快速增长，但2012年第一次出现负增长，目标没有实现。在2012年之前的报表中资源配置就几项，第一，投入大量的资金用于建网络；第二，投入大量的资金建供应链、建系统、做物流，靠外延式的扩张来发展。我想它之所以停滞，一方面是外延扩张已经完成，走不动了，另一方面是互联网新业态起来了，没有及时跟进。

这个企业真正面临的问题是完成转型。但要完成转型，大而化之的价值理论是解决不了问题的，而是要改变工作的行为准则，比如转变与经销商打交道的方式。而这并不是顶层设计的价值观，而是现实当中的规则，需要围绕转型目标制定新的规则。这样，我们就把一个文化的命题转移到了一个基本的规则上，也跟增长联系了起来。

（5）综合的增长视角。

最近我们接触的一个案例，是上市公司里面最小的一家公司，只有一亿元的销售规模。目前，老板最发愁的是如果再不增长，马上就要被停牌了。我们先把这个企业的问题进行梳理，发现有两个不增长的原因，从而做出对应策略。

一是维护老业务。这家公司的老业务的空间有限，因为产品只供部队使用。但是我们跟企业内部的人交流，发现部队今年将会在这方面加大投入力度，也就是说，老业务在今年仍有机会。那在老业务上，我们来帮企业落实经营责任。

老业务这块，员工素质不高，基本上是老板一个人说了算；营销部门连有几个客户都不知道，哪个客户有多少机会都说不清；制造部门压根不知道要对库存承担责任；采购部门还在用去年的数据来备货，货备得很高……

针对这些阻碍增长的因素，我们把管理重点就放在澄清管理人员的责任，让每个人都知道自己的管理责任在哪。这样，市场机会只要来，这块的业绩增长肯定没问题。

二是开发新业务。这个企业熟悉的是部队，不熟悉民用市场，其实它的产品在民用市场用途很大。这样导致它需要改变原来适应军方客户的研发、制造、采购等方面的观念，在民营市场这块，是要建立新模式的问题，要摒弃高大上。我建议该企业分开新老业务的两块模式，围绕增长这个目标，找到各自的管理着力点。

五、从价值观与精神谈中西管理文化的区别与融合

王祥伍

近些年给企业做文化咨询发现，很多企业的文化理念体系

中既有企业价值观，又有企业精神，当问到什么是价值观、企业精神以及二者之间有什么区别的时候，大家给出的答案各不相同。我曾试着向理论界寻求答案，各位所谓文化专家、大师给出的答案更让人糊涂。

最近在给一家企业做咨询，又碰到同样的问题。该企业的理念体系中既有价值观，同时也有企业精神。项目进行过程中想建议客户去掉其中一个，但客户感觉两者内核与作用都不同，不赞成去掉。关于价值观与精神之间的区别，客户说不明白，咨询师也是各有各的道理，谁也说服不了谁，于是我们着手研究二者的区别。

在中国传统的词汇中，几乎没有“价值观”和“理念”这两个词汇，是近现代从西方翻译过来的。同时我们发现，在西方企业的理念体系中，也很少提及企业精神，也几乎没有提及价值观或者理念。西方企业所谓的价值观或理念，一般都是指尊重个人、服务客户、平等、分享等内容，其内容大多强调的是基本的、底线性的行为要求，达到要求就是对，达不到要求就是错。这是与西方的文化传统有关系的，西方强调一个人基本的社会义务和行为底线，而对底线之上的行为一般不愿意做过多的要求，西方认为那是人的权利范围之内的事情，应该由每个人自愿选择。比如西方人强调你可以利己，你可以选择不同的方式达到利己的目标，但是底线是你不能损害他人的利益。

东方则不同，东方喜欢在底线之上有更高的行为要求。东方，尤其是中国人希望人人都成为圣人，至少成为仁德之人，要修身、齐家、治国、平天下，要成为世人师表，最好成为万世师表，像孔子那样，做不到也无所谓，但作为一种倡导，标准一定要高，这就是中国特色的精神。说到中国的精神，我们最熟悉的就有雷锋精神、焦裕禄精神、黄继光精神、邱少云精神、白求恩精神、张思德精神，等等。我们从以上的各种精神就可以看出，精神一般是榜样、楷模、英雄、圣人的行为特点，一般人难以达到。而精神的内涵延伸到企业中，形成企业精神，无非也是如此。管理者之所以提出企业精神，无非是想通过企业中的模范、榜样发挥示范作用，通过号召全体员工学习英雄模范而促进事业发展。基于这样的理解，企业价值观和企业精神应该有一个明确的区分，**即价值观是底线性的、基本的行为要求、是非标准；而精神是较高层次的行为要求。价值观与精神是一般与优秀的标准。**

价值观和精神看似简单的字面区别，往更深层次追究实际上反映了东西方在管理文化方面的一种深层差异。

西方人在管理上习惯于以法治为主，德治为辅，强调严格、完善的法律体系，同时辅助以简单的、底线性的道德体系，这是西方从古罗马时期就开始形成了一种管理传统。西方的价值观，往往都是极为简单的。比如法国的自由、平等、博爱，美国的独立、自由、民主等。但西方的法律体系，往往又都是极为复杂的，法律条文或案例判例都是浩如烟海，细致入微。

东方，这里主要说中国人，在管理上习惯以德治为主，法治为辅。中国的管理者往往在倡导高尚的道德方面不遗余力，历朝历代，包括现代，都会涌现出被管理者精心塑造的道德典范人物，比如古代的苏武、岳飞、杨家将，现代的雷锋、焦裕禄，等等。但是说到法律体系建设，中国作为一个五千年的文明古国，经历了几十个朝代，到现在为止，还有需要改善的地方。

目前，中国很多企业都在走向国际化，在国际化的过程中，不可避免地遇到国际化员工队伍的管理问题，主要是中西方文化冲突的问题。中国企业走向国际化能否成功关键不在于资本、技术等因素，而在于能否顺利解决中西方管理团队在文化上的冲突。

中西管理在文化上的冲突主要表现在管理方式上的冲突，即法治为主和德治为主两种管理方式的冲突，高调的价值观与低调的价值观的冲突。所谓的中西方管理的融合，核心点就在于法治与德治比重的把握，高调价值观与低调价值观调门的把握。

中国企业在走向国际化的过程中，在管理文化上要高度关注四件事情。

第一，关于对方文化经验的提前获取。这方面做得比较成功的是三星。

为了更好地适应国际化经营的需要，三星集团从 1991 年正式实施了国家化人才培训机制之一——“地区专家培养制度”。在业务上进军某一国家或地区之前，三星每年会选出一批优秀员工派驻至未来业务可能进驻的国家或地区，年薪 5 万至 8 万美元，派驻人员的任务既非营销，也非投资，而是让他们通过一年的实际观察体验，不仅掌握当地的经济运作方式和法律规范条件，而且洞悉当地的风土人情和文化习俗，力争成为通晓当地国情民情的专家，为三星集团将来在当地的发展服务。三星正是通过这样一种举措，使自己的团队在业务国际化之前，率先获得了不同于自身的文化体验和经验，从而奠定了下一步国际化管理的文化基础。

第二，关于价值观的低调处理。中国式管理习惯于用高调的价值观去要求员工，而西方的管理习惯于用低调的价值观去要求员工。中国企业家在国家化的过程中必须高度关注这一差别，不能硬拿着中国式精神去强制性要求西方的职业经理人或员工，这是行不通的。很多企业因为在这一问题上处理不当，导致西方管理团队和员工的反感，严重时候甚至导致团队的瓦解。其实，这个时候中国企业应该做的是以一种他们熟悉的低调或者底线性的价值观来要求他们。只需要和他们交代清楚要求所有人必须做到的，而对于只有少数人才能做到的行为不要做强制性要求，在开始的时候为了避免引起反感，宣传都可以省略。

第三，关于对契约的明确与遵守。西方人习惯于按规则办事，做事之前都喜欢先确立明确的规则，而中国企业的管理者往往忽视规则的明确与按规则办事的习惯。这种习惯在管理西方员工的时候是必须要改变的，管理者必须在做事之前建立系统的规则。中国企业家一定不要寄希望于通过人格担保的方式获得西方员工的认可，也不要寄希望于通过自己的人格魅力获得员工的认可，要想让大家认可，唯有按规则办事，说到做到。

第四，关于坦诚的沟通。一个企业即使把以上提到的三个注意事项都做好了，文化之间的冲突也不能完全避免，因为彼此之间的文化方面的不同是多方面的，有时候甚至是一两年时间内都难以察觉的。无论做好了如何充足的准备，国际化过程中的文化冲突都是难以避免的。文化冲突的存在并不可怕，关键是文化冲突表现出来之后如何快速解决，而彼此坦诚的沟通几乎是最有效，也是必须的路径。所以，凡是打算要走出去的中国企业，在走出去之前必须注意强化培养自己内部坦诚沟通的文化氛围。现在大部分的中国企业在坦诚沟通方面做的都不够到位，很多企业内部氛围相对沉闷，没有形成坦诚沟通的习惯，而且中国的传统文化中有很多阻碍坦诚沟通的因素，比如“见人只说三分话，不可全抛一片心”“做人要有城府”等思想。和西方人打过交道的人都会有一个的明显的感觉，和中国人相比，西方人明显要单纯很多、透明很多，而这正是西方人喜欢的习惯，这一点中国的管理者在走出去之前也必须学会。

第五篇　互联网的未来：产业互联网

一、传统企业转型新命题：+与被+

彭剑锋

对于传统企业面临的大环境变化及未来趋势，经济学家魏杰从宏观经济的角度分析，认为中国经济处于一个结构性转型时期，传统企业来要从结构中寻找机会和企业新的战略发展路径。包政教授也讲，未来传统企业跟互联网企业是融为一体的。**未来不存在所谓的互联网企业和传统企业之分，所有企业的产业增长方式都必须互联网化，只有通过互联网化，才真正实现中国企业的产业升级。**

的确，当前企业面临产业互联网时代。过去，互联网对企业的改变更多体现在商品流通渠道上，以电商等方式改变了整个流通方式和消费者的消费方式。那么，随着互联网的进一步深入，互联网开始真正渗透到供应链和传统企业的生产过程中，使传统企业的传统产业方式产生了革命性的变化。

在这么一个互联网发展的新阶段，作为传统企业，我们究竟应该怎么办？我认为有两大命题待解。

第一，传统企业究竟是主动“+”上互联网，还是等待被互联网所“+”？

第二，传统企业究竟哪些东西是要变的，哪些东西又是不要变的？

我认为，当变成为常态的时候，一方面，一个企业只有顺势而为，才是企业的基本；另一方面，企业更需要回归本源，勇于坚守传统企业本质的东西。一些传统行业在百余年发展中摸索出的赢的道理已成为行业内企业的独特品质与核心竞争力，这些是互联网替代不了的。

要主动“+”上互联网：产业互联网提供了条件和机遇。

（一）传统企业的融入将促进产业互联网发展

互联网在中国大致经历了四个发展阶段。

第一个阶段主要体现在传播环节，代表性的是网络营销的兴起，企业通过网络营销来获得成长，这一阶段出现了很多门户企业，产生了很多搜索引擎，包括社交网站。

第二个阶段是电子商务的兴起，出现了淘宝、天猫、京东、亚马逊等，真正在渠道实现了互联网化。这个阶段才能叫作渠道互联网化，产生了像京东、阿里巴巴等巨无霸的企业。

第三个阶段是供应链的互联网化，所有企业开始切入互联网，所有的互联网企业也在植入传统企业。原因在于电商的蓬勃发展虽然催生了互联网的繁荣景象，但同时电商也面临着发展瓶颈，它的持续增长开始出现天花板，它必须跟供应链打通，跟传统产业真正实现深度融合才能走出困境。阿里、腾讯等互联网企业纷纷在往线下走，逐步渗透到供应链，渗透到传统产业里。

第四个阶段就是产业互联网的阶段。前三个阶段主要体现为消费性互联网。消费性互联网时代以互联网为平台和工具，通过商业模式创新，快速满足人们消费需求的互联网应用场景，这种形态的互联网主要是以入口和平台为核心，互联网企业通过前期的客户价值优先，通过烧钱拥有了用户资源。谁拥有了用户资源就拥有了跟消费者之间的有机关系，就可以快速渗透到消费者的生活方式之中，谁拥有了用户资源，谁就拥有了反逼生产厂商的资格。经过 20 年的发展，中国的消费互联网的格局已经形成了，以 BAT（百度、阿里巴巴、腾讯）为代表的三大互联网企业已经占据了互联网行业的核心产业地位。

但是，仅靠互联网企业解决不了中国制造的核心和根源性问题，包括产品结构创新含量不足、产品附加价值不稳定等问题。如阿里巴巴拥有这么庞大的平台，这么先进的信息手段，但也解决不了假冒伪劣产品的问题，食品的安全问题。

真正要实现中国产业转型升级要靠产业互联网的发展。传统产业只有用传统产业赢的方式主动去拥抱互联网，去参与互联网，真正把自己变成一个互联网企业，才能提升互联网对传统产业的价值，才能推动整个互联网产业的升级。

当传统产业主动融入互联网，互联网真正发展到产业互联网的阶段，才能真正打通生产者与消费者的关系，重构传统企业的商业模式和生产方式，企业才能真正回归到客户价值，提升产品附加价值，步入为社会提供安全环保可追溯的优质产品的全新时代。

（二）传统企业主动＋互联网的四项技术支撑

产业互联网时代的一个典型特征就是传统企业不会像在消费互联网时代那样，被动拥抱互联网，而是主动去拥抱互联网，占据主动地位。

这不是妄想，而是有互联网技术条件作为支撑，互联网技术发展到今天已经呈现四大主流方向。

一是物联网技术的应用。互联网主要是解决人与人之间的互联互通，物联网的发展不仅会实现人与人之间的互联互通，还将实现人与物之间、物与物之间的相互识别和互联互通。物联网的发展为传统企业走向互联网提供了前提条件。

二是云计算技术。云计算可以真正渗透到传统产业链，解决企业经营逻辑的问题，解决生产与消费者之间关系问题，解决企业的供应问题，解决企业的组织和人力资源问题。云计算处理海量信息、海量资源的能力，为传统产业主动拥抱互联网提供了存储条件，也提供了方法论。

三是大数据的挖掘和运用。未来，传统企业必须要有大数据的挖掘、分析能力，以及依据大数据的决策能力。通过大数据，传统企业可以直接跟踪消费者的个性化需求，并进行有效的价值对接。

四是移动互联网技术。移动互联网技术创新突破了传统制造业必须规模化、集中化的制约，而是将从集中化走向分散化。生产和办公都将不再受地理和时空限制，而是从集中走向分散，进行分布式控制，极大提高运营的灵活性和效率。

未来，传统产业不是简单地通过做一个电子商务平台，或者通过跟电商合作去融入互联网，而是要用传统产业赢的方式、传统产业特有的优势通过互联网技术全面提升竞争力。从这一点来讲，我个人认为未来最大的互联网企业不一定是腾讯、阿里巴巴，而有可能是美的、联想、海尔，当然也有可能是韩都衣舍、唯品会、链家这类企业。

也就是说，产业互联网不再是以电商和消费者为主导，而是要以生产者为主导，以物联技术、云计算、大数据为核心，以生产活动和服务活动为应用场景。上一阶段的互联网可以说只是产品生命周期的一个环节，而以生产者为主导的产业互联网将涵盖整个企业经营活动和产品生命周期，也必**将真正深层次地对生产、交易、融资、流通进行系统性的变革改造，提升整个传统产业的战略发展空间。**

传统企业要用互联网的技术、思维去重构企业的公司治理和组织架构；改造和创新生产经营和融资模式，以及企业跟外部的协同交互方式；改变企业的应用管理方式与服务模式，这样才能真正打通消费者跟生产之间的价值链条，实现人与物、物与物之间的互联互通。

区别以争夺用户为资源的互联网时代，产业互联网是一个真正的实体经济与虚拟经济深层次融为一体的时代，这个时代已经到来！

二、传统企业转型新命题：变与不变

彭剑锋

（一）主动求变，传统企业如何构建新思维，要变什么？

面临产业互联网应用场景，传统产业应该用怎样的变化思维？企业最应该变的是什么？

1. 要变的是战略思维方式

我认为，**企业首先应该变的是战略思维方式。在产业互联网的时代，传统企业如何去寻找未来的战略发展空间？如何进行战略选择？这是传统产业企业在经营管理方面首先要面临的问题。**被称为“竞争战略之父”的迈克尔·波特有一个最新的观点，他认为传统产业唯一的战略选择是智能互联产品的创新战略。就是企业不管选择什么样的战略方式，最终你都要回归到智能互联产品的创新战略上来。也就是说，在产业互联网时代，企业战略思维的本质是对智能互联产品的定位与决策。

智能互联产品已经成为全球产业新的增长引擎，将给企业带来指数级的增长空间，将成为企业战略成长的制高点。那么，传统产业怎么看待智能互联产品？怎么通过智能互联产品的创新去引领企业新的战略发展空间？迈克尔·波特指出，智能互联产品将颠覆现有的企业价值链，将重构企业的组织与运营机构，改变现有的产业结构和竞争本质，迫使企业重新思考企业战略的基本命题：我们从事的业务到底是什么？如何去创造和捕捉客户的需求？

迈克尔·波特认为未来智能互联产品对战略决策的影响有10个方面，企业需要对10个新的战略问题进行决策。这10个方面是：

对于智能互联产品，公司应开发哪一类的功能和特色？产品应搭载多少功能？多少功能应该搭载在云端？公司应该采用开放还是封闭系统？对于智能互联产品的功能和基础设施，公司应该进行内部开发还是外包给供应商和合作伙伴？公司应该对哪些数据进行捕捉、保护和分析，从而实现客户价值的最大化？公司应如何管理产品数据的所有权和介入权？对于分销渠道或服务网络，公司是否应该采取部分或全面去中介化战略？公司是否应该改变自身的商业模式？公司是否该开展新的业务，扩大业务范围？

这10个战略选择，我认为实质上是为传统产业走向互联网化提供了一个决策思维方式，也可以说是传统产业走向互联网化的方法论。

2. 要变的是对产业的认知思维

产业互联网时代，产业不再是一个封闭的、单一的产业价值链，而是一个产业生态和产业集群的概念。企业也不再是产业价值链上一个节点，而是产业生态中的一个板块，企业自身就可以成为一个实现多方共享共赢的生态圈。在过去的全价值链中，是赢家通吃，而在产业生态环境下，企业不可能做到赢家通吃，而必须是从独享到共享，企业边界概念也从过去基于价值分工、非常清晰的产业边界思维到跨界思维。

产业生态有两个关键词，一个是共享，一个是跨界。互联网的核心特征之一是共享，共享经济时代最突出的体现是可以使整个社会的闲置资源得到最合理、有效的利用。最典型代表就是优步，优步彻底颠覆了出租车行业，它不拥有任何一辆车，也不给司机发工资，但是现在是全世界最大的出租车公司，它通过互联网让供需双方回归到最原始的市场交易关系。人人都可提供服务，人人都可创造价值。

过去传统产业一个核心的商业模式思维是，我要先拥有资源，而现在这个时代就不能再追求资源的拥有，而是要追求资源的使用。人才也是这样，企业不再是拥有人才，而关键在于你怎么用人才，叫“不求人才所有，但求人才所用”，**这是我们必须要改变的一个商业模式思维，在共享经济下，所有的商业模式都要围绕着如何充分利用社会的闲置资源，找到基于互联网的创新点。**

大家都知道链家公司是做房屋中介的，那现在链家最大的资源可能是它的金融资源。大家知道每年在链家平台上流动的资金是多少？3500 亿元！未来几年在链家平台上流动的资金可能要到 3 万亿元到 5 万亿元，它可以不收中介费了，只要求你这个房屋交易从链家平台上通过就行，这时候就从一个传统企业蜕变成金融服务企业。这些通过平台的资金都不属于它，但是它可以用，而有这么庞大的一个资金流，什么不可以做呢？

我们要从中得到的启示是：我们传统行业，尤其是传统制造业未来如何从重资源走向轻资源。

知识经济时代，个人的价值创造盈余其实也可以利用起来。每个人的知识、技能如何通过互联网、人才社区创新价值创造模式，使得每一个人的能力和智慧能够得到最有效的利用，这或许也可成为一个商业模式，或许是未来人力资源发展的一个方向。

除了共享思维，另外就是跨界融合的思维。产业互联网时代要求企业拆除边界，这个边界已被打破！新技术的应用也使整个产业重构，整个企业前移。企业内部运营、外部合作都在移动端了，形成移动新生态。企业要让自己成为一个模块，嵌入到外部不同的平台上，即传统企业如何把传统企业赢的模式、最优实践嵌入到互联网平台上，嵌入企业的外部平台上，使自己形成一个产业新生态。

目前在家电企业，拆除企业边界、主动跟互联网拥抱的，一个是海尔，一个是美的。尤其是美的这几年通过组织的变革、智能产品化取得了不小的成功。

很多传统企业也已经敏锐地看到了这些，并在进行实践探索，比如河南的众品集团。过去众品集团是一家主要做猪肉屠宰加工的企业，到今天已经完成生鲜食品供应链的转型。众品从封闭式的屠宰加工到产业价值链、产业生态的构建，这就是主动拥抱互联网、主动和外部进行开放协同思维下的实践成果。

我认为未来真正的互联网企业，将产生于传统产业对互联网的拥抱。很多传统产业有几百年发展史积淀下来的赢的经验、规则和优势，是腾讯、阿里巴巴这些互联网企业所不具备的，如果能把这些优势真正地融入到互联网，就能获得新生。

3. 要变的是组织思维

产业互联网时代，传统企业必须打破传统科层制的组织结构。而且前面谈到的互联网四大技术完全可以使得组织扁平化，真正打通传统企业内部的产销环节，实现一体化的运营。我认为，未来传统企业可能会消失，但组织永远不会消失，这就要研究如何借助互联网的平台和技术创新组织。

现在很多企业也都在探索，比如一些企业内部已经在实行自组织化，打破科层制，整个组织变成一个网状的结构，从过去的串联到现在串联跟并联交织在一起。这种组织结构能与消费者紧密联系到一起，因为每一个节点都能直接触摸到消费者的需求，而不是原来的只有销售部等一两个部门跟消费者对接。

组织内部也从部门化走向项目化运作，企业的科层结构从过去的可能 5 级、7 级，压缩到 2 级或 3 级。总部就是分成项目组，跟底下各个项目组直接打通。像美国的军队改革一样，把过去的司、旅、团统统取消掉，直接由总指挥部指挥作战小组，这种组织基本是项目化的组织。

在组织方式创新方面，我比较赞成美的这两年所进行的变革，我把它的变革称之为经营型组织变革与组织进化。为何叫经营性组织变革，因为现在很多企业的变革是为管理而管理，为管控而变革组织，并不是指向客户价值和市场价值，以及企业的经营活力，这种组织变革会造成内耗，这种我称之为管理型组织变革。

而美的这两年的成功，我认为关键因素在于它的组织变革是以经营为导向的，整个组织变革导向是以释放组织活力、提升组织价值创造能力为核心。

组织与管理一样，是不断进化的过程。传统企业在向互联网转型的过程中，不是要把原有的组织体系完全推倒重来。我不赞同所谓的绝对的去中心化，绝对的“人人是CEO”。传统组织一些最本质的东西其实是不能变的，最关键的还是如何适应互联网的要求。

所以，**在产业互联网时代，组织变革要以经营为导向，要进行经营型的组织变革，基于互联网进行组织的进化。**

另外，就传统企业进行智能互联产品升级的要求来讲，组织变革最核心的是要创新部门的协同方式。传统企业在向互联网转型过程中所面临最大问题是受制于内部的运营模块化体制。在互联网时代，要从这种制约中挣脱出来，要基于大数据和云计算进行内部的自动协同。过去企业内部是靠行政体系进行协同，到了互联网时代就要自动协同。这时候，组织就会产生新的职能部门。

依据专家的预测，未来有三个部门将成为企业的核心部门。

一是大数据管理部门。现在很多企业都在运用，尤其在人力资源上，很多企业建设了人力资源公共服务平台。公共服务平台最核心的东西是如何通过大数据进行分析，挖掘人力资源的服务价值。华为、腾讯现在都做了SDC（人力资源共享交付平台），所有的人的工作状态、生活状态都在这个平台上，人力资源部可以通过大数据，对于人力资源服务资源做出配置。比如通过数据处理平台会了解到这个月会有多少人到法国出差，超过一定的人数，就可以包机前往。基于大数据，尤其是客户端个性化且海量的数据，就可以为人力资源决策真正提供依据。

二是研发部门。现在很多跨国企业的研发部门更名为研发运营部，说明研发不再是脱离市场了，而是把IT、研发、制造整合起来的一个部门。

三是客户成就管理部。为什么不叫客户管理部？因为企业的产品服务一定要为客户创造价值，尤其对于B2B的企业来讲，它更强调企业的成功在于成就客户。实际上是要把营销、销售、服务与支持整合到一起。

总的来说，传统产业在互联网转型的过程中要完成组织变革、进化，这种变革进化并不是说要把一切都推倒重来，而是要基于互联网的平台、大数据、云计算，对传统企业内部的职能进行改造，运用互联网思维对传统业务进行整合与经营型组织变革。如张瑞敏提出“三化”的思路，即企业平台化、用户个性化、员工创客化。

4. 要变的是生产与制造方式

过去我们的传统企业都在追求规模化、集中化，规模化带来效益，而在互联网时代，却出现了集中与分散并存的生产方式。

未来的制造和生产方式我认为智能互联工厂模式可能会成为主要模式。制造业与工业4.0、智能化技术结合叫智能互联工厂。海尔现在已经有6家，美的做了很多家。我参观智能互联工厂后很感慨，整个智能互联工厂看不到流水线工人，全部都是机器人，全部是智能的。消费者可以直接向工厂下单，消费者的个性化需求直接可以体现在生产制造上，所有的中间环节都没有了。智能工厂带来的显著变化有三个：一是产品结构的革命性变化，从低端产品逐步向高端智能产品转型；二是用人规模越来越小，海尔从11万人减到7万人，美的从18万人减到10万人，而且可能还要进一步减下去。它们的销售收入增量可能不大，但企业的内部结构、人才结构都发生了很大变化，人均效能在提高；三是从集中化生产到分散式。未来可能会出现很多智能化的小工厂以及家庭作坊式的生产单元。它不需要规模化，而是通过移动互联技术和智能生产和外部进行资源和价值交换。

未来，生产将从地理上的集中化到日趋分散，这是我们必须要认识到的一点。未来的小型智能工厂，完全可以直接渗透到客户中去，基于客户的需求，通过互联网的技术手段和共享的供应链，对技术、产品、质量进行有效的控制。

总结而言，智能互联创造新的制造模式并催生新的机遇，由于安装并设置软件将成为制造的最终环节，产品的最终生产与装配可能会转移到客户所在地。制造将延伸到客户成为一个持续的产品运营过程。智能互联产品的运行离不开以云为基础的技术堆栈，由于产品的功能重心从机械部件转向软件和传感器，技术堆栈被视为产品的组成部分，企业需要在整个生命周期内，不断运行并改进技术堆栈。制造将成为一个持续不断的过程并深入客户端，过去基于分工、岗位的集中劳动生产组织方式被完全打破。组织方式从中央集权控制变成分布式控制，劳动生产方式从分工制转变为项目制、自组织，以及基于共同的目标和价值观进行的各种自由组织方式。

我认为，未来社会可能会出现两种主流劳动生产方式：大型智能工厂和小型家庭智能工厂。美的和海尔不断在推进智能化系统的引入，机器人的导入，基于互联网的智能工厂建设，不断提升运营与人均效能。

5. 要变的是研发与产品开发模式

在工业文明时期，多样性与低成本是矛盾的，企业只有通过规模化生产单一产品才能做到成本最低、价值最高。而在互联网时代完全可以做到多样性与低成本并存。智能产品需要一整套全新的技术基础设施，称之为“技术堆栈”，产品研发要从以机械设计为主转变为真正跨学科的系统工程，研发不再是一个产品环节，而是跨部门的产品技术开发与运营。

6. 要变的企业的营销和销售模式

企业与客户要建立新型的双赢价值合作关系，即从预先决定的一次性交易转向在长时间内最大化客户的价值，企业持续向客户提供价值，产品成为价值传递的载体。销售人员的目标不再是一锤子买卖，而是帮助客户取得长期成功，致力于建立双赢的合作场景。

未来很多产品是放到客户那去运营，通过互联网企业收的是运营费，而不再是卖产品，这就是营销模式的变化。

7. 要变的是新雇佣关系与新的公司治理

变化已经发生在我们身边。在这个时代，人力资本的价值变得越来越重要，企业不再是雇佣制，而是相互雇佣、自我雇佣，以及合伙人制时代，是一个人力资源价值主导时代，人力资本不仅要分享企业利润，同时在企业的经营中要有更大的话语权。包括美的的事业合伙人制，华为基于虚拟受限股的利润分享制，等等。

8. 要变的是组织与人的关系

过去是人依附于组织，现在是组织服务于人，从组织人到自主人；过去我们关注现实的能力，未来要关注人发展的潜力；过去叫组织驱动，现在叫自我驱动。

9. 要变的是文化

未来必然面临不同工作方式、不同背景和文化的员工的融合。未来员工可以全球化，但是文化不会全球化，企业一定要有统一的文化价值观认同。但是，传统企业需要走出自己的文化基因，重新审视过去的成功文化，不断地给企业文化注入新基因、新活力，增强文化的变通力、包容性和适应性，告别过去单一、固化的文化状态，形成一种基于主流文化的混合式文化状态。

（二）不变应变，企业家的使命和精神不变，企业经营本质不变

当“变”成为一种常态，恰恰需要坚守一些不变的东西，以不变应对变化。

1. 不变的是企业家的使命与精神

企业能不能主动去融入互联网，借助与互联网的融合实现传统产业的升级，我认为还是要靠企业家的使命与精神。不管是美的、海尔，还是众品集团，这些企业之所以能够主动拥抱互联网，首先是企业家的使命不变，其次是企业家精神不变。企业家精神第一是敢于创新，第二是敢于担当。

2. 不变的是企业经营的本质

企业经营的本质是经营客户、经营人才。在产业互联网时代不变的是企业如何提升客户价值创造能力，如何洞悉人性，如何理解人性。客户价值创造与人性的洞悉是企业经营的两大核心要素，也是永恒不变的。

3. 不变的是企业经营管理的基本职能

不管什么样的组织变革，不管什么样的战略调整，企业最终是要以提高效率与提高内在的经营活力，释放内在的经营要

素的活力。

4. 不变的是变

互联网+是碎片化、叠加式的创新思维，而产业互联网则是整体性、系统性、颠覆式、延续性的创新，产业互联网将重塑中国未来经济增长模式，各种变化将成为常态。企业只有顺应变化、主动求变，才能踏准时代的节拍，做有生命力的、持续发展的企业。

三、透析互联网商业模式

施 炜

（一）什么是商业模式

为顾客创造哪些价值，如何创造价值，以及企业如何形成收入，是企业战略以及经营管理的核心问题。而商业模式则是对这些问题的回答。

概要地说，商业模式是企业创造价值和获取收入的基本逻辑。从结构上看，商业模式是企业创造的顾客价值和企业所获收益之间的对称，如图5－1所示。

图5－1 商业模式

所谓“对称”是指：企业的任何收益，均需以创造顾客价值为前提；企业的顾客价值创造，最终以获取收益为归宿。在“价值”和“收益”的对称结构中，显然包括目标市场的选择、顾客价值定位、价值生成机制、价值链（网）结构、价值链运动，以及收入模式、定价方式、现金流状况、资源安排等多个要素。因此，商业模式是个整体性概念，涵盖了企业业务战略及营销战略的大部分环节和内容。

商业模式之所以称作“模式”，是因为它具有以下特点：

第一，结构化。商业模式内部的若干要素相互关联，彼此作用，构成一个内部契合、协同的整体。

第二，清晰性。商业模式所揭示的企业运行和价值创造的逻辑是清楚而非模糊的。

第三，可复制。在企业内部，在同等的外部条件下，商业模式可以移植和成倍扩张。

第四，稳定性。作为一种模式，需具备内外部的适应性，必须有较长的稳定期。

而好的商业模式除了具备以上特点外，还应具备其他三个特点：

第一，延展性。好的商业模式提供了顾客价值创新和延伸的较大空间，为业务和收益的多元化创造了条件。

第二，增强性。好的商业模式一旦运行，就会对关键经营资源（如顾客资源）的获取、占有、保持和拓展产生增强效应，使竞争优势不断放大和提升。

第三，创新性。好的商业模式，往往意味着改变行业竞争规则、打破常规、破坏性创造等。

（二）什么是互联网商业模式

提到互联网商业模式，我们常常会联想到京东的电子商务、阿里巴巴的支付宝、腾讯的微信、新浪的新闻门户网站、携程的旅游服务，等等。**它们有一个共同的特点，即互联网是其中的结构性要素。**

互联网为何能成为企业商业模式的组成要素？它又是怎样与商业模式“结构”为一体的呢？这需要分析互联网的功能和属性。

互联网是什么？作为一个虚拟空间，有两个基本特征：一是浩瀚的信息流集合；二是无限广阔的平台。

在虚拟空间内，社会经济生活的各种信息不断生成、汇集、流转、发散、沉淀和演变，信息规模极大，信息类型和内容无比丰富，信息流转效率极高。同时，信息的链接呈现出无中心、网络状和交互式的特征。

由于互联网具有“信息流集成”的属性，它对商业模式的影响在两个方向上发生：

第一，原来具有多种有形载体的知识、信息产品（如图书、报纸、唱片、胶片等），直接转化为互联网上的信息形态，而互联网技术亦会催生新的信息形态，例如基于人工智能的一些信息产品。

第二，企业价值链的构成要素（商流、物流、信息流）中，将信息流移植到互联网上。换言之，将互联网嵌于企业的价值链以及商业模式之中，提高市场信息获取、顾客需求辨识、产品展示、顾客沟通、市场订单回应、内外部价值链衔接等信息流转的效率。

虚拟空间还为我们提供了生存的第二空间。对所有企业和个人而言，都是一个展现自我、与他人交往、开发和整合资源、寻找和创造价值空间的平台。

在这个平台上，各类企业及个人既聚合又分离，形成一个包含多种“部落”在内的虚拟社会。

由于互联网天然具有平台属性，它为一些企业采取平台型商业模式创造了条件：我搭台，你唱戏；你销售，我服务。前来唱戏的人越多，平台的集聚效应和外部效应就越大。试想一下，在真实的物理空间里，有哪一个商场能像淘宝那样容纳数以百万计的商家。

“信息”和“平台”两种功能交互在一起，催生了众多社群型、社交型以及服务型商业模式。要么以“信息流”要素为必要条件，以“平台”要素为充分条件，如微博、微信、股吧等论坛型商业模式；要么反过来，以“平台”要素为必要条件，以“信息流”要素为充分条件，如P2P网贷、支付宝、网上众筹等金融类商业模式。

（三）未来可能出现哪些商业模式

1. 与物联网及产业互联网相关的商业模式

与物联网相关的商业模式，除了物联网硬件、软件的开发、制造、销售之外，有一种初见端倪的形态值得关注：基于物联网信息平台的服务运营，例如“智能家居”领域的家庭信息化服务平台、“智能电网”“智能交通”等领域的信息服务平台等。

所谓产业互联网，是产业（包括工业、农业、交通、物流等实业领域，主要指工业）和互联网的融合。这一概念和物联网有交集，它通常指产业中企业内部的互联互通（物理系统和信息系统的统一，且自动化、信息化、智能化运行），也指产业中企业之间的互联互通，甚至包括跨产业的互联互通。未来的图景已经可以想象，但其中蕴含的商业模式尚需随着产业互联网的推进、实施而逐步探索和创造。目前，人人所能理解的是 C2B 的定制模式。

2. 与云计算相关的商业模式

“云计算”是一种基于互联网的计算方式，其目标在于“将计算和存储简化为像公共的水和电一样易用的资源，用户只要连上网络即可方便地使用，按量付费”。“云计算”本身就是互联网领域一种新的服务型商业模式。如果对其进行细分的话，可以分为“云服务”以及“云计算”在其他行业的应用两大类。**就“云服务”而言，通常包括三种模式：一是基础架构“云”，二是平台“云”，三是应用“云”。而这三种“云服务”即为三种商业模式。**目前，亚马逊、谷歌、IBM 等互联网巨头在全球范围内分别提供不同层次的“云服务”，我国的阿里巴巴也推出了“阿里云”服务。受技术能力的制约，我国企业的“云服务”，大都处于“应用（软件）云”的层次，且聚焦在特定的行业和专业领域之内。

利用“云计算”体系，或借鉴“云计算”的结构，在其他行业和领域进行商业模式创新，目前已有不少案例，比较引人注目的是“云教育”和“云医疗”。

“云教育”针对全社会教育资源分布不均衡、学生书包过重、学校（教师）与家长互动不够等现实问题，在互联网上汇集教育资源，如名师讲课视频、课本、讲义、习题以及辅导资料等，学生通过电脑、手机等终端均可在线学习。同时，可实现学校（教师）、学生、家长的实时互动。

“云医疗”是整合全社会医疗资源（以医生为主），解决医疗资源不均衡问题。患者可以通过手机、电脑等终端，上传自己的有关健康及体检数据，医生在网上进行远程诊断和治疗。

目前，“云教育”和“云医疗”受到风险资本的青睐和追捧，但要真正形成收入和盈利，可能还要等待较长时间。

3. 与“大数据”相关的商业模式

与“大数据”相关的商业模式，最简单的就是拥有大数据的机构出售大数据，如机场、影院、连锁商场、互联网网站等。运用大数据分析，有助于更好地了解顾客、提供更为精准的服务：**一方面产品和服务的“长尾”可以变得更“长”（范围经济特征更为明显）；另一方面与特定顾客的互动可以更为深入持久（例如商品推荐）。**

还有，几乎在所有商业领域，基于“大数据”分析，更为智能、精准、快速的营运模式和价值创造、生成机制将会出现，例如定制化。

此外，运用“大数据”技术，通过相关分析，对自然和社会领域的复杂系统（如气象、地质、安防、交通、疾病等）将有更为准确和深入的了解，从而可以进行预测、预防（针对灾害）和调控，这将是孕育新商业模式的土壤。

随着“大数据”技术的广泛应用，相关软件及配套硬件企业将会迎来巨大的发展机遇。

4. 与“移动终端”相关的商业模式

目前，智能移动终端的增长极为迅猛，对其他“终端”（如PC、电视机等）的替代日益显著。在此背景下，基于移动互联的商业模式创新将层出不穷。

首先，以手机 APP 为入口的应用还会增加。

其次，微信平台上的商业模式将更加丰富（电子商务、支付、社交、视频等），尤其是源于信任的社交型电子商务将会有长足的进展。

最后，移动终端上的各种平台，如搜索、浏览器、门户网站、应用软件商店等将会在竞争中融合、转化和演变，从而整合出新的业务形态和收入模式。需要指出的是，到了物联网时代，移动终端将成为智能家居、智能汽车以及其他生产生活功能系统，如装修、物流、流通、教育、医疗、农业生产服务等的控制中心和管理平台。在此背景下，创新性的商业模式必定会层出不穷，并引发金融、商业、娱乐等众多领域的结构性变化。至于具体的商业模式形态，只能在实践的过程中逐步摸索和试验。

商业模式大都不是事先想出来的，都是基于某种顾客需求（顾客的某种痛点），社会生活中的某个问题自然而然生成的。而幸运者则是在正确的地点（存在规模化的需求空间以及可整合利用的供应资源）、正确的时间（新的商业模式从不成熟到成熟的转折点上）做了正确的事。

四、互联网“商业模式”带来的改变

施　炜

（一）互联网商业模式创造新的顾客价值

1. 突破顾客规模的空间和成本限制

在互联网的平台上，每个企业面对的是打破了地域限制的庞大市场，是可以每年 365 天、每天 24 小时都可能在线，且利用一切碎片时间的客户。在中国这样一个幅员辽阔、人口众多、网民数量世界第一的国度，这是互联网商业模式的重大优势所在。

随着互联网以及信息技术的发展，企业服务客户的成本日益精准，互联网的一个重要特点是边际成本递减，用户越多，甚至趋近零，这就使得互联网企业可以服务于数量无限的客户。

余额宝的创意者周晓明曾指出，余额宝的成功，是因为服务了传统体系中得不到很好服务的普通人。传统金融并非不愿意服务这些客户，但成本不划算，如果银行物理网点每天接待几千个客户，每人存取几十元钱，成本根本无法支撑。但是余额宝却能以一块钱的最低门槛服务那些小客户。

2. 精准进行顾客定位

互联网为企业提供了目标市场选择的虚拟环境，大数据技术的发展给企业提供了对顾客精准定位的可能。在互联网浩瀚的数据中，通过数据挖掘技术，可以找到具有共同需求偏好的细分顾客群。大数据技术可以通过人们在互联网上的查询、购物等行为记录以及相关言论等信息，判断其性别、职业、年龄、兴趣爱好、需求特征以及购物习惯。可以说人们已经在互联网上无处遁身。

互联网上的垂直电商，就是针对某一特定的客户群体提供服务的。垂直电商凭借着细分的品类特性，可以在营销层面上以精准性和互动性赢得消费者的青睐，使消费者有该方面需求时，第一时间想到该网站。例如，3C 首选京东，图书认准当当，买儿童用品去红孩子，选化妆品上聚美优品等。目前，互联网上有巨量的小型垂直电商，面向小众群体经营利基产品。

从纵向角度看，企业可以从上至下对所服务的顾客细分、细分、再细分，企业面对的顾客就是小众顾客群甚至单个顾客。反过来，企业也可以自下而上，将一个个分散的差异化顾客集合起来。这两种做法殊途同归，都可以运作长尾模式以及获取“范围经济”。总之，互联网为顾客“聚”“分”提供了巨大便利性。

3. 改变顾客价值

顾客价值是顾客效用和顾客成本之比，是顾客对其认知到的效用、利益与其付出成本（产品及服务的价格和价格以外的交易成本）进行权衡后的总体评价。互联网商业模式改变顾客价值，也是从价值比值的分子（顾客效用）和分母（顾客成本）两个角度切入的。

（1）为顾客创造了传统商业模式无法提供的顾客价值和体验。

比如在现实的有形商业形态中，总有许多消费人群和需求量较小的商品得不到展示的机会。从经济学角度看，互联化扩大了市场范围、深化了社会分工，是一种自组织程度较高的市场机制，为供需双方创造了福利。

又如，就互联网金融而言，首先品种众多，从消费类金融服务、供应链金融服务，到交易支付、担保服务，以及投资理财服务等，可以为某些顾客提供一站式的解决方案服务；其次，服务过程便利、快捷、安全。比如支付宝以及余额宝，将支付和理财两大功能无缝对接，满足了顾客金融资产流动性、财富增值、交易高效等多重需求。

（2）降低顾客成本和代价。

在互联网平台上，顾客几乎均可零成本获取价值。

顾客的交易成本降低。在互联网络上，顾客通过其他顾客的评价来获得更多的商品知识和消费体验信息，还可以和商家直接交流得到关于产品的细节，由此可以降低产品的搜寻成本。顾客可以不去商场，这减少了顾客的时间成本和精力成本。

网上销售的产品，价格通常低于有形的商业形态。由于线上交易比线下交易的流通成本低（节约了商场租金、人员费用，也节约了推广促销支出，更可减少库存损失等），因此同类产品的销售价格往往要低得多。在普通消费者心目中，对网上交易的产品会有“便宜”的定位。小米手机网络销售的成功，证明了电子商务在降低顾客代价方面的巨大优势。

4. 改变与顾客的沟通方式及信息传播方式

顾客价值是一种认知价值，因此通过与顾客沟通、传播及互动，可以影响顾客对价值的评价。鉴于此，我们把影响顾客价值认知的沟通互动，也作为顾客价值创造的一种特殊方式。

互联网商业模式的顾客沟通及信息传播方式，和传统的单向大众传播有显著的差异：

第一，与顾客直接建立联系；倾听顾客的意见和建议，建立企业与顾客之间的信息反馈机制；面向特定顾客，实现精准的广告投放。

第二，按照互联网环境下的顾客认知特点，在产品（服务）的形态、名称、价值主张等方面，充分体现“互联网化”——特点鲜明、意义清晰、信息集中、形态有趣等。也就是说，要从便于顾客认知、影响顾客评价的角度，反向考量、设计产品的价值定位、价值组合以及诉求焦点。

第三，利用互联网“自媒体”及自组织机制，设计话题，吸引人们广泛参与，引发关注和讨论，高效率、低成本地实现信息传播。

第四，拉长顾客体验的过程，增加顾客体验的细节，提供顾客仿佛身临其境的场景。

第五，创建和管理网上社群，既深化企业与顾客的关系，也深化顾客与顾客的关系，提高社群的“黏度”和“温度”（活跃度）。

5. 提高价值链的运行效率

随着互联网的发展，消费者群体的力量将越来越强大。未来的互联网商业模式将会从以 B2C 为主导变为以 C2B 为主导。在此前提下，许多企业，尤其是传统企业将会借助互联网，优化价值链和价值流的结构，改变价值链（流）的运行模式，提升价值链的运行速度和效率。

具体地说，随着基于规模经济的商业模式式微，多品种、小批量、顾客定制、快速反应、平台化协作的商业模式将成为主流。在定制式的情形下，客户订单以及非标准化的产品品种较多，供应链和生产组织异常复杂。只有通过互联网信息系统，才能解决庞杂的配套物料、部件在时间和空间上的组织和衔接，才能高效率地解决多品种的切换问题，才能使多品种和低成本之间的矛盾得以缓解，尤其是有效地控制复杂生产系统的波动成本。

在互联网技术的支撑下，企业价值流程中研发、供应、制造、销售各环节的衔接将变得更为紧密和平滑，摩擦和断裂将大大减少，它们可以在基于互联网的信息系统平台上实现一体化，这是企业价值流程高速运行的前提和基础。ZARA 等时装品牌每年推出品种款式达数万种，没有信息平台的支撑是不可想象的。

（二）互联网商业模式改变企业收入模式

互联网商业模式的收入方式要复杂、丰富得多，常常出现“羊毛出在猪身上”，甚至“让狗来买单”的奇特现象。

1. 免费—用户资源—流量变现

免费降低了用户的使用门槛，无疑有利于扩大用户范围、积累用户资源。而互联网的传播机制，又会产生集聚效应，使用户规模在较短时间内快速增长。当用户积累到一定规模，新的收入模式即会出现。通过延伸性服务和增值服务，实现一定比例的流量变现，即整体用户资源中的小部分用户，愿意为延伸性服务和增值服务付费。

以免费为基础和前提的收入模式，有两个关键环节：

第一，依托某种基础性、具有广泛需求的应用和服务（例如搜索、浏览器、微信、新闻门户等），构建用户金字塔宽阔的底部。现在的问题是基础性、具有广泛需求的互联网应用服务越来越少了，免费模式的适用性越来越窄。有些企业试图突破虚拟空间的边界，在物理世界内也尝试“免费”，比如免费送电视机、手机等硬件，依靠内容服务获取收入。但这样就不存在用户“零边际成本”的前提了，未来持续的收益能否覆盖、需要多久时间才能覆盖硬件成本，为数不多的实践尚未给出答案。

第二，找到能使流量变现的互联网应用和服务，它们具有需求强度大、使用黏度高的特点。目前，基于个人用户的免费模式下的流量变现图景还很狭窄，除了传统的广告方式外，基本上依赖电子游戏。未来如何在电子商务（网络购物）、金融服务（支付、信贷、投资、理财等）、社交网络（社交活动）、知识服务（线上教育、知识库）、体验服务（旅游、娱乐）等方面进一步挖掘、拓展变现管道，是京东、腾讯等互联网企业以及一批拥有顾客资源、意在互联网转型的传统企业需解决的重要问题。

2. 平台收入

平台型是一种基本类型的商业模式，既有线上虚拟空间内的平台型，也有线下物理世界里的平台型。这种商业模式的基本特征是“我搭台，你唱戏”，“唱戏者”获取“演出”收入，而“搭台”者则获取平台服务（场地服务、观众服务、售票服务等）收入。平台型商业模式中，平台的搭建者和运行管理者，常常面对多个顾客群（多边市场）——“唱戏”的，“看戏”的，围绕两类人群提供多种服务，并且获得多元收入（多种来源、多种形态）。

互联网上的平台属于虚拟平台，如淘宝、去哪儿网等。虚拟平台的构建，通常有两种逻辑：一是通过某种基础性、流量型产品或服务，吸引、汇聚用户（形成核心用户群），在此前提下，将核心用户资源向其他服务主体开放。二是构建虚拟的交易场所，容纳交易双方及多方，使交易得以实现。

平台型互联网商业模式的收入形式主要有两种：

一是服务型收入。例如，一些电子商务平台，如淘宝、去哪儿网等，收入主要来自为买卖双方提供增值服务。

二是分享型收入，即分享平台上的其他服务主体的经营收益。以苹果手机为例，其收入模式属于双重分享：一方面依托“App Store”平台，分享软件产品收入；另一方面，通过与电信运营商的选择性合作分享运营商收入（在中国市场，由于运营商的垄断结构以及强势地位，苹果手机的分享意图未能实现。在美国市场，苹果手机 2011 年之前与 AT&T 独家合作，后与多家运营商合作，未来则有可能与所有运营商合作）。

3. “云服务”收入

“云服务”的基本形态是，依据“云计算”技术，构建服务范围广泛、信息内容、应用功能丰富的信息资源池，用户可以通过各类终端方便、快捷、低成本地获取所需的信息服务，而服务提供者相应获取服务收入。美国的客户关系管理（CRM）提供商赛富时公司（Salesforce），打破传统软件服务商业模式（以项目方式为用户提供解决方案，用户代价大，且项目建设周期长、效率低），为用户提供软件在线租赁服务（用户无需安装软硬件，按需付费，亦可进行二次叠加的、个性化的开发）。这种“云服务”很可能成为未来软件服务的主流。我国用友软件公司，已为国内数以百万计的企业用户提供过财务软件产品和服务，目前已开始将软件放到“云”上供用户使用，用友收取一定的使用费。

对一些传统企业来说，“云服务”是其战略转型的重要途径之一。传统企业通常都积累了规模不等的用户资源，同时也有相对稳定的上下游合作伙伴网络，以“云服务”方式服务用户以及合作伙伴，不仅可以深化彼此关系，提高相互协同和一体化程度，而且有助于构建生态化体系，在此基础上，其他的商业机会也会衍生出来。

到了未来的物联网时代，凡是分布式系统（子系统独立运作），但需统一调度和管理，如农业机械作业、远洋捕鱼作业、施工机械作业、交通物流、分布式能源等领域，在“云计算”

结构下，分散的信息可以连接、流动、汇集和共享。由此，“云服务”可以演变为服务众多分布式子系统及分散主体的运营模式，根据汇集的信息，为子系统或分散主体提供线上的调度、指导、监控以及线下的补给、救难等服务。

五、“互联网+”时代企业顶层设计之商业模式

苗兆光

一般来说，企业的顶层设计包括商业模式、利益模式和治理模式。商业模式是企业的基本商业逻辑，利益模式指的是企业的价值分配方式，治理模式则是股东、董事会和管理层之间的分权制衡关系。

必须说明的是，“互联网+”仍然是一个探索过程，尚没有任何一种模式被充分验证，我们需要时刻关注外部“取得相对优秀绩效的实践”，结合自己企业的现实，在改进中优化。

关于“互联网+”时代的商业模式，众说纷纭，相对有影响力的有如下六种代表性观点。

（一）周鸿祎：四维商业模式

奇虎360董事长周鸿祎认为商业模式不是赚钱模式，“互联网+时代”的商业模式至少包括四方面的内容：产品模式、用户模式、推广模式，最后才是收入模式。

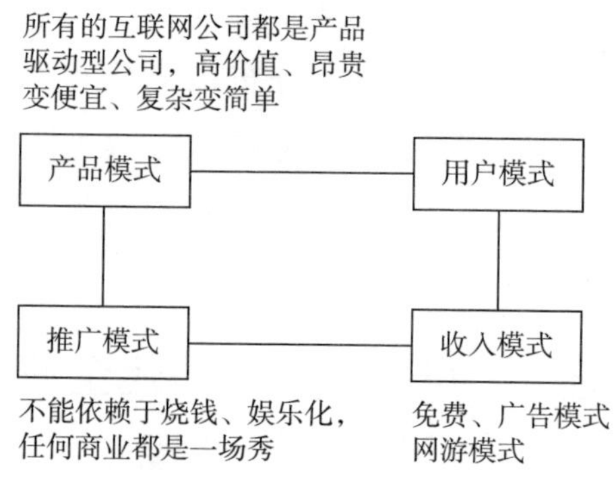

图5－2　四维商业模式

1. 产品模式

真正能在互联网里做大的公司，都是产品驱动型公司。公司能不能回答好“你提供的产品是什么？能为用户创造的价值是什么？解决了哪一类用户的什么问题？能不能把贵的产品变成便宜的，甚至是免费的？能不能把复杂的变成简单的？”将决定公司能否做大、走远。

互联网产品应具备三个特点：要符合相关领域的游戏规则，能打动用户的心；需要不断运营，持续打磨；要做到专注和极致。

2. 用户模式

周鸿祎将产品的使用者分为两种：一种是使用产品和服务的人，称为用户；一种是付费给公司的人，称为客户。企业真正放在第一位的，应该是用户。公司的产品，一定要指向对产品需求最强烈的目标用户，任何“放之四海而皆准的产品，都是靠不住的”。例如，YY是一款语音聊天工具，刚起步的时候瞄准的是游戏工会。这些人要玩游戏，要手忙脚乱地操作键盘和鼠标，就没有时间打字。而且，游戏对战中的沟通不是一对一，是多对多的团队协作。YY 就开发出这种语音聊天工具帮助这些游戏工会的人，这些人是产品感受最强、需求最强的一批用户。

3. 推广模式

永远不能相信“酒香不怕巷子深”，在中国如果只靠自然的口碑，即使产品做得再好，一旦被巨头盯上，很容易付诸东流。**真正好的推广模式是根据用户群和产品去设计相应的推广办法，而不是砸钱式推广。**真正的推广是对产品的不断完善和提升，在推广过程中研究市场，和目标用户打交道，了解用户使用产品时遇到的困惑和问题，再反馈到产品上进行改进，由此不断调整和完善。

4. 收入模式

互联网时代的收入模式主要有两种：一种是广告模式，即第三方补贴模式，俗称“羊毛出在猪身上”；另一种是增值服务，也就是为少部分用户提供多样的、个性化的收费服务。无论是广告模式还是增值服务模式，都需要海量用户群。比如谷歌的两个天才创始人做搜索引擎，好几年找不到赚钱的方法，只能给雅虎提供搜索技术服务来赚点糊口的钱。这时候天上掉下来个 overture（公司名），它是搜索引擎付费点击模式的鼻祖。如果把谷歌看作是媒体，那么 overture 就是精细化广告代理公司。随后雅虎收购了 overture 整合入雅虎搜索中，谷歌的关键词竞价广告（AdWords）借鉴 overture 的付费点击模式，形成了搜索引擎的商业模式。

（二）雷军：平台模式

雷军曾经对小米的模式做过直接的描述，“小米是第一家把硬件用接近成本价的方式销售，然后以此来架构一个移动互联网的平台，再在上面做增值服务的公司。”

雷军认为，先看准趋势再决定创业方向，即“顺势而为”，以及“站对了风口，猪都能飞起来”；雷军认为，做任何一个领域，把未来想清楚，要先想透所处领域的局面，可能未来路径想不清楚，但方向要想清楚。从战术上看，反而不要看得太远，小步快跑，迅速调整自己，得到正反馈就继续，不对就马上改。

小米真正的本质不在于做硬件，而在于做用户价值，用“软硬兼施”的方式来做用户体验，长期拥有客户，这样它的收入来源就能变得多元化。

（三）李善友：产品型社群

酷6网创始人李善友认为，去毛利率、去库存、去渠道、去营销、去管理，当这些独立的维度都降为零时，什么才是“互联网+”时代最重要的维度？产品和社群。**“互联网+”时代最重要的是产品，它过去承载具体功能，互联网时代则承载趣味与情感**。当企业能够用优秀的产品连接用户、粉丝群体，经营自身的产品社群，做到营销和产品合一，粉丝和用户合一时，那么就没必要通过产品直接盈利。

产品型社群应遵循三大特点：

1. 功能成为标配，情感成为强需

功能性体验已经没有最优，消费者对情感体验的需求超过对功能体验的需要，审美将代替科技成为互联网价值网最重要的性能属性，产品生命周期急剧缩短，趋近于零。企业需要的是不断颠覆自我、快速刷新的能力。

2. 中间成本趋于零，二次打击盈利

“一切行业皆是媒体，一切内容皆是广告”。优秀的产品可以直接连接用户，获知用户的确切要求，摆脱对广告、渠道以及库存的依赖，继而可以做到消除中间成本，以成本价销售商品，使商业模式更具黏性与竞争力。比如小米与特斯拉，通过社会化媒体接触用户，通过自有电商平台销售产品，并与用户形成有效互动，根据用户预订量分批生产产品，从而实现“零广告费、零库存、零渠道费”的成本结构。而企业可以趋势让利给消费者与用户，以后续递延利润的方式来获得盈利。比如京东的实物毛利率趋近于零，但计划从在线金融获得70%的利润。

3. 个人异端化，组织社群化

公司的边界被打破，公司变轻、团队变小、层级变少、管理变淡。比如小米以米聊代替组织架构，实施内部项目管理。管理与业务谁更重要的问题不复存在，将员工管理嵌入业务管理，把内部沟通融于外部沟通，把所有管理、文化、价值观融于一件事，做出让用户尖叫的产品。产品成了引领、激励和衡量一切的风向标。

（四）IBM 研究院：社交化业务模式

IBM 研究院的研究显示，社交化业务已经成为互联网发展的主要方向，以 Facebook、Twitter 为代表的各类社交化业务在全球范围内飞速增长。社交化业务拥有三个核心特点“分享、协作和选择”，它更高程度上满足了人类分享的需求，推动了跨时间和空间的协作，提高了消费者选择的效率并降低了选择的成本。因此，各行各业的企业也在积极思考和尝试如何运用社交化业务对企业的业务和运营进行全面创新。企业需要关注四个方面的变化并把握其中机遇。

第一，社交化发展推动了互联网自组织模式发展。

第二，社交类业务使得散落“小众需求”进一步聚焦，从而“长尾”也成为有利可图的市场。

第三，社交类业务营造的协作环境，使得消费者和生产者不断融合到价值交付的各个环节。

第四，以企业为核心搭建的价值链也逐步向以各方参与的价值平台演进，价值交付各方信息得以更畅通地分享。

社交化业务模式由四个参与方和一个业务交付平台构成，这四个参与方分别是消费者（企业）客户参与方、企业内部产品（服务）价值交付方、外部企业价值交付方和企业内部平台管理方。业务交付平台是通过四方共同参与进行具体产品、服务或创新建议等。

苹果应用商店以应用商店为业务交付平台，业务交付内容为苹果各类应用，它通过分成模式和提供开放互动协作创新环境吸引大批消费者和企业自由在平台上开发、推广和销售苹果应用。苹果应用平台为开发者提供开发基础环境、平台使用数据，帮助其开发更好的应用，苹果也为消费者提供各类工具便于其和开发者互动和选择。

（五）阿里巴巴研究院：从工具到互联网经济体

阿里巴巴研究显示，“互联网＋”时代大规模社会化协同将是最重要的特征，其中包含共享经济、网络协同和众包合作三个方面，而这种特征将迫使企业重新调整组织边界、生产组织关系和劳动雇佣关系。如图5－3所示。

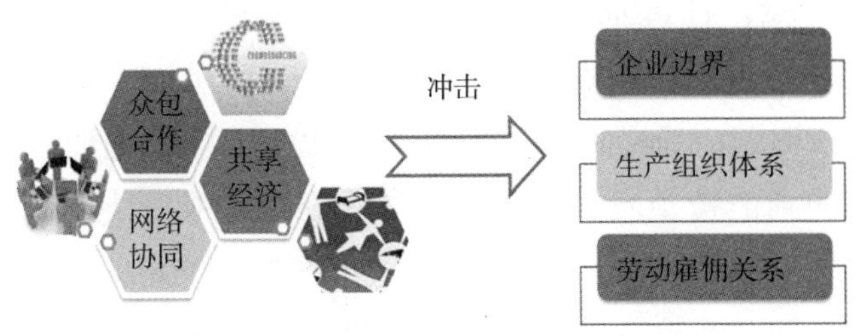

图5-3　互联网+时代社会化协同对企业的影响

1. “小而美”是企业常态

企业不必维持庞大臃肿的组织结构，低效、冗余的价值链环节将消亡，而全新的高效率的价值环节兴起，组织的边界收缩，小企业成为主流。

2. 生产和消费更加融合

信息（数据）作为一种柔性资源，缩短了迂回、低效的生产链条，促进了C2B方式的兴起。

3. 实时协同是主流

技术手段的提升、信息（数据）开放和流动的加速，以及相应带来的生产流程和组织变革，生产样式已经从“工业经济”的典型线性控制，转变为“信息经济”的实时协同。

4. 人才供应途径更多样

年轻一代经由外包方式，可以充分安排自己的时间和工作地点，为多家企业提供服务，比如翻译、设计、客户服务等工作，企业的雇佣方式、组织形式，人们的就业方式和收入结构，都将出现改变。

（六）包政教授：社区商务方式

包政教授在研究了企业营销模式的变迁之后，提出“互联网＋”时代，社区商务方式是趋势的判断。包政教授认为，“互联网＋”时代最大的特征就是供求关系逆转，彻底进入消费者主权时代，企业必须顺应这种变化，进一步把商务活动的触角延伸到消费领域。在那里，与消费者或用户结成一体化关系，谋求“市场扎根”或“扎根于市场”。打通企业再生产的全过程，即“生产—流通—交换—消费”。

对B2B的企业来说，就是走进用户的价值链；对B2C的企业来说，就是走进消费过程，走进消费者的生活方式。具言之，本着为用户或消费者做贡献的意愿，构建企业与用户或消费者之间的社区交往关系。在此基础上，调动企业的资源、人才、关系、知识和条件，为用户或消费者做贡献，由此形成商务关系。意思是，在社区交往关系的基础上，构建“企业—消费者或用户”的供求一体化关系。

对生产企业来说，转向社区商务方式的全部难点，在于如何摆脱大量生产方式的制约。丰田公司的经验表明，可以依靠精益生产方式及其自我控制存货偏差的能力，逐渐把内部价值链转向市场需求，把商务活动的触角延伸到消费过程。

诸多企业受制于大量生产方式，只能与分销商以及零售商结成“利益同盟”，无法把商务活动的触角进一步延伸到“需求链”，与消费者结成“价值同盟”，为消费者的生活方式做贡献，从而转向社区商务方式。厂商之间的对立统一的基础，是规模经济条件下的“资金利润率”，产需之间的对立统一的基础，是“有效地满足消费者或用户更高的追求”。

包政教授认为，小米公司是“互联网＋时代”的悟道者，尽管自称也是一家互联网公司，却懂得构建“企业—消费者”

的社区关系，继而在社区交往关系的基础上，发展自己独特的商务。具体的做法就是调动自己的资源、手段、关系和条件，为社区的消费者及其生活方式作贡献，由此形成规模化经营的商务机会。

六、“互联网 +”时代企业顶层设计之利益模式

苗兆光

企业的核心命题是分配，是利益的共享，在“互联网 +”时代尤为突出。进入互联网时代以来，在实践中涌现的典型的利益分配模式有以下五种。

（一）硅谷模式

传统创业资金的合法来源只有两种：一是靠积累，二是靠借贷。借贷风险很高，资金来源是创业的瓶颈。互联网的兴起把起源于美国的“风险投资”模式带到了国内。

吴军博士在《浪潮之巅》一书中对风投过程有非常详细的案例描述，可以参考。一般来讲，一个创始人在公司上市时还能握有 10% 的股份就很不错。越早投资一个有希望的公司获利越大，当然，失败的可能性也越大。一般大的风投基金都会按一定比例投入到不同发展阶段的公司，这样既保证基本的回报，也保证有得到几十倍回报的机会。

（二）众筹模式

众筹即利用互联网共同筹集资金以支持他人或组织发布的项目。它的出现颠覆了传统的融资模式，使得融资来源不再仅限于风投等机构，而可以来源于大众。

2001年，众筹网站ArtistShare在美国上线。但在此后的数年里，众筹并没有获得足够的关注。直至2009年美国众筹网站Kickstarter亮相，这一新型的互联网融资模式才开始真正进入公众的视野。在全球范围内仍算得上新生事物的众筹，在中国爆发出惊人的活力。2011年，点名时间、天使汇等首批众筹网站相继出现。2012年10月至次年1月，美微传媒利用众筹的方式筹集了近400万元创业资本，成为中国第一个股权众筹案例。

在被称为“中国众筹元年”的2014年，众筹步入快速成长期，全年超过120家众筹网站相继成立。据最新统计数字显示：截至2017年6月底，我国处于运营状态的众筹平台共有439家，其中包括5家新增平台。

2015年7月18日公布的互联网金融的“基本法”——《关于促进互联网金融健康发展的指导意见》明确了股权众筹为通过互联网形式进行公开小额股权融资的活动，性质为小额投资，融资方为小微企业。

在众筹模式中，需要关注的问题有三个：

1. 在众筹模式中融资方、平台、投资者之间的关系

融资方：小微企业。承担主要的创新创业使命，是股权众筹所要服务的对象，在众筹活动中应得到扶持与成长。

平台：需要对融资方和投资者负责，不偏袒任何一方，最重要的使命为发挥股权众筹融资作为多层次资本市场有机组成部分的作用，服务好创新创业企业。

投资者：具备股权投资实力的主体，通过更进一步了解股权众筹的高风险性和投资技巧，权衡自身风险承受能力、把握自身投资行为。

2. 融资方的公司股权架构问题

现有公司法规定，有限责任公司的股东不超过 50 人，非上市的股份有限公司股东不超过 200 人，法律对公司股东人数的限制，决定了大部分众筹股东不能出现在工商登记备案的股东名册上。实践中，对此存在两种解决方案：

（1）委托持股（代持股份）。

实名股东通过与几个乃至几十个隐名众筹股东签订代持股协议，代表众筹股东持有股份，工商登记仅体现该实名股东的身份。

委托持股的合法性在最高院的司法解释层面上已得到认可，但这种委托关系必须以书面文件或其他证据予以证明。同时，实名股东的信用也是一个重要因素，尽最大可能防止实名股东私下转让代持股权。

（2）有限合伙。

有限合伙作为持股平台，众筹发起人为普通合伙人，众筹股东为有限合伙人，由于有限合伙人通常不参与公司管理，众筹发起人可以以其普通合伙人身份管理和控制持股平台，从而控制持股平台在众筹公司的股份。

（三）动态股权制

创业过程中不公平的股权分配往往直接导致创业的失败。股权的难题在于难以估价，另一个难题是股权在创业时分文不值，本质上就是想法。

创业成功最重要的是寻找创业合伙人，创业合伙人是那些愿意为了一块蛋糕放弃现金报酬的人。

在动态股权机制下，有如下几个要点：

第一，根据参与者提供的生产要素的相对价值动态调整股权分配；

第二，可以估值的生产要素包括：时间、想法、关系、知识产权、资金、现款、借贷、信贷、办公用品及设备，基础设施等；

第三，设立合伙人基金，合伙人实际上可以在一定期限内赚取蛋糕，份额依旧根据其贡献的生产要素的理论价值而定。所以在任意给定的时间点，合伙人之间蛋糕分配是有变化的，这种不确定性和易变性与成长中的公司不断变化相吻合。

第四，指定一个合伙人领导，评估不同合伙人贡献的生产要素理论相对价值，必要时依据每个合伙人的价值贡献比例估算出合适的股权百分比。

（四）事业合伙人机制

事业合伙人机制是企业分层建立若干个利润单元，每个事业合伙人不直接拥有企业的股权，而是在自己所在的利润单元里拥有股权，按股份在所在利润单元中拥有利润分红权。

一个典型的例子是秀悦理发店，这是一家成立于2014年下半年的连锁理发店，这家店利用事业合伙人机制，不到一年时间，已经在北京拥有超过20家门店。

发现这家理发店的模式是在一次理发期间，给笔者理发的年轻理发师一反以往矜持腼腆的风格，话题一个接一个，滔滔不绝，亢奋而志满。本来对他的话题很不感兴趣，只想闭目养神，直到他嘴里冒出一句时髦的话，“我和我的合伙人每周都会检讨我们店的经营情况”。理发师看我感兴趣，聊起了他们店内部的变化，原来的老板把门店卖给了新的老板，新的老板动员他们几位年限较长的理发师都入了股，现在他拥有这家店10%的股份，而且在新老板新开的另外两家门店也入了股。新老板很开明，每家门店都采用股份制，让95%的股份由理发师们持有，老板在任何一家门店持股均不超过5%，每家门店的账目都是公开的，而且每月分红一次，绝对按股份分配。今年以来，他们公司扩张很快，平均每月都有两家新开门店，他觉得比原来有奔头多了，决心跟着公司赌一把。

细想想这位老板真是了不得，用一套机制锁定了行业重要的资源（理发师），把现实利益全部让渡给核心员工，换来平台的快速扩张。

（五）华为股权的演变

以上几种模式都是从创业开始建立的，对于大多数在传统背景下生长起来的企业，没有这样一清二白的开始，要在“互联网+”时代生存，需要一个改造的过程，华为股权的改造提供了参照样本。

案例：华为股权演变四阶段

第一阶段（1990－2000年）：名持股实融资。

1990年，华为第一次提出内部融资、员工持股的概念。当时参股价格每股1元，以税后15%股权分红，此外，华为与各地电信、行业客户成立的合资公司员工，也享有认购资格。当时每个持股员工手中都有华为所发的股权证书，并盖有华为公司资金计划部的红色印章。

每股1元的价格相当诱人。1993年，华为公司每股净资产为5.83元，1994年每股净资产4.59元，1995年每股净资产为3.91元，但每股1元的认购价格一直延续到2001年。同时，华为也采用每股1元的回购价格。

当时华为员工的工资由三部分构成：工资、奖金和股票分红。入职一年即可购买，依据员工的职位、绩效、任职状况进行派发，一般用员工的年度奖金购买，如果不够，公司帮助员工获取员工贷款（个人助业贷款）。

这种做法在20世纪90年代曾经非常普遍。到1994年，为了规范各公司各种形式的员工持股计划，深圳市出台《关于内部员工持股制度的若干规定（试行）》。但由于一些地方出现了内部职工股权证的非法交易，1993年、1994年国务院和原国家体改委两次发文，要求“立即停止内部职工股的审批和发行”。

1997年6月，华为公司对股权结构进行了改制，使其看起来相对简单。改制前，华为公司的注册资本为7005万元，其中688名华为公司员工总计持有65.15%的股份，而其子公司华为新技术公司的299名员工持有余下的34.85%股份。改制之后，华为新技术公司、华为新技术公司工会以及华为公司工会分别持有华为公司5.05%、33.09%和61.86%的股份。

2000年12月，华为公司董事会决定，将华为新技术公司工会持有的11.85%的股权并入到华为公司工会，任正非独立股东的地位在这次董事会上也第一次得到确认。华为公司将任正非所持的3500万元股份单独剥离，并在工商局注册登记，他单独持有1.1%的股份，其余股份全部由华为公司工会持有。

虽然身为民营企业，华为还是将自己的员工持股方案上报了深圳市体改办。2000年11月，体改办对华为公司内部员工持股方案做出批复，原则上同意其改制方案。2001年，深圳市政府颁布了新的《深圳市公司内部员工持股规定》，适用范围扩大到了民营企业。

当时的《深圳市公司内部员工持股规定》中明确规定，员工持股会（下称持股会）负责员工股份的托管和日常运作，以社团法人登记为公司股东。

具体而言，持股会要设置员工持股名册，对员工所持股份数额、配售和缴款时间、分红和股权变化情况均需记录。在调离、退休以及离开公司时，将由持股会回购股份，所回购的股份会转做预留股份。

这时候华为的股票还不是真正的股票，而是一种契约。华为公司的持股运作与当时的规定有出入。暂行规定中指出，股票的回购价格是上年的每股净资产价格，华为公司因为长期实行每股1元回购的做法，这给华为带来了一场诉讼。

2003年，华为公司的两位资深员工，刘平和黄灿，将其告上法庭。原因之一就是华为公司是根据双方合同中约定的以每股1元的价格，而不是以每股净资产价格回购股票。两位员工还认为，华为所用做增资的应付红利中也应有自己的利益，他们应按照同股同权的原则享有股权的增值。最终，深圳市中院和广东省高院判两位员工败诉。广东省高院认为，因为华为员工的股份没有在工商登记，按照规定，股份有限公司的登记只限于发起股东，因此当时除副总裁纪平外，其余员工股东全部未在工商部门进行记名登记。所以关键的证据是华为与员工之间的合同，华为工会的持股数只能作为参考，原告的主张"没有契约依据和法律依据"。

第二阶段（2001－2003年）：虚拟受限股。

在两位员工发难之前，华为公司其实已经决意改变实行了十年的员工持股方案。

2000年，华为提出虚拟受限股的说法，具体为：明确规定了分红权和股价升值权，没有所有权和表决权，不能转让和出售，离开企业自动失效，不再派发长期不变的每股一元的股票，老员工的股票也逐渐转化为期股，不再有稳定的分红，而是净资产增值，从普惠制转为重点激励，而且在操作上改公开操作为"暗箱操作"。每年6月，表现优异的华为员工们会被主管叫到办公室里去，这是他们一年当中最期待的时刻。这些华为公司的"奋斗者"们会得到一份合同，告知他们今年能够认购多少数量公司股票，这份合同不能被带出办公室，签字完成之后，必须交回公司保管，没有副本，也不会有持股凭证，但员工通过一个内部账号，可以查询自己的持股数量。

推出虚拟受限股之后，华为公司员工所持有的原股票被逐步消化吸收转化成虚拟股，原本就不具实质意义的实体股明确变为虚拟股。当时，有两个有利条件助推其在风平浪静之中完成了体量巨大的实体股到虚拟股的转变：一是，当时正值网络泡沫破灭之时，华为公司正经历历史上的第一个冬天，许多员工对公司股票的价值期望不高，且分红收益较低。二是，任正非当时鼓励大批员工"辞职再回岗"以便完成股票回购，包括董事长孙亚芳也参加了这一计划，包括李一男在内的一批华为资深员工陆续离职创业，他们手中的股票也被回购到工会手中。

第三阶段（2003－2007年）：大规模配股。

2003年，深圳市华为投资控股有限公司（下称华为控股）成立，任正非持股1.0708%，华为公司工会持有余下的股份，成立同时，华为公司工会就将所持股份全部转给了华为控股有限公司。此时，华为公司股东就由原来的该公司工会持股98.92%，任正非持股1.07%，变更为华为控股持股99.98%，华为创业元老副总裁纪平持股0.01%。一年之后，华为技术有限公司的股东再变更为华为控股和任正非，任正非持股1%。此后，历次增资后，华为技术有限公司、华为控股、华为工会、任正非繁复的股权关系比例小有调整，但框架未再有大的变更。

而在华为控股成立的同时，华为公司原有的内部员工持股制度、期权激励计划也被平移至华为控股的平台。

2013年12月，华为进行了最大规模的配股，一次配股就超过员工手中股票的总和。具体做法进一步调整：可兑现，往年积累的配股即使不离开公司也可以兑现，但每年可以兑现的比例不超过1/4，持股较多的核心员工获得的配股额度可兑现比例不超过1/10，向核心层倾斜，骨干员工获得的配股额度大大超过普通员工，规定了3年的锁定期，3年内不准兑现，3年内离开所配股票无效，员工只需拿出所需资金的15%，其余公司出面帮助贷款。

第四阶段（2008以后）：饱和配股。

2008年以后，华为进行了饱和配股：不同级别的员工匹配不同的持股量，比如13级员工，持股上限为2万股，14级员工为5万股。大部分在华为工作多年的老员工，因为已经达到上限，没有参与到配股中去。2006年股票存量大约在20亿股，此次配股在16～17亿股，2008年之后也不再提供贷款。

七、“互联网+”时代企业顶层设计之治理模式

苗兆光

治理模式是股东、董事会和管理层之间的分权制衡关系，治理模式决定了是商业模式和利益分配能否得到保障。近年互联网企业采用的典型治理模式有阿里巴巴（以下简称阿里）和小米的合伙人制。

（一）阿里巴巴合伙人制

阿里的合伙人制度又称为湖畔合伙人制度（Lakeside Partners），该名称源自马云等创始人创建阿里的地点——湖畔花园。阿里的创始人自1999年起便以合伙人原则管理运营，并于2010年正式确立合伙人制度。

阿里合伙人制度的主旨是通过制度安排，以掌握公司控制权为手段保证核心创始人和管理层的权益并传承他们所代表的企业文化。然而，**与其他在美上市的公司做法不同，阿里没有采取双重股权制度实现管理层控制上市公司，而是通过设立一层特殊权力机构以对抗其他股东的权力并稳定创始人和管理层现有的控制权，这层机构就是阿里合伙人**。因此，阿里合伙人与《合伙企业法》等法律规范定义的合伙人存在本质上的区别。

根据2014年5月阿里向美国证监会递交的招股书，当时阿里合伙人共计28名，而后阿里于2014年6月更新了招股

书，阿里合伙人减至27名，其中22人来自管理团队，4人来自阿里小微金融服务集团，1人来自菜鸟网络科技有限公司。2014年9月，阿里合伙人再次调整，新增3名合伙人，增至30人。阿里合伙人制度并未固定人数，除马云和蔡崇信为永久合伙人外，其余合伙人的地位与其任职有关，一旦离职则退出合伙人关系。根据阿里的招股书、公司章程及其他公开资料，阿里合伙人制度的主要规定如下：

1. 合伙人的资格要求

（1）合伙人必须在阿里服务满5年。

（2）合伙人必须持有公司股份，且有限售要求。

（3）由在任合伙人向合伙人委员会提名推荐，并由合伙人委员会审核同意其参加选举。

（4）在一人一票的基础上，超过75%的合伙人投票同意其加入，合伙人的选举和罢免无需经过股东大会审议或通过。

此外，成为合伙人还要符合两个弹性标准：对公司发展有积极贡献及高度认同公司文化，愿意为公司使命、愿景和价值观竭尽全力。

2. 合伙人的提名权和任命权

（1）合伙人拥有提名董事的权利。

（2）合伙人提名的董事占董事会人数一半以上，因任何原因董事会成员中由合伙人提名或任命的董事不足半数时，合伙人有权任命额外的董事以确保其半数以上董事控制权。

（3）如果股东不同意选举合伙人提名的董事，合伙人可以任命新的临时董事，直至下一年度股东大会。

（4）如果董事因任何原因离职，合伙人有权任命临时董事以填补空缺，直至下一年度股东大会。阿里合伙人的提名权和任命权可视作阿里创始人及管理层与大股东协商的结果，通过这一机制的设定，阿里合伙人拥有了超越其他股东的董事提名权和任免权，控制了董事人选，进而决定了公司的经营运作。

3. 合伙人的奖金分配权

阿里每年会向包括公司合伙人在内的公司管理层发放奖金，阿里在招股书中强调，该奖金属于税前列支事项，这意味着合伙人的奖金分配权将区别于股东分红权，股东分红是从税后利润中予以分配，而合伙人的奖金分配将作为管理费用处理。

4. 合伙人委员会的构成和职权

合伙人委员会共5名委员负责：

（1）审核新合伙人的提名并安排其选举事宜。

（2）推荐并提名董事人选。

（3）将薪酬委员会分配给合伙人的年度现金红利分配给非执行职务的合伙人。委员会委员实施差额选举，任期3年，可连选连任。合伙人委员会是阿里合伙人架构中最核心的部门，把握着合伙人的审核及选举事宜。

（二）小米的事业合伙人制

雷军虽然说“猪也能飞起来”，但他用人时恰好相反，精心挑选精兵强将，早期成员大多出自金山、微软和谷歌，为雷军奠定了事业合伙人的人力资源基础。

1. 8个各挡一面的合伙人

小米今天的合伙人班子在今天是各管一块，如果没有什么事情的话，基本不会管彼此，这样保证整个决策非常快。

2. 管理上“去 KPI 化”

最重要的是有创业心态，对所做的事情要极度喜欢。员工有创业心态就会自我燃烧，主动性更高，不需要设定一堆的管理制度或考核。

如何持续激发团队的热爱？首先让员工成为粉丝，其次“去 KPI 化”。雷军说：“小米内部确实是没有 KPI，但是没有 KPI，不意味着我们没有目标。小米怎么分解目标呢？我们不是把 KPI 压给员工，而是合伙人负责 KPI。我们都是定一个数量级，比如说今年要卖 4000 万台，不会去约定如果你完成 A 档、B 档、C 档，我就给你什么样的奖励。销售团队今年定了 4000 万，突然间干到 5000 万，然后立刻拿出一笔钱给大家发，我们不会干这样的事情。在定 KPI 的时候，其实更多是判断公司增长规模的阶梯，因为我们把这个信息测算清楚以后，要分配调度资源。相比结果，小米更关注过程，员工只要把过程做好，结果是自然的。”

虽然没有 KPI，但小米的员工一天工作接近 12 个小时，而且已经连续 4 年了！知乎上有人问如何看待小米 6 × 12 小时工作制，一位小米员工回复说，“坚决反对加班，但是如果是创业就算了，创业意味着工作就是生活，何来加班？我每时每刻都在工作。”

3. 组织结构高度扁平化

还是引用雷军的原话：“对互联网时代的公司来讲，要走群众路线，要鼓动大家的积极性，鼓励大家创新的时候，如果是那种层层汇报的架构，怎么可能会有创新？我要作一个决策，需要跟七八个领导做汇报，要等两三个月之后才有回复意见，工程师怎么会有胆量创新？我们很多用户都能够知道某个功能是某位工程师做的，哪个模块是另一个工程师做的，用户有吐槽，这个工程师就说这个问题反馈我们看到了，会立刻去改。所以小米研发层级结构基本是三级，一层是员工，一层是核心主管，一层是合伙人，只有这三层，研发部门也不会有正、副经理。”

以下的系列“讨论”都是华夏基石的专家们围绕重点话题进行的论坛文字整理和思考成果。

讨论一　在“混沌态”中寻找管理新秩序

发言嘉宾：杨　杜　彭剑锋　施　炜　王祥伍
苗兆光　陆学彬
策划及主持：尚艳玲

任何一个时代的更替转换都是混沌的，任何一种转型也是混沌且漫长的，混沌是一种常态，接纳它、理解它，不要抗拒它。

混沌而不混乱，有序而不僵化，适度的失控与适度的控制，可能是最好的结构，无论是组织还是管理。混沌是秩序的开始、活力的源泉，企业的最好状态或许就是保持混沌态，容忍一定程度的失控，在其中寻求确定性的技术和规则来支撑，在确定性的成功经验（或者赖以成功的秩序）和不确定性之间、在变与不变之间找到混沌期的突破和持续经营之道。

一、圆桌讨论

（一）为什么既讲“混沌”，又讲秩序

尚艳玲：今天的论坛主题有两个关键词，一个是“混沌”，另一个是“秩序”。毋庸置疑，我们正处于时代的转变中，任何一个时代的更替，都是混沌不清的，就像开车在山路上拐弯，在拐弯的那个时刻，其实是看不见前方道路的，前方有很多不确定性，但又不是完全一无所知，有凭经验和直觉能把控的，也有不能把控的，是谓“混沌”。

正值岁末年初，展望2016年的企业管理，我们是不是只有走进混沌，才能更好地理解混沌、把握混沌？

苗兆光：这两年，互联网迅速发展，在管理圈内，思想上混沌的的确比较多，但去找依据时，又发现在中国的管理发展史上有思想穿透力的并不多。

对于企业来说，我觉得混沌的关键就是我们的管理行为变化了，但思想、理念研究没有跟上，就像互联网上出现了很多社群、社区、众筹等，都是先把人圈起来，至于“圈起来之后怎么去创造价值”这个问题恰恰被忽略了。

所以企业界在对管理上的认知出现了冲突，出现了“回归派”“互联网派”的一些思想碰撞。一方面有人在讲颠覆，觉得原来的经营管理思想已经不适应这个时代的发展了；另一方面有人在强调回归，强调回归到商业本质，回归到管理经典。我觉得，坚守传统商业本质和面对互联网带来的巨大商业成功，这两者之间的冲突产生了管理思想上的混沌。

陆学彬：不仅仅是互联网技术带来了混沌，还有制度、宏观经济形势带来的混沌。在这个阶段，企业家精神是比较低迷的。

如果说管理大厦发生了哪些变化，我认为是地基变了，住的人变了，但大厦没有改变。伴随着发展非常迅速的技术，万物互联以后很多东西被异化，人的需求发生了变化。当人发生了变化，怎样把人（员工）的变化和有价值的产出相结合？劳动和闲暇的时间怎样结合？这是我们要思考的问题。

（二）“混沌”是秩序的开始、活力的源头

彭剑锋：走进混沌，对应地自然是走出混沌。走进混沌，是因为现在中国经济进入混沌期；走出混沌，就是找到了新的出路。如果说进入混沌需要“一束光”的话，那么这束光就是要寻找到新的秩序和规则，也就是要掌握混沌。

杨杜：没错。那么一个企业如何把握从混沌到秩序的状态？第一，有技术撑住自己；第二，内部有管理的秩序，有一套制度促使企业向前走；第三，要有业绩。前两个方面是为业绩服务的。

王祥伍：混沌其实是现实社会的本质。儒家说人本善，实际上是试图找出秩序。人实际上是混沌，既善又恶。所以无论你走不走进去，混沌都是一个现实的状态。在混沌中既要避免混乱产生的耗散，又要在混沌中避免超稳定的结构，没有了创新。

杨老师讲的，实际上是说混沌期有两个关键点，一个是技术，一个是法治，无论是从国家层面还是从企业层面都很必要。技术实际上代表着一种在现有的技术状态下，企业一定要

有一个创造高效率的特定结构，即通过流程、技术体系的构建等现有的技术条件，寻找一种企业能够高效创造价值的结构，否则就无法立足于社会中。

同时还要有制度的积累，制度的积累是达成共识，大家没有共识，就不能合作，即便团队、架构体系再好，大家没有意愿的话就没有动力。

在混沌中，企业一定要寻找某种动态变化的结构。因为企业所面临的环境，技术、人的需求都在不断变化，这几个变量是驱动企业内部变化的最关键的变量。所以企业的内部结构一定在原始变量驱动下不断调整，不断打破原有结构寻找新的结构。

施炜：从哲学层面说，这些混沌，可能只是在大的宏观决策或者机制设计的时候才用得上，在具体的过程中企业用不上。中国企业目前的主要问题并不是理念问题，而是专业化，中国很多企业在很多环节都不专业，过去是野蛮生长，现在需要补课。

中国企业很多问题是微观的、专业的、具体的，比如一个营销理念怎样建立，问题并不混沌。而大的战略决策可能需要混沌态，但企业在成长过程中，战略决策很少是在大节点上发生。

我并不是完全反对混沌，在人的问题上，都是混沌的，比如对自己的太太用什么衡量标准，是一种模糊的感觉。投资也是一种模糊的状态，项目不知道靠不靠谱，人也不知道靠不靠谱，但是必须做出决策，不然等可以看出来的时候已经没有机会了！

我认为，突破混沌，一定要转换观念，用新的模式去做，胆子要大，要学习但丁语录，“在这里一切怯弱都无济于事”。

杨杜：我觉得技术和混沌关系密切。从技术上能够到达什么样的物理边界？人无论如何无法逾越物理边界。太极是天地未开、混沌未分阴阳之前的状态。太极生两仪，两仪生四象，逐渐走向秩序。中国人的思考方式还是好坏、善恶、黑白，佛学《心经》所讲，空即是色，色即是空，所有都是空的时候，就像太极。如果未来人在物理上的发明能达到量子阶段，真不知道技术会把我们改变成什么样子。

彭剑锋：这就是六祖禅师讲的心中无尘。

杨杜：是。我觉得未来我们的企业家，要超越别人，在更高一个层面去看问题，比如去制定规则、制定标准，高通不是卖技术，而是卖协议，是律师在做营销。如果你最先设定了局，这个局就很难攻破。

彭剑锋：混沌是创新和活力的源头，就像人太清醒了，却什么事也干不成，其实有时候需要傻一点、糊涂一点，甚至要乱一点。管理者就是要在混沌中找到秩序，找到规则，找到生存的智慧，但完全消除是不可能的。

有时候，人要“混”一点，做企业要霸气一点，尤其在中国转型时期，要有点野气和混劲，但核心是在“度”，怎么把握这个度，这是一门艺术，也需要一种能力。

混沌之中最需要洞察力、感知力、行动力。缺乏洞察力会容易陷入混沌状态；缺乏感知力会失去敏锐的触觉，一个企业的优秀人才一定要在一线培养感知力；行动力就是认准目标，一扎到底。

我认为混沌很好，需要混沌，有混沌才有创新、才有激情。

(三)企业恰恰要主动营造“混沌态”

王祥伍：我认为，只有在封闭的状态下才追求秩序，开放的社会一般是保持混沌的状态，最佳状态是混沌而不混乱。

苗兆光：混沌是好的状态，但是，第一，在混沌状态中，企业应该怎么应对？第二，企业内部怎么营造自己的混沌状态？

杨杜：第一个问题不用管。第二个是需要主动做的，也是管理者要做的。怎样营造混沌？如果公司很有秩序，可以把它往混沌上引一点，这时的企业状态是最好的，通过混沌可以正向激活组织，管理者作为中间变量、调节变量来掌握其中的度。**适度的混乱、可控的混乱、故意的混乱，是组织的生命力所在。**

(四)如何把握好混沌和秩序之间的“度”

施炜：我认为，所有的问题都是确定性和不确定性的数轴，最左边是不确定的，最右边是确定的。当面临不确定问题的时候，这时是混沌的，比如技术上完全不确定的事情，只能用不确定来应付不确定，实际上就是自组织的一个状态，比如用项目小组的方式去寻找突破；对确定性的问题可以用函数式解决，几乎完全是理性决策；对处于中间地带的问题，只能用两个工具：一是用原则管理，坚持理念，坚持大方向，二是情境管理。但是在这个过程中只有原则、理念，没有方法的话，就是假道学、不接地气了。

彭剑锋：我觉得施老师提的方法论很好，就是从确定到不确定，就像黑与白之间，如何把握。对于“白”的东西，也就是非常明确的事情，就可以科学化管理、标准化管理，要求员工一生只干一件事。

到了中间状态也就是混沌状态，就是要有规则，企业要有自己坚守的东西，企业家只抓方向，一事一议。

但是进入“黑暗期”，要有信念、有勇气。黑暗期靠的就是拼搏精神，野蛮成长，但是要有底线。企业进入黑暗期，不能固守自己那一套，需要颠覆式创新。

施炜：也就是说，什么时候构建混沌的问题？不确定时期，就是构建混沌的时期，打破原有组织结构。

彭剑锋：把旧秩序打破，寻找创新。

施炜：就是打乱仗。

彭剑锋：战役打到白热化的时候就没有班长、连长，两军对垒，狭路相逢勇者胜，那个时候没有指挥，也不知道方向在什么地方，就是死打、死嗑，这个时候确实需要野蛮。

王祥伍：我接着施老师的话补充一下，刚才讲到要有洞察力、行动力，我感觉还有一个力，就是逻辑力。实际上混沌里也有几千年都不变的东西，比如专业化。从有初级市场开始，就有了人类历史上的第一次分工。第一次分工，将农业从畜牧业中分出来，走向专业化。到现在互联网时代，专业化分工还在持续，专业化的分工未来肯定是一个越来越细的趋势。

还有一个趋势，就是分配越来越趋向公正化、平等化。无论环境怎么变，未来人与人之间的关系会越来越平等化。导致内部的分配机制要越来越公正。

专业分工跟工匠精神其实是一个概念。没有专业的分工，就不可能有工匠的技艺；没有工匠精神，就不可能有高品质的产品；没有高品质的产品就不可能满足中产阶级和国际化客户的需求，这都是一脉相承的。

处在混沌的世界中，企业一定要掌握这些永远不会变的关键要素，就是社会会越来越趋于分工专业化、分配公正化。分工的专业化会导致创造价值的效率提高，分配的公正化可以保证凝聚力。

管理一方面是管分工，另一方面是管分配。分配公正化是持续分工的一个前提；分工的状态能不能持续下去非常重要的要素之一就是分配是否公正。分工专业化和分配公正化，这两点几乎不受混沌世界其他变量的影响，企业实际上要把握这两个核心，在混沌状态下前行。

彭剑锋：混沌并不是“一团黑”，未来也并不是完全不可预料。我认为企业界有几件事情可以确定会发生变化：

第一，自组织管理平台会成为趋势。因为从社会组织体系来看就是基于协同，这是不变的，不变的终究是科学管理的最本原的东西，能够提升效率、实现协同的方式就是最佳方式，只是时代会赋予它新的内涵和新的形式。

第二，要变化的是商业模式。互联网打通了生产和消费者个性化需求之间的关系，整个产业生态变化了，商业模式也要改变，劳动组织方式要变。劳动组织方式必须要围绕客户、围绕市场。

第三，要变化的是对人的管理模式。一个企业要腾飞需要两个翅膀，一个是管理，一个是技术创新，这两翼是不变的，即使是“追风”的互联网公司。华为、温氏这两家企业在管理这一点做得最好，就是基于信息化的组织能力，所有的资源、沟通成本降到最低，然后实现组织化作战。另外，在产品、技术创新上，真正好的公司一定是有储备的。

总之，管理和技术是两个不变的要素，但商业模式、市场策略、组织模式一定会发生变化。

（五）混沌是一种常态，要接受它

尚艳玲：那么怎么度过变和不变之间的痛苦磨合期，比如企业在向互联网转型过程中的各种“痛”？

彭剑锋：把混沌看成一种常态，接受它，而不是总是试图黑白两极分明。

其实，很多事情在于坚守，一辈子就干一件事，找到自己的优势，把自己的优势发挥到极致就可以了，然后借用社会资源去完成。我认为现在整个产业生态是要互相融合，要走向合作，要有开放合作双赢的心态，不要封闭。

苗兆光：混沌状态需要感知力、洞察力、应对力。企业内部要有创新能力，要营造一种混沌状态。所谓混沌状态就是，在秩序和混乱之间形成一种中间态，特别有秩序也不行，特别混乱也不行。

有这样一个公司，老板娘极度要求秩序，比如说明年利润要增长 30%，定目标、定预算、定奖励，每一项都有细化指标，严格控制。但是老板认为，不需要开会，不需要预算，我说了算，极其感性。但事实证明，前十年企业在老板手里不赚钱，但是确定了很多机会点，老板娘一当总经理企业很快赚钱了。老板陷入极其的恐惧当中，他觉得没有未来了，虽然抓住了几个赢利机会，但这几个产品卖几年就会越卖越死。如何给他们找到一种中间状态？我觉得要找到所谓的混沌状态。

施炜：苗老师说的是短期目标和长期目标的关系。今天是开了一个题，这个题目并没有确定性的标准答案，但碰撞之后，能启发所有人进一步思考和深入的探讨。

二、主题发言

■ 彭剑锋：经济结构问题是混沌之源

混沌本身是社会常态，是企业的本质，是在黑与白的中间地带。在混沌时期如何做到混而不乱，沌而不愚，这是一门艺术。混而不乱，就是在混沌中有秩序；沌而不愚，就是虽然迟钝一点，但是不愚蠢，实际上方向明确。

正因为产生结构性变化，会产生新旧交替，混沌就是新秩序建立和旧秩序消亡的时期，意味着变革。在新旧交替中如何固守本原，回归本质，做到混而不乱，这是我们要思考的问题。

为什么会感到“混沌”？我认为有三点。

第一，中国经济的本质问题，结构性的深层次矛盾凸显。中国经济、中国企业现在都处于结构转型期的中间状态，就像马拉松，跑到 18 ~ 19 公里是最困难的时候，是体力衰竭、脑子发懵的时候。解决中国经济问题的核心是要结构转型和结构调整，不解决结构性问题，中国经济不可能完成转型。目前企业所面临的混沌，都是来自于结构的不合理，经济结构不合理、产业结构不合理、社会收入分配结构不合理等。要调整经济结构、产业结构、社会收入分配结构，就会对各种利益群体产生直接的影响。混沌是怎么产生的？因为在结构性转型时期，真正进入到了利益的深水区，各种深层次的矛盾开始集中迸发，因此结构调整也面临着巨大的障碍。

第二，我们怎样找到推动中国经济和企业发展的新要素？过去，以制造型企业为代表主要是靠低劳动力成本优势，还有靠所谓的商业模式创新，靠各种“风口”，尤其是在中国的互联网经济时代。除了这些，我们并没有找到驱动中国经济转型升级的新要素。尽管顶层理论提出，中国经济新的驱动要素是“技术创新、人才驱动”，但要真正实现是一个长期的、痛苦的过程。

技术创新谈何容易？华为为技术创新投入了3000多亿元，为管理提升投入300多亿元，才创造出今天的辉煌。不仅是技术，企业管理能力的晋阶，中国人才价格提升等，都需要高成本的投入。所以提“技术创新、人才驱动”，是有前提条件的，很多尚处于生存期的企业可能根本没有这个能力。

同时，中国现在正面临低劳动力成本优势的衰退，面临战略转型的问题，要寻找新的驱动要素，这是一个难点。

第三，企业制度环境的约束。中国社会还残留着一些体制上的“官本位”没有被打破。宏观上看，政府某些权力过大、一些国企垄断经营，而民营企业的社会地位有待提高。

像我们一些国企干部，怕担责任、出问题，以逸待劳、消极怠工，少投入、不作为、混日子、保位子，不肯推动企业发展与变革，等等。国企面临很多问题，但最大的问题就是动力机制不够，创业创新活力不足，民营企业家的动力机制也有衰退迹象。

中国经济的结构性矛盾凸显以后，制度层面对企业的约束也凸显，整个社会的动力源泉显得后劲不足。政府从理念上提出结构转型、要素升级、制度变迁，可以说从宏观层面把握得非常准确，但问题是在操作层面上还存在很多困难。比如如何通过机制创新使大家保持持续的奋斗精神等深层次问题，这就是混沌之所在。大家都很迷茫，都被迫走进了混沌，就像在雾霾中看不到前路。走出混沌，需要企业主动寻求方法。

杨杜：走进“混沌”

我们该怎么理解混沌这个概念？华为有个故事。有一次，我们在华为开会，会议室大概容纳 30～40 人，争吵得一片混乱。我说：“任总，这不是混乱，这是混沌。”任总看了看我说：“嗯，是混沌。”

华为是在营造一种混沌状态，为什么？

（一）混沌导致耗散，耗散产生活力

究竟什么是混沌。说话是混沌的，写成文字是秩序；“网”（互联网）是混沌，“链条”（供应链、价值链等）是秩序；思考是混沌的，表述是秩序的；搞经营是混沌，抓管理是秩序。

混沌是用来创新的，秩序是用来实现效率的。混沌期有利于创新，但不产生效率，创新之后需要秩序。美国、日本企业的成功率是 8%，为什么很多创新型企业会倒闭？就是秩序不行。

混沌本身是个哲学概念。混沌和秩序之间，有什么样的中间状态和桥梁？

混沌和秩序，讲的全是结构问题，是互相动起来的结构。

其中有两个核心概念。第一，自组织，自组织就是个混沌状态；第二，耗散结构，比如从水到气的中间过程中，既不是气态，也不是液态，而是中间状态，这就是耗散结构，这就是混沌。

企业组织中，需要有混沌和秩序的结构。就像水与气的中间地带，往水这边也可以，往气这边也可以，在混沌与秩序间进行调整和把握，这个调整与管理，需要管理者的敏锐性。

混沌和秩序的结构性问题是为了让组织保持一种活力和动态。组织内既不能无限忠诚，也不能让奋斗者都死掉。这个中间状态意味着什么呢？从哲学上来讲，是领导者能容忍组织里明显的两个矛盾共存，既要将落后的10%干掉，又要让前边的20%持续优秀，余下那70%跟着你跑。鼓励谁、干掉谁，这就是在调整结构性，让组织产生动力。

（二）华为通过制造混沌激发组织活力

华为的做法，就是制造混沌，而不是创造秩序，正因为有了混沌，才有了动力，才有15万人在市场上冲杀。如果慢慢变成秩序，这个“熵”就会被破坏掉，就会产生“负熵”。

走进混沌，不如说是创造混沌与秩序的结构，走向秩序又不断打破秩序，是不断往秩序走的过程。这个世界的“道”，其规律是往无序走，然后死掉，一切静止。一个组织，当你不管它的时候，就像一个破土墙搁在沙漠里，多少年之后，在沙漠里肯定就看不见了。有一本书叫作《向死而生》，本来就要死，为什么又要向死而生呢？就是对企业生命进行管理，让企业活得更久一点。**所谓管理得当，就是在不断的混沌中来寻找秩序，但是又不能破坏混沌的状态。**

如果没有混沌与秩序的结构，你的企业怎么会是一个有活力的组织呢？好的组织就是一个开放和交换的系统。

为什么优秀的人才会聚集在华为？因为华为就是在做耗散结构，尤其是不能让员工进入一个很有秩序，能够预见自己明年、后年能挣多少钱的状态。当一个人的目标可计算、可预估，也就是有秩序的时候，是不能产生激励效果的。所以，企业必须创造一种让你充满希望，但是算不清楚的混沌状态。

华为的厉害之处在于，虽然业绩非常好，员工责任心也非常强，但还是会淘汰。有的公司是什么都不成，还拼命往里面拉人，这种创造秩序，其实是错的。华为是在创造混沌，而不是创造秩序。创造秩序，是顺应大自然的有序化，只会加速死亡。所以，任正非真的是一个革命家和创新家，他在试图打乱某个东西来适应自然淘汰的规律，这就是混沌。

正如华为自己所说，华为不依赖技术，不依赖人才，不依赖资金，什么都不依赖，但是最后，这些又都来了，因为它通过这样一个耗散结构，选择了一大批优秀的人才。

（三）掌握混沌结构，避免混乱

产品有结构，业务有结构，地域有结构，分配和价值创造一样有结构，这个结构必须适度混沌，但还要能控制住，不可控制的叫作混乱。

这个状态，很多企业不清楚。一些企业老板经常会认为“既要往这走，又要往那走”，“既要做这个又要兼顾那个”，从一个企业的语言结构就可以了解其思维结构，了解这种思维结构是不是具备活力和张力。

走进混沌，是要改变原来的结构，产生更高层的秩序，通过混沌来创新，在系统的边缘，产生一个新的秩序，在不影响原来系统的前提下进行“革命”，然后慢慢演化成整个系统的、渐进式的变化，这是耗散的张力在改变。

要混沌但不要混乱，就是说企业也要找到自己的底线。有了这个底线，改变制度、体系都可以，只要不改变这个游戏规则。固守底线，就不需要任何问题都梳理得特别清楚，不需要将每个问题都一并解决掉，有很多问题，你不解决它，最后也就自然而然解决掉了。

在这样一个世界中，企业如何寻找发展的支撑点呢？

第一，企业必须找到可支撑的技术，这是混沌结构的一个重要支撑点。

第二，是法律和规则，或者叫制度，内部要有管理的秩序，要有透明的游戏规则促进企业向前走。

第三，要有业绩。前两个方面是为业绩服务的。

苗兆光：保持企业的适度混沌

混沌到底是一种什么状态？可不可以被描述出来？既然混沌是一种好的状态，企业如何营造出“混沌状态”？混沌能否被管理？如何管理？

（一）寻找企业内营造混沌的场景

场景一：奇虎 360 在斯巴达方阵文化与足球文化之间的选择。

笔者在奇虎 360 做顾问期间，亲历了奇虎 360 高管之间关于营造何种文化的讨论：一部分高管认为应该建立“斯巴达方阵式的文化”，斯巴达方阵是古希腊军队惯常采用的一种战法，核心是摆脱个人的单打独斗，代之以有组织的集团战斗，在任何情况下都要保持队形紧密，步调一致，要求参与者具有较高战术素养，需要长时间的队列训练才能做到；而另一部分高管则认为，应该提倡“足球文化”，既要能保持基本队形，又要能根据场上变化灵活机动，场上每个人都要根据足球的落点灵活跑位，也要根据别人的位置及时补位，决不能死守阵型。周鸿祎是个极讨厌秩序的人，他认为虽然斯巴达方阵可以做到锐不可当，但机动性太差，竞争发生改变时，很难及时调整，满足不了互联网行业快速的变化节奏和对创新的要求，最终奇虎360选择营造一种“足球文化”的氛围。

场景二：一家上市公司两位创始人之间的治企理念的分歧。

W公司是一家在上海证交所上市的公司，经营状态良好，但两位创始人董事长和总经理之间一直分歧不断，董事长有很高的人文素养，做事喜欢大开大合，对外强调开疆辟土，对内强调大胆用人，不喜欢遵守成法，厌恶规则和程序；而总经理则是典型的工科思维，做事强调逻辑，对外强调谨慎辨识机会，对内强调程序和规则。企业在初创期时，董事长一度身兼两职，带领企业进入了多个有前景的细分市场，虽然企业成长势头不错，但一直没有产生现实的业绩，销售增长和盈利都平平。现任总经理接管运营后，在运营管理上狠下功夫，建立起严格的运营秩序，很快将前些年积累起来的“势”转化为现实的业绩。而几年下来，隐藏的危机也逐渐显现：在新业务布局上没有起色，看不到未来的增长点。于是，在W公司的两位创始人之间，又陷入了两种管理风格孰优孰劣的争论之中。

事实上，在奇虎360的案例里，从“斯巴达方阵式的文化”到“足球文化”，周鸿祎选择的是在“高秩序”注入适度的混沌；而在W公司的案例里，董事长强调的是混沌，总经理则是强调秩序，两者需要统一事业理论，建立“秩序中的适度混沌”。

（二）混沌和秩序溯源

1. 凯文·凯利：混沌是群脑思考时代的常态

凯文·凯利在《失控》一书中描述了这样一个场景：网络的影响正在增加，各种物理力量将在互相影响中创造结果，人类思考问题的方法，也从个体思考时代（单机时代）进入到群脑思考时代（联机时代），人类的大脑已经被史无前例地连接起来，商业与文化、科学与人文的边界变得越来越模糊和难以捉摸，个体面对的问题越来越复杂，世界也越来越混沌和难以预测。

在群脑思考时代，无论是企业内部还是企业之间，都很难建立起集中控制式的秩序，而必须采用分布式的协同或相互影响，用低级和碎片化的创造集成为共同的进化。

2. 迪伊·霍克：最基本的组织原则应该介于秩序和混沌之间

维萨（Visa）的创始人迪伊·霍克在其自传式管理著作《混序》一书中，提出“混序”的概念，他认为秩序是建立在“分离”思维下的一种状态，分离的思维将“心与身、因与果、人与自然、竞争与合作、你和我”等截然分离，在对立的思维下建立规则，这本身就是西方文化的一个巨大谬误，是工业时代的缩影，在学习和特定科学方法中有用，而涉及理解与智慧时则在根本上存在缺陷。迪伊·霍克进一步认为，自然界最基本的组织原则，既不是模糊不清、毫无章法可循的混沌，也不是以控制为中心的秩序，而是基于混沌与有序之间、将混沌与秩序和谐融合的“混序”。

迪伊·霍克在此基础上创立了维萨。在创立之初，迪伊·霍克便致力于打破原来的秩序，要求维萨的实际控制人美国银行放弃对维萨的控制权，并且在新的组织结构中不再保留凌驾于其他部分之上的权力机构，而是将维萨建立在由会员自由制定的规则之上。维萨的组织非常透明，其会员、合作单位和终端客户均在透明的规则下提供服务和被服务，维萨内部存在多个类似于董事会的机构，但没有一个是其他机构的上级或下属，而每个机构在各自的地域或功能领域，具有不可改变的权威和自主权。在维萨内部，每个部分都不知道整体，整体也不知道所有的部分，而且完全无此必要，整个整体就是一个有机的“混序”组织，就像海洋或生态系统一样，具有很强的自我调节能力。

正是这种“混序”组织形式，帮助维萨成为世界上最大的商业组织，其营业额超过沃尔玛的10倍，客户数超过全世界人口的1/6。

（三）如何在企业内构建适度混沌的秩序

1. 任正非：建立耗散结构，用不断打破平衡保持活力

受热力学第二定律影响，任正非认为公司推行的管理结构应该是一个耗散结构，应该将企业内部的能量尽快耗散掉，通过耗散，使企业获得新生。比如忠诚度，对企业来说，绝对是正能量，但忠诚度高的员工在公司时间久了、地位高了，公司

付出的成本也会大大增加，企业也未必能持续。因此，企业必须把用金钱换来的对公司的热爱耗散掉，用奋斗者、用流程优化来巩固，奋斗者是先付出后得到，而不是先得到再忠诚。华为正是用这种办法，在稳定和不稳定、平衡和不平衡之间交替变革，不断激发新的能量，以保持公司的活力。

与华为相似，哈尔斯是一家在深交所挂牌的上市公司，68岁的创始人吕强先生就极善于打破固有的结构和秩序来促进企业的活力。

2. 建立开放、包容的文化

美国人詹姆斯·柯林斯、杰里·波拉斯研究了数十家卓越的企业之后，得出结论：真正优秀的公司总是拥有极度开放和包容的文化，从不用“非此即彼”来框限自己，而是用兼容并蓄的方法让自己跳出“二分法”的困境，能够同时拥抱若干层面的两个极端。比如真正好的公司从不在短期和长期之间寻求平衡，而是追求短期和长期都有优异表现；不只是在保持严谨的现状和刺激勇猛的变革之间保持平衡，而是两方面都淋漓尽致。

IBM 就是这方面的实践者，IBM 一向以“尊重个人、精益求精、服务顾客”三大核心价值观著称，以严谨得近乎刻板示人，一切按程序办事在 IBM 几乎是铁打的规矩，但 IBM 仍然容许在局部保持自由开放的文化，允许年轻员工保持不合成规的风格，以此来保持企业文化的鲜活，即便是在以严苛著称的创始人老沃森时代，这种包容性仍然存在。

3. 在成熟业务上强调秩序，在创新业务上保持混沌

没有一项业务能做到长盛不衰，每项业务都要经历培育、成长、成熟、衰退的过程。对于成熟业务来说，企业已经积累

了丰厚的经验和知识，获得了一定的市场地位，稳定的市场份额和忠诚的顾客群，市场容量和竞争格局也相对稳定，这类业务经营的核心是提高效率，在管理上也应强调秩序。而对新业务来说，企业必须在技术、商业模式等方面做出探索，经验和知识的积累都远远不够，管理上必须保持足够的灵活与混沌，允许实际操作人员在工作中去试错。

讨论二　经营与管理，剑柄合一，方成利器

嘉宾：彭剑锋　苗兆光　陈　明　李志华
特邀主持：李志华
策划及主持：尚艳玲

经营与管理，正如彭剑锋教授所说，在理念层面上，两者不应该分开阐述，因为它本来是一体两面、阴阳两极。但在实践中，又的确处处存在管理过度或者淡化管理的情况。在企业实践中，究竟存在哪些认识误区？如何正确理解经营和管理的关系，又如何把握好两者的统合和平衡？经营思维下，管理是成本还是资本，是能力还是资源？

第七期“华夏智库3+1论坛”专题讨论了基于实践层面的经营与管理。

一、圆桌讨论

（一）“经营与管理的关系”是个伪命题？

李志华（主持人）：今天讨论的是一个老话题，这个老话题在中国经济下行的情况下很多企业会提，如有的公司高管总是讲公司管理比较混乱、比较差，从而影响了企业经营情况，但是有的公司高管又在抱怨管理过度影响经营效益，所谓的光革命不生产。所以，经营和管理到底是什么样的关系？经营与管理各自扮演着什么样的角色，在企业不同的发展时期又该如何匹配？今天我们就针对这个话题进行研讨。

首先请大家谈谈目前的管理和经营是什么关系，以及在企业管理中管理和经营中有哪些失衡的现象。

陈明：经营与管理的关系通常有一个说法，即：经营更关注效益，管理更关注效率和成本；经营是机会导向，更强调价值最大化，管理更多是讲产出，固定的投入怎么能够最小化。企业发展过程有一个先后顺序，我们认为经营发展的过程一定能带动管理的逐步完善，管理在这个过程中是一个托举者。现实当中，管理过度会产生内耗，很多工作创造不了价值，反而不利于企业的经营发展。所以，管理一定是伴随着经营而逐步完善的，不能一蹴而就，也不能过度。

李志华：我理解陈明老师谈到的经营是效益、管理是效率。从苗老师的工作经验来讲，您怎么看待经营与管理？

苗兆光：把经营和管理说成是两回事，我从心里并不认可。后来发现任正非把两者分开了，而且彭剑锋老师、陈春花老师也在分，既然已成惯例，恐怕不分也不行。

在西方的管理学著作中，经营和管理并没有分开研究，但是这两个概念是在的。西方管理学有两个分支，一个是研究企业理论。比如德鲁克的书，管理中第一部研究的是企业理论。企业为什么而活着，生存使命是什么，在社会上怎么发挥功能，怎么经营顾客，由此讲到营销的职能，再往下走是研究文化、宗旨使命、战略、市场营销、商业模式。还有一个分支研究管理理论。如德鲁克的第二部、第三部著作中讲到的管理。把关于企业的理论作为管理理论的分支来对待，所谓的战略、市场营销说的是经营。

在日本则是讲经营，本田宗一郎、松下幸之助被称为经营大师、经营之神。日本人写的传记、讲的事，基本都是讲企业之道，关于企业怎么发展，经营就是生意的逻辑，很少涉及管理。

真正严格上把经营和管理两个概念区分开的是中国人，我的理解是经营是在讲企业为什么活着，管理讲的是怎么活得更有质量、怎么活得更好。

彭剑锋：其他国家是很少把经营和管理分开的，换句话说，经营和管理的区别本身是一个伪命题。从中国传统文化来讲，它也是阴阳两极、一体两面，所以正如苗老师刚才所说的，在美国、日本的理论中其实是融为一体的。**离开管理谈经营，不存在经营；离开经营谈管理，也不存在管理。**

但我们为什么又习惯于分开呢？我觉得还是受阴阳文化的影响、八卦文化的影响，因为在中国人的思维中二分法占有重要一席，凡事习惯一分为二地看。而经营和管理在操作层面上，在思维的着力点上也可以分开来，**我们很容易界定出什么**

叫经营，什么叫管理，尤其在操作层面上。

经营就像太极中的阳面一样，它需要茁壮成长，求机会、求发展。要思考我是谁，我为什么活着，我的存在价值是什么，依据这种价值的确立思考商业模式是什么、发展路径是什么，**所以，经营追求的是机会的获取，更多的是从价值观、战略、商业模式层面上思考企业的问题。所以，它是有张力的，要解决这些命题，企业首先需要有活力。**

管理就是阴面，阴是收敛的、理性的。**经营更多的是要讲价值最大化、规模最大化，不断地求发展。而管理讲究投入多少、产出多少，是投入产出法则，用最小的投入获得最大的价值。**所以管理首先体现的是制度、流程。管理强调规则和秩序，强调不能逾规，这样使整个组织变得更理性、成本最低。

管理要解决的是核心能力的问题，我靠什么比别人成本更低、性价比更高。要做到这一点就要节省成本，做到品质稳定、有秩序、有规则，制度就是冷冰冰的。**而经营要理解人性、了解人性，更多的是从人性层面来做。**管理更多的是把人当工具，但到了经营层面就是目的，因为企业的目的是使人活得更好、价值创造力更大，调动人的内在潜能。但到了管理方面，你在这个岗位上该干什么就得遵守规则，使得投入产出成本最低。管理的核心是效率优先，经营的核心是效益优先。

虽然本质上就是阴阳两面，但从**一个企业的成长来讲，在经营和管理之间，在企业不同的发展阶段侧重点是不一样的。**美国的企业为什么强大？美国人更关注战略、价值观、使命层面的东西，所以美国的企业经营大于管理，更强调商业模式创新，强调战略、强调顺应大势。迈克尔·波特曾说，“日本是一个没有战略的国家”，意思是日本人的思维是产业不重要、行业不重要，重要的是产品性价比更高，成本更低，我只要做的比你优秀就好。也就是说，日本人不太注重战略层面的东西，更注重的是管理精细化、精益化。所以很多管理的理论基本上来自于日本，但是战略和商业模式基本上都来自于美国。

那么，在企业的不同成长阶段也是会对经营和管理有所侧重，按照施老师炜提出来的“企业成长五个阶段”（本书第二篇的第一、二节提到，施炜老师提出企业成长要经历五个阶段，分别是：创业阶段、机会成长阶段、系统成长阶段、分蘖成长阶段、整合成长阶段）来说：

创业时期就是先活下来再说，根本不用谈管理，创业时期只是把大的游戏规则定下来就可以了。

机会成长阶段也是经营优先。华为在 1996 年、1997 年的时候，是不计成本、不计代价抓经营的，当时内部的规定是，能坐飞机必须坐飞机、能住五星级酒店必须住五星级酒店，不允许省钱。为什么要这样？因为你还没有品牌，但你要扩张，就要不计代价地提高效率，抓住一切机会。发展到今天，华为内部称要“节省每一张纸”，经营要靠管理促，因为华为已经有十几万人了，每个人每天节约 1 块钱就是十几万元。

系统成长阶段企业就需要管理了，需要讲规则、讲秩序、讲理性，否则组织能力就形成不了。也就是说，机会成长阶段，企业以经营为主、管理为辅，到了系统成长阶段，经营和管理就要开始平衡了。但是，这并不等于管理要排在第一位，我认为企业始终是由经营托起的，企业始终是阳面的，是要始终充满活力的。

分蘖成长阶段，经营又很重要了，因为管理管得太死，又没有活力了，所以分蘖成长又需要经营主导，寻找新的利润增长点。

到了整合成长阶段就又要抓管理，要建立公共管理平台和资源共享系统。

所以，经营重要还是管理重要，就是阴阳八卦的调整，在不断相互促进的过程有所偏重。华为在1999—2004年就是抓管理，强化流程化管理、制度化管理、组织化建设，在管理上下了很大的功夫，才使得经营不跑偏。那时候任正非最有名的理论是：企业在高速成长过程中管理的链条被拉断了，就带动不了整列车，组织能力就起不来，组织能力起不来就是人治，老板就累。

我认为，任正非的伟大就在于他打造了一个伟大的组织，同时又保持了企业家的危机意识、自我批判精神，没有犯方向性的错误，管理这辆列车就把整个组织拉动了起来，火车头能带动整部列车。

在我看来，企业最重要的是经营而不是管理。我认为商业模式、活力最重要，有活力，商业模式准确了，顺应了大势，企业乱一点都没关系。

企业需要不断地开拓新市场，所以经营需要有创新思维，需要有企业家精神，而管理是需要职业经理人。所以，企业家更多的是抓经营，职业经理人更多的是回归到管理。

（二）管理是经营衍生的命题

李志华：彭老师用阴阳文化把经营和管理的关系诠释得非常清晰。反过来我们再思考一下，因为企业发展的阶段不同，企业的管理是适度还是过度，很多人把握不了。所以，基于中国企业的现状，怎么把尺子准确插在经营与管理这个阴阳两面的缝上，以使企业的经营管理行为都能发挥最大的效益呢?

苗兆光：我理解，**管理是经营衍生的命题，生意应该怎么做，管理应该做什么是由经营带出来的。**经营要求管理简单的时候就需要简单，经营要求管理复杂的时候就需要复杂。**从经营产生的时候，就产生了管理，只是随着经营命题的深入，随之就带出了管理命题。**

西方的管理是随着企业成长的复杂程度而来的，时代变了，企业遇到的经营越来越复杂，管理伴随着企业的成长。在大规模的企业没有产生的时候，一定没有矩阵式的复杂结构，企业开始变革了，变革的管理也就出来了。

《福特传》中，福特开始做汽车的时候，发现因为价格高汽车卖不出去，想把价格降下来，必须控制成本，而要想控制成本，必须用大规模生产的方式。当大规模生产方式出现了，价格成本也降下来了。所以顺序一定是：经营问题想清楚了，才开始在管理上想事情。比如说要采取大规模的生产方式，就要求工程部门一定要把一台复杂的汽车肢解成一个个简单的动作，需要人力资源管理政策上开始推出每天 5 美元的工作制，要求对工人进行管理。福特的管理就是由当时的经营命题衍生出来的。

日本也是这样。日本人早期生产的产品也是低端货的代名词，日本人觉得，如果我要改变“低端产品的代名词”这个形象，那我的产业工人就得稳定下来。中国的产品质量为什么难以提高？跟产业工人以农民为主是有关系的，家里收麦子了，我就得回去，哪个企业给得钱多我就过去，产业工人不稳定，质量就不稳定。日本企业随着经营的需要，就实行了终身雇佣制的管理。

在中国出现了一个比较特殊的情况。20 世纪 90 年代时，中国企业正在全面兴起，而源自西方的企业管理学已经发展了 40 多年，管理的各个学派、工具方法全都出来了，我们就直接拿过来用了，但我们跟西方管理学产生的背景并没有同步。大量的伪职业经理人，就是那些管理院校出来并没有管理实践的人就在市场上产生了，由他们来解释这些方法、工具。而中国企业早期的创始人、老板很多并没有经过管理学的训练，他们并不懂那些理论。这时，企业里的“两张皮”就产生了。

现实中大量存在“两张皮”的情况：企业家认为管理是有用的，但是他发现管理跟经营在现实中又常常是脱节的，于是就变成了老板去抓经营，让经理人去做管理。其实，**我们只需要回到经营的本身，管理命题就自动衍生出来了。**

我去企业的时候，就告诉他首先你的经营责任要下移，管理人员必须承担起经营责任，他必须在经营上做事情，再去抓管理。我的理解是，**管理人员要把经营活动本身承担起来，管理活动必须由经营命题衍生出来。**

彭剑锋：苗老师讲的跟我前面讲的也不矛盾。正常的情况是：战略确定下来以后，组织就要服务于战略。关键是现在的情况是，战略和组织是脱节的，不是服务于战略的。**管理最终服务于经营目标，但问题是到了实际的操作层面，大家没有这么缜密的逻辑，就出现了很多企业家只顾经营、不顾管理，或者是只顾抓管理，忽视战略和新的发展机遇。**像海尔，相对于管理创新，它的商业模式创新可能就弱一些。而美的是哪有什么管理，就是搞经营，天天琢磨商业模式，经营活动都是围绕着完成绩效目标进行的。

经营和管理是一体化的，要么是上半身，要么是下半身，正常的情况肯定是上半身指挥下半身，经营就是大脑，管理就是四肢。中国企业为什么有“残疾”？因为中国的情况是有时候不需要大脑照样能活下去，所以中国绝大多数企业在某种意义上还是机会导向，不是组织导向、管理导向。所以，我一开始说经营和管理是一个伪命题，从理念上来说，它是不应该分开，但现实情况却又经常被分开，这时就产生了谁听谁的、谁服从谁的问题。

经营和管理其实应该是相互适应、相互服从的。很多时候，管理确实是会牺牲短期的成长、内部活力，因为你要改变人的很多习惯，要按制度、按流程办事，所以管理过度，确实是会牺牲效益。

我认为，在中国目前来讲，绝大多数企业经营仍然是核心，发展是最重要的。如果硬要把两者拆开来讲的话，经营是阳面、是主流，管理是服从于经营目标的，管理是为了使经营更具有成长性、更具有竞争力。但从企业的发展来讲，又要考虑到管理能不能跟上，如果管理跟不上、人才跟不上，那就得停下来，发展速度不能这么快。就跟中国的 GDP 一样，发展到现在不可持续了，就得慢下来、稳一稳。

李志华：我简单做一个总结，所谓经营和管理如何配套把握，第一是根据企业规模的大小；第二是考虑资源多少的问题；第三是考虑大的环境；第四是不同的发展阶段有不同的考虑；第五考虑到可持续性，长久生存的问题。

（三）以经营为导向的管理是成本吗？

尚艳玲：经营和管理孰先孰后、孰轻孰重，如何把握两者之间的“度”，虽然在理念层面可以说它是个伪命题，但在现实层面又的确存在“两张皮”的情况。那么，我们在实践中应该把什么东西作为管理行为全过程的准绳？把什么作为管理的出发点和目的？也就是说，应该怎么样紧扣经营抓管理？

实践中的管理过度现象。

案例一：A 公司，董事长提出需要加强战略管理能力，因此专门成立了战略管理部门，这个部门编制五人，每天研究战略管理新理论，并制定了五年愿景和发展规划，但是这个规划完全停留在宏观层面，根本没有实现落地，董事长也纳闷，战略为什么没有实现落地呢？这个战略管理部门需要设置吗？

案例二：B 公司，总经理认为要加强员工考勤管理，买了考勤机，但是发现员工热衷找人代打卡，于是考勤机换成顶级的虹膜人脸识别考勤机，另外由于增加了考勤管理职能，就必须增加员工进行考勤管理和统计，考勤问题终于得到了落实。但是员工的工作效率依然没有得到任何改善，总经理思考是不是应该上监控器来监督员工日常工作？

案例三：C 公司，人力资源部门喜欢研究各种管理模型，他们和各家咨询公司合作，完成了学习路径法、学习地图、素质模型的设计，他们天天在集团总部搞研究，大门不出二门不迈，制定了很多文档和制度，体系好像搭建起来了，人力资源管理实现成功了吗？

案例四：D 公司，总经理看到华为和通用汽车好像实践事业部组织结构效果不错，于是心里发痒，把组织结构从职能型变成了事业部，并任命了几个事业部总经理，但是这些事业部总经理都是生产制造导向，他们关心的是产能问题和产品质量问题，没有一个人愿意见客户和跑市场，公司业绩变革前后没有发生任何变化，事业部挂羊头卖狗肉，本质还是生产中心。那么，组织变革到底变什么呢？

彭剑锋：所谓紧扣经营抓管理是说管理要有目的性，不能毫无目的地抓管理。如果背离了经营，管理就是无效的，没有了目的，就是在浪费资源，这是管理的本质。管理肯定要服务于经营、服务于战略、服务于企业的发展目标，服务于企业的成长。

尚艳玲：那么，管理在企业当中是一项成本吗？

彭剑锋：如果跟经营紧扣就不是成本，否则就是成本。因为管理支撑了发展就会增加效益，这就不是成本，如果为了管理而管理就是增加成本。

陈明：管理是为未来配置资源，那就不是成本了。

彭剑锋：背离了经营的目标，肯定是成本了。从财务报表来看，很重要的一项就是管理费用。

陈明：举个例子，有一家企业管理非常混乱，成本非常高。实际上这是一个表象，你仔细看了以后，会发现这家企业的产品很多年没有创新了，表现出来的是管理成本非常高。我就跟这个老板说，你的产品多少年都没有创新了，没有新产品打入市场，是经营不行了。**表面上是管理的问题，实际上根子还在经营上，因为你的产品没有创新，现在竞争压力很大，成本很高。**

另外，刚才讲到了要把握管理的度，也不能一蹴而就，变革时代，如果没有增量的话变革是很难的，变革需要花很多的成本。所以企业上坡的时候，即经济增长快的时候搞管理、搞变革都好办。而且，在现实当中，变革必须是缓慢的过程，不能太激烈，当体积很大的时候，加速度就很慢，包括中国的改革也是这样，太着急就会出问题。

很多时候，管理出问题了只是表象，实质上还是经营出了问题。从这个角度再去看待管理和经营，看待管理过程，就能找到准绳了。

（四）管理是投资、是资源，也是软实力

李志华：大家的观点基本上是一致的，经营是根本和方向，管理要跟经营匹配，匹配经营的管理才是有效的管理。中国的民营企业家大多是搞经营出身的，对管理有些淡化，而很多国有企业的企业家又是搞管理出身的，对经营的理解可能不太一样。那么，对于不同背景、不同行业，处于不同发展阶段的企业，各位会给他们提供哪些建议，能够使管理为经营服务，使企业的效益越来越好？

1. 经营是从0到1，管理是从1到100

彭剑锋：首先，**要真正把内部管理提升作为软实力，要舍得投钱，舍得投入**。不能光把管理当成成本，这种投入是有价值的、有回报的，但是是看不见、摸不着的。中国很多企业现在的问题是大家都喜欢买土地、买机器设备，但是不舍得在人才和管理上投入。

如果说给企业建议，首先还是从观念上需要改变，就像人才投入，不要嫌人才贵，花了高价钱请来的人只要能创造价值，他就是最便宜的人才。管理能服务于经营目的，这种投入就一定是有价值的，一定能转换成经营能力。有些管理行为变成了经营的突破能力，有些经营的行为既在约束管理、规范管理，又在牵引管理、引导管理。所以，两者之间是相辅相

成的。

其次，一定要清楚管理不是追时髦、赶时尚。实质上，管理是积累和沉淀，是持续改善，管理的创新是70%的积累+30%的创新，强调的是最优实践的总结经验，强调迭代创新、持续改善。**商业模式可以走到尽头，管理没有尽头，因为它本身就是一个持续改善、不断优化、不断迭代创新的过程。**所以管理还要回归到科学管理，这是管理的基础。科学管理就是最优化、简单化、规范化、标准化、可复制，现在所谓数据化、智能化也是建立在科学化的基础上。所以管理不能赶时髦，它是实实在在的投入，需要每个员工、每个管理人员去践行，需要一点点地积累。

苗兆光：我非常同意彭老师的一句话，"管理是投资"。我把中国的股市定义为投机平台，就是因为中国缺乏持续经营的企业。中国老板不缺经营，中国企业在商业模式上的探索都是很有智慧的，但恰恰是因为没有管理，企业变得不可持续，就丧失了长期投资价值。

管理本身是引导企业持续规范的。很多投资人去考察企业的时候我们也跟着去，在看同一个企业时，我们的着眼点和思考就会不一样。我们会想，这个创新在研发上怎么实现？在资源上怎么实现？但是投资公司只看资源，认为这个公司有投资价值了在管理中就能实现这个价值。但是就短期而言，我认为中国企业在生意上是长项，在实现价值方面还是短板。

彭剑锋：我理解你说的是，中国人从0到1可以，从1到100就不行了。

苗兆光：大多数老板在生意上想到了，如果在管理上能做好的话，中国会产生更好的企业。

彭剑锋：对，中国很多企业都是靠商业模式创新，但是管理确实很乱。前几天我们去了一家非常知名的互联网公司，发现就管理而言它跟华为比可以说是天壤之别，但是它也在赚钱，也发展得很好，它们是以高速增长化解了管理问题。但是，它毕竟只有十几年的生存史，如果这家企业要持续发展，要做成一个伟大的企业，就必须有自我变革精神，不断地去强化管理，如果管理做不好、跟不上，那它可能只是草莽英雄。所以，我认为经营永远只能解决 99 分的问题，差的那一度，就是水烧不烧得开，是要靠管理的。

2. 管理是投资，也是一种资源

苗兆光：作为管理活动来讲，管理是成本，作为企业发展来讲，管理是投资。比如彭老师说华夏基石没管理，华夏基石不是没管理，只是咱们把管理的成本降低了。彭老师拿到一个项目，把这个项目给了李志华，就等于把经营活动给了他，他完成得好，下一次还有项目，完成得不好，下一次项目就换人了。在这个过程当中，评价、分配资源的原则都有了。

彭剑锋：概括得非常好。管理从它本身、从财务的角度来讲，确实是成本，但是从成长、经营的角度讲就是投资。你对管理投入的越多，越能产生价值，软实力越强，能使企业跑得更远。**管理是提高了企业的耐力，经营是提高企业的速度、活力。**

苗兆光：同样是投资，华为说要做手机就做起来了，为什么有的企业就做不起来？华为在做手机方面有什么资源？你说华为有研发能力，但是它那些技术跟手机技术是没关系的。所以，**如果有了能力，管理本身就是一种资源。**

彭剑锋：对，管理既是投资，也是一种资源。华为最重要的是有人才，要进入新领域，大量的人才马上就可以转化过来。华为在战略上、经营上一旦看准了，资源就追加上来了。三星在4年前就跟我探讨说，他们在中国的竞争对手是华为而不是小米。我当时问他们，你们怎么认为最大的竞争对手是华为呢？他们回答：第一，华为有技术背景，小米没有技术背景；第二，华为的文化很可怕，这种“狼性”很可怕；第三，任正非的战略思维非常聚焦，一旦看准了会不顾一切，把所有的资源配置过来一定会做起来。

苗兆光：把经营变成管理原则，把经营内生的管理原则做起来、落实好。绝大多数情况下，企业之所以经营不好是因为错误的管理。很多时候管理出现认知或行为误区，就是因为脱离了经营搞管理活动，本身就是错误的事情。我们不是管理不够，而是缺乏对的管理，企业要做大、走远，还是要下功夫去做对的管理。

3. 经营是保持活力，管理是培养耐力

彭剑锋：在中国做得比较成功的企业，管理水平也相对比较高，比如万科、万达、华为、联想、海尔等。完全没有管理的企业都活不长，**所以管理是解决持续发展的问题，耐力的问题；经营解决的是活力、激情的问题。**

做好管理其实最难，第一要付出，第二需要持续改善。从人性的角度来讲，经营是张扬人的优点、潜能，管理是约束人的弱点、缺点。所以管理有时候让人讨厌。但管理就需要冷冰冰、六亲不认，因为这是原则，这是经营规则。管理原则要有普适价值，但经营是靠创新，因为再好的经营模式做到一定程度就消亡了。经营需要个性化，管理需要标准化。华为在这一点上就很聪明，在管理上照抄照搬先进管理原则，讲究先僵化、固化，再优化，就是老老实实地学，老老实实地做，再根据发展阶段不断优化，而在经营思路上，华为的经营始终处于一种战略状态。

管理需要理性，而经营需要感性，感性就是要不断地变，要与众不同；管理是规范化、标准化、可复制，是克服人性的弱点，经营是彰显人性的潜能和优势。

陈明：我最后提几点比较实际的建议：

第一，管理不是一蹴而就的，是一个艰苦卓绝的过程。

第二，做管理要问题导向，不能为了做管理而做管理，这样才能抓住最主要的问题，而解决了问题才能沉淀管理。

第三，管理思想、方法现在很多，但企业更要做的不是积极引进，而是认真消化。

讨论三　不确定时代需要何种领导力？

发言嘉宾：施　炜　王祥伍　苗兆光　陈　明
主题文章：彭剑锋　夏惊鸣
策划及主持：尚艳玲

一、圆桌讨论

（一）分权与分钱：考验胸怀和自信的两道坎

施炜：今天我们谈面向未来的领导力，我来谈一点背景，中国民营企业发展到今天，普遍面临转型发展和如何可持续发展的问题。企业发展的第一要素是领导人，而领导人不是一个具体的“人”的问题，是这个人所蕴含的领导能力的问题。现在很多民营企业的发展遭遇到“瓶颈”，这个“瓶颈”就在于领导力，在于企业家。

在今年的华夏基石十月管理论坛上，彭剑锋和陈春花两位教授一直在强调在不确定的时代要回归原点，回归顾客价值，这些都很对，但从原点到胜利，企业还要越过千山万水。这千山万水的路途怎么走，考验企业的领导力。我们可以想想，在我们接触到的企业中，领导力的普遍缺陷在哪里？现象是什么？我们能不能建立一个具有普适性、面向未来的领导力结构模型？

王祥伍：领导力的缺陷方面，我认为，影响企业家领导力水平的有两个关键门槛。

第一个是分钱。有一年我们给一家企业做增值超额利润分享的激励方案，当时定的年目标是20亿元，结果一下子实现了25亿元，要照原来的方案分的话，每一个副总都能得到几百万元，但老板还是不舍得，最终就是模糊处理，没有按照约定的来分钱。

第二个就是分权。这比分钱还难，有一些老板舍得分钱，但怎么也放不下控制权。我熟悉的一位企业家就是如此，他舍得分钱，一起创业的人基本都分到了巨额财富，但他30年一直在纠结要不要放弃中央集权，思来想去不敢放。但不放的话，领导力就发挥不出来，企业就总是有一个“瓶颈”。

分钱与分权是束缚领导力发挥的两个关键点。而分权、分钱都是考验企业家的胸怀和自信，考验企业家的领导力。

施炜：分权与分钱，不光是对胸怀的考验，还有驾驭力。企业家对待分钱与分权有三种态度：第一种是两方面都不放；第二种是钱无所谓，因为他已经有很多钱了，对财富欲望不那么强了。第三种就是分权不分钱，但这种几乎没有。在企业家的偏好排序里面，权力应该在利益后，一般先让利，后让权。

苗兆光：不放权但放利，很多老板是被迫的，但效果并不好。这是企业遇到的实际问题：老板被迫把利益分下去了，下属没有权也不干事，或者难以干事。老板心想，我给你们这么多钱，你们不干事，白拿钱；下属心想，老板是很大方，但不充分信任我们，我也不想白拿钱，但没权力无法干事啊。这就是一个矛盾。

分权和分利应该是同时下去的。其实很多有觉悟的老板已经达到分享的境界了，但是不分权，光分钱没有用。不分权也不分利，培养的是随从；分利不分权，培养的是奴才。

施炜：为什么不分权呢？从人性的角度来看，权力是生命本质的体现。

王祥伍：对，权力是一种终极渴望，是男性价值存在最有力的证明。所以能割舍权力的，不说伟大，也是极其难得。

（二）用人：衡量“企业的企业家”的标尺

陈明：我从用人的角度谈下领导力。用人也体现领导力，选什么样的接班人，使用什么样的人很重要。比如我一直在思考，为什么何享健就能用比他强的人？就能既分钱又放权？我看到一个资料，王石说，如果按照我个人的喜好我不会用郁亮，但是万科发展到这个阶段就需要郁亮这种人，这是一种思路。还有一种思路就是选和自己相似的，自己喜欢的人。这说明什么？领导力应该由任务、功能决定，而不是由性格决定。用人也是衡量领导力的一个维度。

施炜：这个维度是对的。权力的配置、利益的分配是衡量领导力的一个标准，另一个标准就是用人。用什么人，以及对这一个或一群人的掌控、驾驭能力。

王祥伍：这也是个人理性和组织理性的分界线，王石、何享健就符合我们所讲的“企业的企业家”，即能迈出个人偏好的窠臼，运用组织理性来选择接班人。

陈明：无论是政治上，还是在企业里，都会发现，但凡领导人比较独裁，接班人大多是一塌糊涂，因为强人都被他们干掉了。

（三）使命、愿景：领导者由被领导者定义

1. 企业要能满足员工的多层次心理需求

王祥伍：为什么企业员工需要高层领导提出愿景？这跟人性心理的需求有关系。因为环境是不确定性的，“小民”面对不确定性的时候就很焦躁，越是基层的民众越有一种所谓的权威性依赖，需要一种心理归属感和稳定性。

施炜：对，在宗教组织里面，包括在一些带有宗教文化色彩的组织里面，中低层对组织的依赖感更强，也是最相信组织倡导的信仰的，反而是越到高层越不那么容易相信。在对企业的热爱与忠诚方面也有这种情况，中低层超过高层。《红楼梦》里，真正忠诚于家族，在为贾家未来担忧的是焦大这些人，而贾赦、贾琏这些人却在昏天黑地地过日子。

王祥伍：为什么企业需要企业家来描绘愿景？因为大多数人忍受不了前途渺茫的感觉，忍受不了不确定性，有群体归宿的心理需求，这就是哲学家弗洛姆所讲的“逃避自由”。一个企业组织里的稳定性、可靠性需求，需要由企业家来供给，你要提供不了，就缺乏领导力。

施炜：领导者必须也要真信。

王祥伍：对，如果你描绘一个连你自己都不相信的理想国，那就是愚民。在现有的技术和资源条件下我们怎么样能够活得更好？愿景一定要描绘出来，解除大家的心理依赖需求。

施炜：“革命理想高于天”，不仅要给群众一个方向，更

要给一种归属感的安慰。不光要给他安慰，还要带着他前行，因为前行是需要跋涉的，是很痛苦的。

王祥伍：德鲁克讲过，大部分产业工人在前20年的人生中，是基本上没有得到过认可的人，他们的挫折感极强，人生价值得不到肯定，所以他们需要在组织里面获得人生的成就感。

施炜：这可能也是一些人平时生活中默默无言，但是在网络上特别积极的原因。

王祥伍：他们在前20年的人生中郁郁不得志，到企业里面就希望有一种成就感，这就需要另外一种领导力供给，就是及时的认可评价。所以从理论层面来讲，企业家对他的下属、员工必须有发自内心的终极关爱，把员工真正看成子女一样。在这方面，极致的例子就是林肯，他对群众有发自内心的大慈悲。

施炜：任正非就有点儿大慈大悲的心，虽然他外表表现得很强悍。他是那种“爱兵如子”的爱，不是家长式的爱，而是那种大爱，是有那种大的责任感（你得好好干，你要成长）。他说什么叫以人为本，“五子登科”就是以人为本。

王祥伍：是一种发自内心的悲悯和责任感，是深层次的爱，而不是“送温暖”般，哄你开心的表层次的爱。

2. 领导与追随者的“配对”

苗兆光：跟大家分享一下我的博士论文，是写领导与什么样的追随者配对。领导本来在组织当中有自己的任务、责任。

有人把领导分成这么几类：第一类是家长式领导，通过恩威并施的方式让下面的人跟着我走；第二类是交易型的领导，两者之间就是一场交易；第三类是变革型的领导，不管怎么说这件事要跟你说明白，要让你承担责任。

如果面对的是工人团队，用变革型的方式就不行，如果面对的是知识型团队，用家长式带领也不行。这说明，**现实中，用一种领导风格面对不同情境不一定有效，所以就有了全面型领导力**，就是领导人要根据追随者的类型来调整自己的领导方式，追随者也会根据领导的领导风格调整自己。

我的研究课题是，到底什么样的追随者适合什么样的领导人？自己创立一个团队的时候，风格可能不需要改变，组建能适应你风格的团队就行了。但是在二代接班，或者职业经理人到一个新企业时，你就必须找到自己的风格，所以全面型领导力是核心。

我们把追随者按态度和能力简化为两种类型：一种是态度型，就是有些人的态度是维护权威；另一种是能力型的，我能力很强，也需要主心骨。在这两个维度下会出现：双高型，态度是维护权威，能力又很强；双低型，能力差，态度也差；还有态度好，能力差的；能力强，态度差的。

双高型的人适合变革型的领导，因为能自己承担责任；态度好，但能力不行的需要家长式的领导；能力很强但态度很差的，就要用交易型的领导。

中国企业在创业初期大致是这样的：没机制，也没管理，靠领导个人的魅力把人先聚在一起，把这个事干成。

我观察到，**随着企业的成长，领导方式也有一个演变的过程**。早期适合用家长式，有个人魅力、有影响力的领导者把一些飘散的资源集聚到自己身边来干一件事；接着就是建立机制，但很多企业就停留在了这个层面，一旦你培养了一群“随从”，想改变实际上是很困难的。**企业规模在扩大，人也在变**

化，但领导力却没有提升，领导方式也没有改革，于是，当企业面临转型发展的关头时，或者面临如何持续成长的问题时，领导就成了企业最大的瓶颈。

当然，还有一批企业在创业的时候就导入机制，比如互联网企业，创业早期就导入了硅谷的机制。

企业从创业到发展的过程中，老板要做领导力变革，领导要自己改变自己。有些企业可能一开始就有机制，但很容易走向交易型。真正的大企业，通过自己的声音就能建立领导力的人一定是变革型的领导，比如任正非，他在内部发一篇文章，十几万人都会跟着走。

王祥伍：企业内部永远存在领导力供给和需求关系。员工队伍的各种需求，如安全感、利益保障、成就感、自我实现感等，都需要相应的领导力供给。这些需求有些跟物质有关系，需要通过工资奖金、激励机制来解决；有些是非物质需求，如觉得前途渺茫，需要领导给他描绘比较安全可靠的职业前景。全面型领导力就是能满足员工多层次的需求，比如让基层员工觉得有归属感，让中层觉得有职业前景，让高层觉得有成就感。

陈明：领导力本身是一个实践，在实践中变革、修炼，不是掌握了领导力的知识就具备了领导力。

施炜：但还是需要领导力模型，指引领导力应该向着什么方向努力，与实践并不矛盾，在实践中，向着正确的方向修行。

几年前，我跟一家企业的高层一起去西点军校学习领导力。西点军校的人讲到“领导力工具箱”，就是情境领导，他们强调领导力的科学化，遇到什么情况需要什么“工具”，就怎么做就行了。另外，他们讲了一句话，对我的影响巨大，我觉得说得非常好，对我们传统文化都是一种解构，就是巴纳德所讲的，“领导者是由被领导者定义的”。我们的文化中经常讲厚德载物、自强不息、宁静致远，这些都要去悟，悟到了运用到实践中还有千山万水。另外，我们的传统是由领导者定义被领导者。

（四）前瞻性和意志力：驾驭混沌的领导力

施炜：胸怀我们说过了，情境权变谈到了，使命和文化感召也说了，那么，科学思维算领导力吗？

我的一个体会是，很多老板缺少严格的、自洽的逻辑性思维能力，于是会在不确定性增大的环境中“瞎跑”。有个老板近两年来收购了几十家企业，但他总在说期望和现实有差距，这说明他对业务判断不准确。

王祥伍：领导力还必须有前瞻性。领导力这几个字，首先是领，你得保证是正确的方向，洞察力、判断力是必需的。

施炜：而判断力的背后是科学思维。

王祥伍：你要站得更高，看得更远，就必须有信息和知识的大量积累和判断，这是领导力必不可少的一环。

施炜：这个世界有可能是有序，也可能是无序的，但是不确定性是一个概率的问题。有些领域不确定性很大，接近无序，就像我年初在《管理的三色世界》（《洞察》2016 年第一期，总第 36 期）一文中所讲的“黑色世界”，但同时也有确定的“白色世界”和一时难以辨析但并不是完全失控的“灰色世界”。比如我有一个客户是做茶叶的，他未来的方向是要在红茶、白茶、黑茶之间选一种茶，他一定会选一种，这是确定性的，选哪种更能迎合未来的市场，这里有不确定性，但也有确定性的东西作为选择依据。

领导力要区分事物的不同性质、不同特质，形成不同的函数式。现在领导力的主要矛盾并不是对不确定性的认识不够，而是缺乏对确定性要素的判断，以及对其中的函数变化即变量的掌控力不足。

领导力里面要区分不同的形态，确定不同的思维方式和分析框架，不同的函数式的解法，尤其要强调在确定世界里怎么形成逻辑扎实的科学思维。

苗兆光：领导力中还有一点很重要，意志力。当未来很渺茫的时候，领导人其实也会觉得渺茫，也会孤独无助，而且接收到的干扰会很多，大多数人看不到结果时会抱怨那个指方向的人。这时领导内心其实也很无助，但他还不能跟别人说，一说士气就没了。

施炜：这一点我不是特别认同，我去谷歌学习考察时，和他们谈到领导力，他们对于未来的方向也不完全确定，但他们没有孤独感。他们在知识充分的情况下，只需要做判断就行了，有什么不确定呢？他们认为这是一种科学思维，把事情想清楚了，就没有什么孤独感。为什么我们老觉得孤独呢？实际上是对现实条件与未来的差距感到焦虑。谷歌就认为要做人工智能，而且已经想清楚了，人工智能就是做基础算法，那就找几千个博士去做就好了。

苗兆光：我认为，很多时候并不是有科学思维就能做出选择。比如说华为在 20 世纪 90 年代时要不要进入房地产？当时深圳很多人做房地产发财了，多元化业务也有成功的。

施炜：这涉及产业规律，除非你是一个投资控股集团，一般情况下，在高科技领域目前的竞争规则没有超越迈克尔·波特的三种竞争战略（总成本领先战略、差别化战略和专一化战略）。在市场充分竞争的情况下，在知识泉涌的情况下，在充分分工的情况下，不聚焦是不行的。就像一个人，只能聚焦于某一个领域才有可能成功，知识无穷尽，不可能什么都懂。

有时候对一件事情迷茫是没看清楚，是洞察力的问题。意志力是在做这个事情过程中有很多挫折，怎么看待挫折。但挫折与函数式没关系，函数式是确定的。比如说我现在从这个地方参加汽车拉力塞，终点是西藏，那我要走哪条国道，汽车要加多少油，这都是确定的，是科学思维，如果你总认为前面有加油站，而不去加满油，那就不是基于科学思维的做法。

苗兆光：事实上企业的领导人在知识上是残缺不全的，他没有时间接受知识的训练，不是每个人都有幸在创业初期就做足了知识储备。未知是绝对的，已知是相对的，他的知识不可能是全面的。

施炜：这是知识和母体的问题。任正非总在说，华为的未来也不知道在什么方向，但他其实没什么孤独感。最近他连续和院士、科学家谈话，就是看清楚了，未来就是“云服务”，现在华为正在跟各个地方政府签云服务，这是他看清楚了的方向。关键是作为一个大的企业家，他必须要学会运用全社会的知识机制，要去咖啡杯里产生能量，这是核心。如果是“答案，在风中飘荡的事情”，那就不做了，我只做我觉得确定的东西。

苗兆光：当年诺基亚从一个做木材的公司，转化成做手机的公司，那您说科学性在哪里？

施炜：当然有科学性，它准确地判断通信世界的兴起，网络的兴起。

王祥伍：那时候至少知识储备不足以支撑做非常准确的判断。

施炜：我不否定你的观点，在需要做出选择的混沌期是需要勇气和信心的。拿我自己来说，一开始我好好的副教授不做，那时候30岁就下海了，但要做什么却不清楚，只知道自己现在不想做什么，其间也做了一些创业尝试，觉得自己的领导力不足，也没有做成。跟我一起下海的全上岸了，回学校继续当老师，或者去政府机关了，这个时候的确是勇气和信念在发挥作用。但如果光靠勇气和信念，立志一定能干成一件事，这也是没用的，你还是需要理性分析，我当时想的办法是，往北京跑，找彭剑锋这帮同学，寻找共同体。整体跟他们泡在一起，让他们感觉到我还在圈子里，这是我的根本目的。头两年也没什么事干，大家都在黑暗中徘徊、摸索，但突然有一天，机会之窗就打开了，一脚踏入了咨询界。

在迷茫的时候要靠信心，要去思考答案可能产生的地方在哪里，去那里寻找共同体。

苗兆光：除了靠信念，其实还要靠直觉。

施炜：对于面向未来的领导力这个课题，其实今天是一个开题。面向未来，领导人第一要有胸怀、有自信、有肚量；第二要学会辩证法，要有智慧和艺术；第三要有穿透力、洞察力和分析力。

苗兆光：管理就是在解构企业对领导力的要求，在不同情境下领导人应该扮演什么角色。企业需要什么样的领导力，领导人就要供给这种领导力。

二、主题发言

彭剑锋：面向未来，洞悉领导力的本质

领导力是企业的第一战略性资源，也是企业的稀缺资源，就跟企业家一样。

领导力在某种意义上是可遇不可求的，它既是科学，又是艺术，更是一种智慧，既要有天赋，又需要后天的修炼。领导力在实践中，“运用之妙，存乎一心”，说是“只可意会，难以言传”也不夸张。

世界领导力大师沃伦·本尼斯说过，**领导力就像美，它难以定义，但是当你看到时你就知道了**。这是讲领导力在实践中的拿捏和运用艺术，也是领导力的本质。

一个人有没有领导力，尤其是有没有企业家精神，某种程度上来说是与生俱来的，当然也与其人生经历密切相关。企业家和企业家的领导力不是在课堂能够培养出来，不是知识的积累可以造就的，而更多是“天赋+经验”。

我个人认为，**领导力虽然有科学思维在里面，但它本质上是一门艺术，是一种独特智慧。就像那些名画，它也讲究透视法、结构法等科学技法，但它最终呈现出来的是艺术，是感性，也是智慧。**

用科学思维可以把领导力拆分成几种要素，可以把它结构化，但是在实践中，领导力是领导者本人和情境完美结合的产物。领导力要真正创造价值，牵引并推动企业的发展，就是要

在不同的环境和情境中发挥作用，在不同的环境和情境下，领导力发挥作用的方式也不同。

（一）领导者的特质：高情商、有情怀、懂人性

领导者的第一个特质是，大多数时候，领导力是一种感性，而不是理性。比如一个领导者有没有感染力和影响力，往往来自于他的人格魅力，来自于他的胸怀和使命感，而不是他的知识和能力。一个领导者有很多追随者，是因为他身上有与众不同的东西。所以**真正高水平的领导者，他不一定有高智商，但一定有高情商。**

领导力与情商密切相关。情商首先是一个人对自我情绪的把控能力，能够掌控自己的情绪，能够驾驭各种矛盾关系。而他之所以能够驾驭各种矛盾关系，一是因为他能够感知环境的变化，别人的需求，能够洞察复杂表象下的本质；二是他有足够的胸怀，能包容、懂妥协，不自我、自负，更不会自我膨胀。

情商还表现为逆境情商，就是在艰难困苦的时候，他有充分的自信和担当。

还有一点，很多领导力很强的人，往往不是学霸型的，因为情商高的人懂得审时度势，懂得选择和运用知识。

领导者的第二个特质是，他的内心是有悲悯情怀的，是大善的。

任正非就是这样一个有悲悯情怀的人，虽然他表面上好像很“恶”，制订了很多制度，要求非常严格，但他其实是在通过制度抑制人性中的恶，使得人性中向上向善的一面充分发挥出来，希望来到华为的每个人都能成才，都能自立自强，过上

有尊严的生活。

领导者的第三个特质，他一定是个“人性大师”，对人性看得通透，又能把握适当的度，该讲法理时讲法理，该讲情义时讲情义。有一个企业家，一直不遗余力地在企业里推行规范、科学的运营管理制度，平常很讲原则。有一阵，他办公室的一个秘书因为生病了，经常迟到，这个企业家就跟另一个秘书说，你帮她打打卡，要不她这个月工资就被扣光了。这个日常细节体现了一个领导者对人性的把握和体恤，因为他内心是善的，是懂人性的，所以他能注意到这种在公司里可能是小事，但对那位秘书来说却是大事的事情。

作为“人性大师”的领导者还能够发现人的优势，充分调动每个人内在的积极性。因为他对人性有着透彻的理解，所以能够站在他人的角度思考问题，了解对方的需求并能够把控这种需求，及时给予正向激励。

我个人认为企业家应该更多一些正向激励，看人多看他的优点，发现下属的毛病，你可以善意提出建议。作为“人性大师”的领导者，某种意义上就是通过成就他人，最终成就自己。

（二）能否突破权力舒适区，是领导者面临的最大考验

领导力体现在方法上有两个重要的体现：分钱与分权。

我个人观察，我国民营企业发展到现在，分钱并不是最大的挑战，但是分权要更难一些，原因在于很多老板缺乏自信，他怕下面的人超越他，也怕一分权就乱。

就拿咨询公司来说，有家咨询公司出书，主编一律署老板的名，怕合伙人比他有名气。但华夏基石一直鼓励合伙人自己

出书，希望合伙人能超越我，只有当合伙人名气和水平都高了，才能推动自已往前走，驱动自己进步。

如果企业家没有自信，总害怕被下属超越，那就会出现两种情况，一种情况是孤掌难鸣，人的精力时间毕竟有限，创造力达到峰值时也会走下坡路。另一种情况是，一山不容二虎。但如果企业里有一批人都超过了你，他们相互之间就存在制衡，那时你反倒稳定了，谁也替代不了你，这就是领导的艺术！

能不能让利，主要看企业家有没有分享精神，有没有慈悲心，而分权则主要检验企业家有没有巨大的自信，敢不敢于自我突破。

权力是两个方面的内涵：一方面是人的内在追求，是一个人价值的终极体现；另外一方面，一个人使惯了权力以后，很难自我超越，很难走出权力的舒适区。

一旦企业里养成集权的习惯，要从集权习惯转化成分权习惯，是很难的。

所以分权最难的，是企业家难以破坏掉自己原有的舒适区，创造新的舒适区。有的老板也想分权，但总也分不了。首先是因为分权的过程极其痛苦，他要改变自己的习惯；其次是没有充分的自信，怕一旦有人超越他，替代了他；最后是因为没有建立起科学合理的管控体系，害怕一分权，企业就失控。

（三）会画饼、能做饼的领导人有追随者

有人愿意追随的企业家，肯定是有人格魅力的人，尤其对有才华有能力的人来说，他愿意跟随一个有理想、有使命感的人，将来能成事。

有强烈使命感、有追求的人，他不仅有个人魅力，也会形成一种心理磁场，会吸引来那些同样有才华、有追求的人，跟随他一起干事业。

要会“画饼”。真正的领导者，本质上既要有理想、有目标追求，同时又比较客观、务实。就是柳传志所讲的，“有理想而不理想化，学会拐大弯”。我为什么很钦佩牟其中的创新与不屈不挠的奋斗精神，却不看好牟其中出狱以后能成功？因为他本质上是一个理想主义者。褚时健不一样，出狱后一言不发找块地埋头种橙子，很务实，十年又成就了一个诸橙品牌。

会画饼，还能把饼做成，并且舍得分给大家。柳传志、任正非都是善于画饼的人，同时又能通过机制制度保证这个饼能做成，所以大家愿意追随他们。

光画饼，实现不了，员工不信你；画了饼，饼做成了就把员工抛到一边，也不会有人信你。

（四）互联网时代需要打造团队领导力

面向未来，互联网时代对领导力的内涵提出了一些新的要求。

第一，愿景领导力。互联网时代需要调动员工自我驱动，愿景牵引，作为领导者首先是要基于愿景而不是基于管理，驱动员工自动自发地工作。

第二，灰度领导力。领导者在某种意义上是一个矛盾体：既要求有个性，又要求有驾驭能力，能包容、开放、妥协。就像任正非所讲的，有洁癖的人不能当领袖。领袖型的人一定有包容心，有时候还会装糊涂，这就是灰度。“灰度”就是不期望下属能做到百分之百的满意，功过、人品、能力素质及结果达到“四六开”，甚至“三七开”就可以了。

从领导方式来说，灰度领导力不强调要用一种领导方式，不管是威权型还是授权型，还是分权型，不同的情境下并不绝对。

第三，洞察力。互联网时代对企业来说最大的影响是，环境变化快，不确定性增大。在这个意义上来说，要求领导者既要有宏观思维，又能以小见大，见微知著。

第四，定力。真正的领导者是很执着的，内心深实处是很坚定、自信、执着的。表面上他可能很谦和，实际上定力很强，在别人都犹豫或者妥协的时候，他能够继续朝着自己的目标努力。

真正伟大的领导者内心深处都是孤独的，但他能够忍受孤独，为什么？他有定力、有意志力。当别人都不理解的时候，他能够有自己的坚定意志，这也是一种逆境情商。定力，也指能不忘初心，始终坚守最本源的东西和最初的价值追求。

第五，影响力。国外的管理学研究者认为，领导力就是影响力，能够影响他人追随你，一起去实现目标的能力。在互联网时代，可能更要强调影响力，因为互联网时代更强调协同、竞合和生态，而不是威权和独霸天下。

影响力，来自于领导者多方面的素质和能力。龙马集团的老板在谈到企业家需要什么素质时，认为在中国做企业需要做“四个家”，第一是政治家，要善于跟政府打交道，把握住政策发展方向；第二是外交家，要会处理内外矛盾关系；第三是思想家，要能够出思路、定战略；第四是实干家，既要有思路，还得接地气，务实实干。

第六，团队领导力。一个领导者最终能不能成功，还是要靠互补性的团队领导力，靠单一的领导要素，不能形成群体能力。领导力要真正在企业发挥作用，一定是领导团队能相互成就，相互取长补短，通过互补产生乘数效应。

从一个企业的可持续发展角度来讲，一定是依靠团队领导力。团队里面要做到价值观一致，道不同不相为谋，个性上有差异，但能力能互补，就像包政所讲的，“打造核心领导团队——相互抵押资源和灵魂”。这在互联网时代特别具有意义，要建设领导团队，形成互补性的人才结构，通过人才结构产生力量。

领导者团队成员之间不仅能互相取长补短，互相成就，而且要学会互相欣赏。现在很多企业的领导者团队，存在的最大问题是互相排斥，把同事当敌人，垒起高墙，甚至排挤。

第七，自我超越、自我发展的能力。高超的领导力一定是与时俱进的。

其实，领导并不是控制别人，主要是控制自我。而一个领导者能不能持续提升领导力，关键在于有没有自我批判精神。我认为任正非身上最能体现领导力的，就是他的自我批判精神，自我批判来源于危机意识和忧患意识，永不满足、不敢停歇、持续追求。

中国这么多企业，这么多老板，但真正能称得上企业家的，或者是领袖型企业家的，用十个手指都能数过来，有很大一部分原因是企业做到一定程度时，老板的自我发展就停止了，从自我到自负。老板创造了企业，但也是企业持续发展的“天花板”，企业家个人的“高度”和“宽度”，决定了企业的成长后劲和生命长度。

■ 夏惊鸣：以未来领导力引领企业未来

“未来已来”，中国企业已处于一个新时代：这是一个从野蛮生长转型升级为有质量的战略成长的时代，是中国企业真正迈入全球化的时代。

新的时代造就新的组织，更呼唤新型领导力的涌现。具体而言，我认为中国企业未来领导力需要确立以下五大思维。

（一）世界级领导力思维

世界级领导力是指中国企业要有“成为世界级企业”的追求。

我国很多企业经过了这些年的发展，具备了一定的实力，已到了质变阶段。但同时又面临两端的竞争压力，低端面临东南亚甚至非洲企业更低成本的竞争，高端面临美国、欧洲、日本等国家企业的防御。我们处于一个夹层状态，如果我们仍然追求低成本，甚至是“恶性”价格竞争，路只能越走越窄。唯有直面全球企业的竞争，以“高性价比”优势为我们赢得的时间，去不断提升竞争能力和竞争地位，成为世界级企业，这应是中国企业的追求。

“世界级企业”并不是一个可望而不可即的目标。回想华为当年，人才、技术、资金和跨国巨头比，丝毫没有优势。

我一向认为华为的成功可以学的就是“信念”——要成为世界级企业的远大追求。

华为为什么能成为世界级企业？很重要的原因就在于他们敢于而且坚定地以“世界级企业”作为自己的追求，并将世界级企业的追求贯彻到经营管理的方方面面，那么所对标的企业、经营的目标、质量标准、技术水平，都要以世界级的追求来要求。

世界级企业的信念对于现在中国的企业非常重要，信念从来不是虚的，不同的信念一定会导致不同的行为!

为了更好理解这一点，我们看看日本战后30年和中国改革开放30年这一时期进入世界500强企业的比较。日本企业在“二战”后30年的时间，有近70家世界500强企业，中国在改革开放后30年的时间，也有近70家的世界500强企业。但是，我们去对比中国与日本世界500强的性质，发现日本企业的全球性竞争力是很明显的，中国企业却绝大部分都是垄断型国企，很大程度上是依靠市场垄断、资源投入和规模胜出的。

为什么有这样的差别呢?我理解核心可能就在于“信念”的不同。日本企业小松集团提出“打败卡特彼勒”，佳能提出“击败施乐”，丰田说“让日本的路上跑满日本人自己造的车”……我们中国企业更多的是什么呢?可能隐藏在最底层的就是“劳动致富”这四个字。

当然，发展到现在，中国已经出现了更多有产业竞争力、胸怀世界的公司，如腾讯、阿里、温氏、百度、万达、美的、海尔、万向、协鑫、盾安、大疆无人机、光启科学，等等。这些企业有的已经成为世界级，有的正走在世界级的路上，但确立“世界级企业”信念，是新时期中国企业需要面对的核心命题。

（二）全球化领导力思维

全球化领导力思维，要求企业必须自觉，持续地进行全球化管理，比如视野必须扩展到全球的市场机会，熟悉、研究、洞察全球市场，盯住全球竞争对手，人才和技术资源也要进行全球化吸引与配置等。

随着更加激烈的全球化竞争，全球化管理的领导力会是一个重大课题。

全球化是要有规划、有步骤、有管理地系统布局和行动的。这方面，韩国三星是一个标杆。比如在国际化人才培养方面，20 世纪 90 年代，三星实施“地区专家项目”，每年向海外派遣最具潜质的年轻职员，每年人数 300 ~ 400 人，年龄 28 ~ 34 岁，而且要工作表现出色。他们完全脱产，不参与当地三星公司的工作，主要任务就是融入当地文化，学习当地语言，建立本地人际网络，考察市场。

全球化领导力思维，是世界级企业追求的必然要求。

（三）产业领导力思维

所谓产业领导力，是指龙头型大企业不仅对本公司的收入和利润等负责，也要承担起整个产业的收入和利润水平的责任；不仅承担本公司的技术创新和质量进步，也要承担起整个产业链的技术创新和质量进步的领导责任。

首先，要确立产业生态系统竞争力的观念。比如德国的西门子、博世，日本的丰田、三菱等，它们的竞争力形成，是一个相对稳定又能不断进化的产业生态系统。中国领军企业应树立产业领导力思维，带动整个产业生态系统在全球形成竞争势能。

其次，要从成本优势走向技术超越或品牌超越。

最后，产业链相互博弈和交易的关系要走向战略合作，形成产业链生态系统的关系。比如各大领军型企业，形成自己技术体系和管理体系，通过认证，管理供应链体系，实现同步研发、战略联盟和产业系统耦合，促进整个产业链的技术创新和产品质量水平。

现阶段，华为、温氏等企业目前已起到了产业领导的作用，我们需要更多的企业具有产业领导力思维，带动中国更多的产业系统的技术进步和质量进步。

（四）思想领导力思维

思想领导力是指一个企业不仅在销售规模、技术创新方面具备领导地位，在管理模式、管理思想上也能做出贡献。

希拉里曾讥讽中国缺乏价值观和理想。事实上中国从来不缺价值观和理想，是一个发展阶段问题，中国现在的问题，过去美国、日本都出现过。但我们不能忽视，在过去野蛮生长期，确实有很多“三无”企业（无技术、无管理、无品牌），“三低”企业（低劳动力成本优势、低价格战、低盈利能力），“三粗”企业（粗放式的资源投入、粗放式的管理、粗劣的品质）充斥市场。

要成就世界级领导力、全球化领导力和产业领导力，不仅是规模问题、技术问题，更是价值观的力量和思想的力量！华为不仅在收入规模、技术能力方面成为标杆，还为社会贡献了管理思想和价值理念。华为“以客户为中心、以奋斗者为本，持续艰苦奋斗”的思想是可以复制的，是普适性的价值观。

值得强调的是，真正世界级企业的管理思想和价值理念不是成为世界级公司那一天才有的，而是一开始就具备的，是它们能够成长为世界级公司的内在逻辑，是产生于公司成立初始阶段，并在成长过程中不断丰富的。

中国企业在全球化发展过程中，不仅仅是要有硬实力，也需要软实力，这不是口号，不是传播，而是贯穿企业成长过程，贯彻到企业经营管理方方面面的自己的逻辑、理论和思想。

（五）使命领导力思维

无论是“世界级领导力”“全球化领导力”“产业领导力”还是“思想领导力”，最重要归结到“使命领导力”，没有使命感，就成了无源之水，无本之木，真正的未来商业领袖一定是使命驱动——为客户、为社会、为员工、为股东、为国家、为人类。

讨论四　新时代的合伙人：始于缘分守于规则

发言嘉宾：彭剑锋　吴春波　陆学彬　李志华
策划及主持：尚艳玲

在互联网、知识经济等背景下，“合伙人”受到前所未有的关注。创业合伙人、事业合伙人、众筹合伙人、人力资本合伙人等也成为热门词汇。但是，认真追究一下会发现，“合伙人”三个字远不是表面上看起来那么美好，现实中要解决的问题非常之多，如，合伙人究竟怎么才能真正合到一起且能长相厮守？合伙团队是以西方制度为规范，还是以中国人的“兄弟义气”为依托？创业合伙人和人力资本合伙人有哪些不同？人力资本合伙人能成为企业转型与发展时期的一剂良药吗？

一、主题发言

陆学彬：在众筹实践中探索合伙人制度

因为正在做众筹项目小菊咖啡，此前也参与过中华英才网的创始过程，所以我先讲一讲自己的亲身实践。

小菊咖啡众筹项目和一般的众筹项目有点不同之处是：我们是先有商业计划书、创业盟约、一个创业团队，以及创始合伙人，达成基本的法则后，再去开展众筹召集股东合伙人的，所以它并不是完整意义上的众筹。在这个项目中，合伙人也是分级别的，承担不同的权、责、利。

我主要想讲的是对于人力资本合伙人制度的一些亲历和体会。

第一次是我在华为工作时，华为的人力资本合伙人机制，当然它没有这样提，但内涵是一样的；第二次是在中华英才网的创立过程中，我们几个合伙人的搭配和合作还是比较成功的，成功的前提就是大家都是从华为出来的，文化底蕴一样，如对不确定性环境下一些问题的处理原则和方法是一致的；第三次是我在华夏基石的经历，华夏基石是合伙人制，这个组织给人的感受是开放、包容和自由，离开了可能会想回来，出走也是为了能更好地在这个平台上做事。第四次是我自己投资做的公司，包括目前正在进行的小菊咖啡实践。

从我的亲身经历来看，我认为如果能基于现代企业治理或者风险治理的一些结构来做合伙人制的公司，能在真正尊重人力资本创造价值的基础上放手，大部分的合伙人实践是成功的。

要解决合伙人制的一个关键问题：什么样的人才能一起合伙？即合伙的价值基础和性格互补性往往决定了合伙的成功程度。两个性格都强势，或者是能力都很强的人往往难以合伙。

即便是猴王和老虎之间也有地盘之争，所以合伙人靠什么合到一起？道不同不相为谋，除合伙人的品德、能力和行为处事方式以及团队精神要能“和”到一起之外，还要回到企业的原点来看合伙人的愿景、使命和价值观是否一致。利益方面的矛盾可以通过机制设计来解决，但价值判断能否一致是很难解决的问题，而它又是合伙人制公司能否走得长远的关键要素。

■ 彭剑锋：从法定合伙人到人力资本合伙人

（一）合伙人制的法定四原则

从概念说起，合伙人制度和合伙人企业都不是新名词，在中国古代，在西方古罗马时期就有现代法律意义上的合伙人制度、合伙人企业。

从法律意义上来看，按照美国人的定义，它强调四个原则：共同出资、共同经营、共享利润、共担风险。

第一，一定是共同出资，而且在某种意义上出资份额都差不多，这是跟股权制不太一样的地方。

第二，一定要共同经营。这是合伙人制企业跟股份制企业、有限责任公司最不一样的地方。就是合伙人必须共同经营，不像有限责任制那样，人退出来了，股权还在。不共同经营而是靠资本获取利润，这就违背合伙人制的基本原则了。而且，合伙人制的股权是没有传承价值的。

第三，共享利润。

第四，共担风险。这一点在实践中非常重要，真正意义上的合伙人制是要承担无限责任的。无限责任是如果出现赔偿，连你家里有多少资产也要算进理赔能力里的。

符合这四个原则的才是真正意义上的合伙人制度。不过，有的国家在法律上也划分了有限合伙人和无限合伙人，就是普通合伙人和无限合伙人。普通合伙人承担连带责任，而对无限合伙人的要求是非常高的，可以说身家性命都要压在这上面。

（二）人力资本合伙人：新型合伙人制

现在我们所谈的人力资本合伙人，是基于公司治理管控权、体现人力资本价值的新型合伙人制度，与法律意义上的合伙人制度是两种完全不同的概念。

人力资本合伙人制度是在知识经济时代，人力资本成为企业价值创造的主导要素后出现的。在资本与人力资本的博弈中，人力资本逐渐占据了主导作用。

由于人力资本在整个价值创造中起主导作用了，所以人力资本就要求享有几个权益：第一，分享利润；第二，要参与企业的决策；第三，人力资本的话语权在某种意义上要超越货币资本。阿里巴巴、陌陌为什么在美国上市？是因为美国资本市场做了一个创新，变传统的“同股同权”制为“同股不同权”，即在利润的分享上，货币资本具有优先分配权，但在企业决策上人力资本有优先权。

人力资本让渡了一份利润的优先权和货币资本退出、转换的优先权给资本，从而获得经营管理决策的优先权和在企业的话语权。这样，两者就实现了相对平衡：资本追求利润，人力资本追求对企业的管控，它解决了双方的价值诉求。

这不仅反映了人力资本与货币资本博弈的过程，而且从客观上来说也规避了风险资本参与企业经营所带来的潜在风险。因为很多风险资本并不是来自于投资人本身，这些资本也来自于集资、合伙人或者其他方式，所以它不能参与企业的经营决策，以避免资本损失。

（三）人力资本合伙人制度的特点

第一，大家必须要共享愿景、共享目标、共享文化。也就是价值认同，阿里巴巴就特别强调价值观认同。他们讲“不同心，就不能成为合伙人”。

第二，共同出资、共同经营、共享利润、共担风险。其实加起来总共是五条，在中国的合伙人制里，往往很强调第一条，但后面的四条是永恒不变的，是基本原则。

不过，在中国目前的合伙人制度探索中，普遍比较弱化“共担风险”这一条，也就是说企业经营不下去后是按照有限责任公司的方式来破产的，即占股最多的人来承担风险，而不是所有合伙人共担风险。当然，某种程度上，合伙人也在承担风险，即他担负的是个人职业生涯和声誉风险。

吴春波：我不看好互联网企业的合伙人

刚才彭老师谈到同股不同权制度，对此我有个疑问：这套制度保护的是人力资本合伙人还是创业家、企业家？我认为它保护的是创业家、企业家。

但是，创业家群体是人力资本合伙人吗？什么才是真正意义上的人力资本合伙人？

我能想到的符合这个概念内涵是两个实践案例。

第一个是沃尔玛的合伙人。沃尔玛将员工称为合伙人，这种合伙人虽然不一定在资本结构上体现，但是沃尔玛以“合伙人”这个概念要强调的是共同的事业和共同的愿景。

第二个是晋商。晋商可能是世界上员工持股计划的发源地，因为现代员工持股计划是从 1958 年才开始做，但是我国晋商早在 19 世纪就实行了顶身股，顶身股就是伙计们可以有身股，然后分享利润。

“人力资本”这个词怎么来的？这有两个背景，一个是知识经济的兴起，一个是互联网时代的到来。这两个时代背景使得知识真正开始创造价值，人力资本的作用在价值创造的要素中慢慢突显，超越了劳动，也超越了资本。

但是，人力资本合伙人到底“合”的是什么？彭老师刚才总结了，第一个是合愿景，我非常同意。很多公司早期创业都是找同学、找老乡，彼此有了解和信任基础，相对容易找到有共同愿景的人。第二个是合事业。就是合的是一件事，大家都觉得这事愿意做、值得做。第三个就是共享未来的利益。创业时赚不赚钱大家都搞不清楚，但大家的目标是一样的，如要快速脱贫、要赚钱、要实现财富自由，即对未来利益的预期是一致的。

那么，从资本的角度、从公司治理结构的角度到底怎么体现人力资本合伙人的意义和价值？比如一个很迫切的人力资本的定价问题，到现在也没有完全解决，定不了价，就没法置换成股权。众筹也要面对这个问题，因为参与众筹的每个人的能力是不一样的。比如上文提到的众筹小菊咖啡，虽然彭老师和另外的一个人都出一样的钱，但这可以说是对彭老师人力资本价值的不承认，因为彭老师参与对这个项目的影响肯定和其他人不一样，但他享受的却是一样的回报。

人力资本究竟怎样在货币资本上得以体现？《华为基本法》里有句话叫“劳动、知识、资本和企业家创造价值”，把企业家放在了最后，也说明劳动还是基础。当然除此之外，还有哪些衡量方法还有待探索。

华为的获取分享制是在公司治理结构及股权确定的情况下，通过企业家让渡自己的利益让员工持股。华为这种做法是为了强调人力资本的重要性，企业家通过让渡自己的一部分权益，形成了人力资本和货币资本共同索取企业的剩余价值，也就是实现了利润分享。

而对于互联网时代涌现出来的一些人力资本合伙人形式，我不太看好。因为我觉得它没有解决治理机构的问题，存在太多不确定性，最极端的一种是众筹模式所产生的合伙人。

李志华：合伙人团队比合伙机制更重要

对于合伙人这个话题，感触真是很深。最近去美国斯坦福大学参加了一个关于创业团队的座谈会。其间，大家就提出一个问题：现在很多初创企业是合伙人制企业，合伙之前，大家是朋友、兄弟，对未来也都有着同样的憧憬，但是没多长时间后，大家就吵架、分家，最后不仅不是合伙人了，连朋友、兄弟都做不成了。尤其是在中国的创业团队里，这样的事情不胜枚举。

还有最近在做的几个咨询项目都涉及合伙人方面的问题，传统企业里也在谈合伙人，但结论正如今天的主题：合伙人，看上去很美！

为什么要有合伙人制？我认为建立合伙人机制最根本的目的是要解决企业的活力与效率问题。但企业活力和效率到底是怎么产生的？我对两家企业做了一个对比分析，一家是健康产业集团，央企控股51%，其余49%的股份由十几个人共同持有，这家企业发展的速度非常快，但是企业决策效率非常低，因为大家都是股东，谁都不能拍板决策。第二家是我一直服务的漓泉啤酒，它的治理结构与一般的有限公司一样，就是一种管理和激励机制，但这家企业活力很强，发展得也很好。对比之后我的分析是：企业的活力来自于两个方面，一方面是企业的文化基础和氛围，一方面是企业的管理机制。

合伙人可能能解决企业的一种所谓的由利益共同体机制向命运共同体机制的改变，但是有没有相应的文化基础很重要。

为什么合伙人企业，有的做得好，有的中间夭折？我认为合伙人团队往往比合伙人这个机制更重要。

成功的合伙人团队有两个特点：

第一个特点，合伙人团队一定要有三要素：价值观相同，能力能互补，有领袖型人物。

（1）一定是价值观相同。

如果价值观不同，迟早是要分家的。而且这价值观是真正能指引和支撑企业发展的。

（2）一定是能力互补。

小米的8个合伙人中，有技术团队，有市场团队，也有其他团队。新东方俞敏洪的综合能力很强，徐小平对留学非常精通，王强则对英语专业很精通，这三个人的互补性很强。

（3）一定得有领袖人物。

如果没有领袖人物、灵魂人物，决策效率就非常低。

第二个特点，也是三要素，共同目标、奋斗精神、创业心态。一定要有奋斗精神，而不只是分享。合伙人团队一定要有一种创业心态，而且是长期的创业心态。

那么，合伙人制在传统实践中存在的现实问题是什么？

很多企业家在谈论合伙人制时，有一个最担忧的问题，就是害怕通过事业合伙人把他的股权以及决策权稀释了。有一个老板从北京挖了一个高管来运营公司，但老板悄悄对我说，希望帮忙设计一个机制使公司股权以后还在他手里。

从这个角度来讲，合伙人的合伙形式是不是可以从两个层面去解决。一个是虚拟股权，另一个是共同出资。

在公司转型发展过程中，以虚拟股权作为合伙人制的方式是比较好的解决办法。虚拟股权要不要出钱？我认为，虚拟股权一定要出点钱，这样的话，才能形成利益捆绑，他会很在意这个机制。

共同出资问题在企业创业期比较好解决，但如果在企业成长发展期，让老板割肉是很痛苦的。最近国资委出了一个政策，国企里增量部分可以考虑混合制和合伙制，存量不可以，就是说新公司、新业务更合适搞合股、合伙。

总之，我认为就现阶段来讲，合伙人制最大的问题还是信任问题，就是职业经理人跟老板之间信任关系的建立。

二、圆桌讨论

（一）人力资本合伙人究竟“合”什么？

吴春波：我觉得在物质利益面前，信任是一个易碎品，早期同苦可以，但是同甘就很难。志华刚才讲了一个观点我特别认同，就是不管是创业性公司还是成长性公司，一定要有企业领袖，也就是说要形成一种位势上的差距。比如任正非、何享健这一批企业家，他们与员工的年龄的差异都在20多岁，年龄带来的是丰富的阅历。还有像李彦宏、马化腾这种商业领袖是他们都有留学背景。

所以其实说到了搭伙和合伙两个概念。比如创业的时候一个人出一点钱一起干，或者是比较成熟的企业了，要激励核心人才，让他变成合伙人跟公司一起干，这都可以说是搭伙。

我觉得有一种情况比较符合人力资本合伙人的概念。比如彭老师要办一个公司，我没钱加入，但是我们俩相互认同、相互信任，彭老师觉得我是有价值的，他可能就以某种形式来体现我的资本，我觉得这是一种更好的合伙制。这个团队的核心肯定是彭老师，我只是人力资本。

我认为人力资本要分享公司的股权就必须出资，不管是股票期权还是包括华为的员工持股计划，像一些企业实行的干股，我觉得这样做是有问题的。

李志华：对，干股赠送其实后患无穷，因为在法律意义上，在退出机制方面都不能很好地予以解决。

彭剑锋：人力资本合伙人制度跟经典意义上的合伙人企业根

本的不同是什么？其实刚才也都谈到了，我做一下整合和补充。

我的看法是，人力资本合伙人制，对于团队的结构、团队人员的要求其实比法律上的要求更重要。法律制度上的合伙人制最重要的是机制制度设计，但是人力资本合伙人制度更重要的是这帮人。

那么这帮人怎么合到一起，或者是合到一起的决定因素有哪些呢？

第一，就是共享价值观。就是这个合伙人团队一定有共享的价值观、基于共同的目标追求而可以牺牲短期利益的。比如雷军和他的 7 个合伙人，他们在做小米以前其实都已经是富翁了，他们聚在一起就是想干件大事业。从这种意义上来讲，人力资本合伙人制本质上是事业合伙人制。

第二，是团队成员的优势互补。人力资本合伙团队一定是优势互补、能力互补。

在合伙人团队搭建和运营过程中有三个关键因素：

（1）团队一定要有领袖。

团队一定要有灵魂人物，这个灵魂人物一个是来自他自身的领袖魅力，一个就是从创业一开始就形成了主心骨，雷军这 7 个人都很厉害，但是还是以雷军为核心，阿里巴巴是以马云为领袖。

（2）大家能为了共同的目标牺牲小我，相互欣赏。

相互欣赏是发自内心地欣赏对方的优势，求同存异、懂得妥协。

（3）要强调人力资本在经营管理上的控制权、话语权。

在这点上来说我认同李志华说的，不要把股权作为人力资本合伙人制度的重点，虚拟股权是一个比较好的解决方案，股权还是集中控制在老板身上，但是合伙人能分享利润。

所以我觉得要澄清一个认识误区：人力资本合伙人不是要“人人都是老板”。我主张人力资本可以参与利润分享，老板让利、货币资本让利，但股权还是要相对集中。

吴春波：这样更符合人力资本合伙人的本意。

彭剑锋：对。人力资本合伙人不是要把人力资本都变成老板、货币资本，而是人力资本参与企业利润分享，一定程度上参与企业的决策，但是不能变成对产权的控制，以及破坏掉公司治理机构。否则就会出现内部人控制、决策速度慢等影响企业发展的情况。

而且，现在看来，人力资本合伙人制度也出现一些弊端，比如一些人力资本合伙人既是股东，又是人力资本，然后控制这个企业，某种程度上就侵犯中小股东利益了。再一个就是团队缺乏具有道德感召力的领袖人物，致使团队很难达成共识。

按照传统的资本制度，是强调股权的力量。人力资本强调的是能力、道德的力量，谁更有能力、更有道德感召力，谁就拥有更大的话语权。这个领袖人物，第一要自身各方面做得过硬，第二他舍得让利，第三他贡献最大。所以在人力资本合伙人制度里面，我认为对领袖人物的要求是非常高的，既要有能力，还要有道德，有能包容、保持开放的胸怀。

（二）如何设计人力资本合伙人制？

吴春波：中国企业搞人力资本合伙制，我的观点是：要向西方学习。

在西方发达国家，企业股份制度经过了将近一个世纪的磨练，到现在也不过时。员工持股计划也实施了半个世纪，经受住了实践的反复验证。所以，对于中国企业来讲，先老老实实向别人学习，别急着创新。很多东西传入中国就走形了，比如股票期权、员工持股计划，就是在强调中国特色、企业特色中走形了。

彭剑锋：企业上市都变成了投机、套现，无视实际价值。

吴春波：这实际上就违背了企业设计人力资本合伙制的初衷。原来是想通过引进这个机制，增进企业的活力，提高效率。但是一上市，大家一套现，带金的翅膀就没法飞起来了，按任正非的话说，“猪喂饱了连哼哼都不会哼哼”。这就是人性。

华为内部就强调，在学习时一定要先僵化，老老实实地向别人学习，然后再根据现实情况来优化它、改进它，而不是一上来就强调“特色”，把别人先进的东西先抛弃掉一部分，再改造一部分，弄得不成样子。还有就是一窝蜂、运动式的，中国企业的员工持股计划这些年都是在做走走停停的往返式运动，而不是继承性的优化运动。

谈到未来人力资本合伙制的发展，我觉得很重要的一点是：人力资本合伙人制要回归到知识经济、人力资本价值、人力资本主权、企业效益、企业的发展和企业的可持续性经营这几个关键词的范围来讨论。

彭剑锋：合伙人制首先就是基于共同的事业，如果没有共同的事业就没有合伙人制，所有的合伙人都可以叫作事业合伙人。

吴春波：所以我觉得不要搞概念性的东西，还是要回归到企业的一些本质的东西来思考这个问题，本着求实和理性，在把别人的东西研究透了以后再进行顶层设计、进行制度设计，再慢慢地优化改进。

彭剑锋：我很赞成刚才吴老师所提到的，一方面要看清楚未来的发展趋势。所谓趋势就是在知识经济、信息化进代，人力资本在整个价值创造中的作用越来越大，话语权越来越高，人力资本合伙人制度是大势所趋。

另一方面，在承认趋势的同时，还得回归到一些公司治理最基本的原则、原理上来设计或实施人力资本合伙人制。公司治理其实永远都是在解决着人力资本和货币资本之间的平衡关系。

从人力资本合伙人制度本身的发展来讲：

第一，要强调人的作用、团队的作用，以及团队的结构特性。人力资本合伙人首先是事业合伙人，为了共同的事业，得牺牲自己的眼前利益和个性。

第二，人力资本一定是大家要共同参与经营的，不参与经营就要退出。

第三，要注意人力资本和货币资本的平衡性。不能过度强调人力资本的作用，而忽视了资本的作用。比如现在有些电商，投资人已经投入数百亿元，企业每年还在亏损，但已经造就了一批富裕的高管，这种情况下，货币资本和人力资本是不是平衡的呢？而从企业的角度来衡量，没有持续赢利的能力就不能算是个完整意义的企业。

吴春波：我记得某本刊物有一期封面文章的标题就是：不赚钱的企业是可耻的。

彭剑锋：对啊。如果货币资本还在亏损，人力资本却已经享受了无限的荣耀，我认为这就是人力资本对货币资本的侵犯了。

陆学彬：听彭老师讲到人力资本和货币资本的关系要平衡，以及出现一些人力资本可能侵犯货币资本的现象，我想可能是相较于货币的宽松，人力资本相对来说更为稀缺的原因。从这个角度来看，人力资本未来的趋势可能是越来越实质化，即真正体现为股权等实质化的价值，像刚才志华讲的那种请来人才又不舍得给股份的情况就不行了，你不给，自然有人给。

彭剑锋：对。就是因为社会资本多了，人力资本相对稀缺，这是人力资本合伙人制度建立的基础。这实际也提到一个问题，即人力资本合伙人制度的局限性。首先企业家是稀缺的，其次这个团队是稀缺的。由此就导致了人力资本合伙人制度不具有普适性。不是什么样的产业和企业都适合人力资本合伙人制度，对工业企业、资金密集型企业就不适合。

李志华：我同意彭老师讲的。人力资本未来的趋势是要解决人力资本价值衡量的问题，实现权利平等、利益分享、组织具有活力和效率都要解决这个前提问题。否则，就会出现货币资本和人力资本之间的不协调：过度强调货币资本，企业会失去活力；过度强调人力资本，企业难有持续增长力。

吴春波：但人力资本的价值如何衡量？我觉得企业是不是可以先解决一个比例问题，现在绝大部分企业其实人力成本所得占企业利润的比例极小，华为过去是四比六，现在要变成三比一，即人力劳动所得是三，资本所得是一，这就是要体现人力资本这个价值。

很多企业人力资本其实对剩余价值的索取基本是零。资本获取财富，劳动获得工资，这才是当下的现实。

那么未来就要提出分配比例，而且这个比例是动态的，是要根据企业发展阶段来动态调整，既不能“一边倒式”，也不是“一次定终身”。

李志华：受吴老师的启发，我觉得确立人力资本和货币资本的分配比例要考虑几个要素：一是不同性质的企业，人力资本的价值评价是不一样的；二是企业发展不同阶段，比如初创型企业、发展比较成熟的企业，这个企业的价值都不一样。应该结合这两个因素设计一个模型出来。

（三）企业转型期可以实行合伙人制吗？

李志华：针对这个问题，我想先讲一个案例。现在很多企业遇到了发展瓶颈，一些老板就想到了在经理人层级实施合伙人制，甚至把合伙人制当做一根救命草。但是在这个过程中，出现几种情况，第一，给不给人力资本合伙人股权？给多少股权？这是老板非常疑惑的事情。第二，这些经理人由此对老板一贯的管理风格产生了不信任感。

我在一家企业做了一个访谈。我第一个问题是：“老板想在公司实施事业合伙人制，你觉得好不好？”他们都说：“好”。我的第二个问题是：“如果以后产生利润有分享机制这块行不行？”他们说分享机制可以，但是如果亏了要我承担的话那就不太愿意。我的第三个问题是：“既然要成为合伙人制，你必须要出一份钱行不行？”不可以，几乎全是说不可以。我接着问为什么不可以，回答是：我不知道老板给我算的利润准不准确。

你看，这时候老板跟经理人之间就出现了一种信任危机。

第一，我认为在转型过程中，企业如果管理基础并不规范、信任危机没有解决的话，实施合伙人制反而是个风险点，这是我要讲的第一点。

第二，很多企业本来就是希望合伙人制成为企业的救命稻草，所以在目标制定过程中又产生了目标博弈的问题。

第三，老板认为搞合伙人制，经营困境问题就能解决，实际上没有解决，因为他没有进行有效的授权。比如原来是项目经理，现在是合伙人了，应该就有了参与经营决策的权利，但是企业适用的还是原来那套管理机制，没有授权体系，合伙人也发挥不出自己的价值。

第四，利益分享的问题。利益分享是关键因素，但有很多难以达成一致的地方，比如几年以后分享利益，几年以后价值到底怎么算？是按照公司增长的比率来算？还是按照货币的利率来算？还有怎么去兑现？等等。

综合以后，我认为，企业在转型期采取事业合伙人制必须要有完善的配套机制，无论是文化的，还是管理基础上都要有完善的配套机制，才能够有效地实施合伙人制。

吴春波：志华提醒我了，合伙人制也好，员工持股计划也好，本质上都是个信任计划。这个信任是相互信任，货币资本对人力资本的信任，人力资本对产业资本的信任，这是第一层面的相互信任。第二个信任是大家对未来企业发展的信任的预期。刚才志华讲的那个案例，为什么老板要给经理人配股，经理人却不要，因为经理人对企业的未来预期不好。

所以，在企业转型过程中，尤其是企业亏损的状态下，不适合实施合伙人制或者叫员工持股计划。

彭剑锋：刚才吴老师和志华所谈的一个核心问题，就是人力资本和货币资本之间的关系必须建立在信任、承诺的基础之上，尤其是在企业转型时期。

第一个是老板和经理人的相互信任。第二个是信任未来，我认为最主要的是信任未来，我们搞人力资本合伙人制是要解决企业的长期发展问题，是一种长期激励措施，是要把人力资本利益和企业利益捆在一起。第三还要做出承诺。一方面是职业经理人对完成目标要做出承诺，另一方面老板要对预先所承诺的回报要兑现。现在在企业界有个很大的矛盾就是老板赚了钱以后不兑现，职业经理人也不对目标做出承诺。

这种信任、承诺关系要通过制度的方式规定下来，而不仅仅是在理念层面上表决心。

陆学彬：企业转型更多的是要抓核心矛盾。

彭剑锋：转型变革过程中最重要的是要创新人力资本合伙人制度，就是要看到转型变革的未来，更多的是基于未来，而不是基于现实。企业创新驱动跟人力资本驱动是相辅相成的，没有人力资本驱动，就没有创新驱动。

吴春波：这其实也谈到了一个问题，就是实施合伙人制，或者是员工持股计划，都对企业基础的管理制度提出了要求。**尤其是对人力资源管理制度要有一个优化过程，**我们现在绝大部分企业还是人事管理阶段，还没有到人力资源管理阶段，突然跑到人力资本阶段的话，我觉得这很危险。

彭剑锋：我之所以要把人力资源管理分成人事行政、人力资源专业职能管理、战略人力资源管理和人力资本价值管理这四个阶段，就是在强调每个发展阶段都要有它相适应的管理方法，从理论上来说是个渐进式发展的过程。但在互联网时代，中国企业很多是四步并作一步跑，就出现了吴老师所说这种情况，即落后的管理基础配上先进的管理方式的问题。

其实，当一个企业的人力资本没有上升到战略层面就谈不上人力资本合伙人制度。因为不上升到战略层面，人力资源就不能成为企业的战略性资源，不能成为企业决定性要素，那跟资本博弈时就属于从属地位，也就不可能真正实现人力资本合伙人制。

我认为，既要承认人力资本合伙人制度是未来发展趋势，也要认识到人力资本合伙人制不是万能的。

确实，创新是企业的活力，创新所产生的价值更大，但是管理最终还是要回归到两个最核心的要素，第一如何使整个组织充满活力，第二如何使整个组织始终充满效率。人力资本合伙人制度现在也是面临这个问题，无论是创业企业的合伙人，还是人力资本合伙人，成功与否最终取决于企业或团队的决策效率和执行能力。

（四）众筹：一种非典型合伙人制探索

吴春波：坦率说，我不看好众筹模式产生的合伙人制度。谁来真心关心经营？谁来制约？谁来对这些企业内部的治理结构负责？我觉得这是最大的问题。尤其是众筹模式中会有很多要搭便车的人。众筹式的人力资本合伙人，看上去很美，但是现实操作中许多问题没有解决，包括法律层面的进入、退出机制、合伙人的权益保护等。

陆学彬：在法律上是有界定的，比如合伙人以共同出资的方式确定自己的法律权益。因为众筹模式中的合伙人都是熟悉的人，除了法律规定，心理契约可能更重要。

刚才吴老师讲的这些问题，我在研究众筹案例的时候发现的确存在。所以我们做小菊咖啡时候就做了一个规避，就是制度设计、规则先行，我们是先制定规则再吸纳合伙人，亲兄弟、明算账。

然后是搭便车的问题，我们在做制度设计的时候实际上考虑到这个问题。但这一块目前我们只能用共同愿景、共同利益、共同价值观来约束，比如我们也制定了最高纲领、最低纲领这些。我们做小菊咖啡，是一帮前华为人基于华为文化想做一个共同的活动空间的一种商业模式。简单来说，这有点像村里面集资修条路或搭条桥一样，这个事情是对大家都有好处的，那这个期望值是共同的，是限定在一个区域内的。

还有我们和别的众筹式咖啡不一样的是，我们有个看守内阁，即我们有一个五个人的创业团队，磨合过程当我们发生争吵时，就回到《华为基本法》这个价值本源上去讨论，以大家都认可的基本价值原则来达成共识。

吴春波：我提一个问题，比如说你运行一年有利润，在同股同权的前提下，是分给股东，还是你们高层团队很有信心，想开分店，今年不分红。那么在这个决策中，你怎么说服股东？

陆学彬：我们不用说服股东，因为事先已经制定了分配规则，就是50%的利润要分给所有的股东，剩下的50%是经营管理团队和员工来分，这是一开始每个股东合伙人参与进来就知晓并同意的。

至于像开分店这种决策主要还是要由管理团队来决策，因为管理团队最清楚最大的价值在什么地方。也就是说，管理团队有最终决策权，这也是事先都跟股东讲清楚的。

吴春波：这样听下来，你表面是众筹，实际上又回归到了那个股份制，你的决策机制还是股份制。

陆学彬：这个做法的尝试是在其他众筹失败案例中总结出来的，就是要规避决策没有效率的情况，而这一条也是事先征得所有合伙人同意的。

彭剑锋：这种合伙人制度有几个特点：第一个是共享利润，第二个是共同参与决策，第三个实际上最核心的就是要保证创始人和经营管理团队对公司的控制权。

但是，如果控制权一直在几个创始人身上，那它保护了创始人，即人力资本合伙人的权益，却又可能对股东合伙人的权益造成某种程度的侵害。

众筹模式中的合伙人制其实有个难以解决的问题。这种模式对传统的公司治理是一个破坏。如果你们创始合伙人团队是不道德的，可能就会变成一个团伙，侵犯中小股东的利益。其实现在已经有很多人提出讨论，即如何防止内部人控制，避免因人力资本过度强势而侵犯货币资本利益的情况。

吴春波：我觉得众筹作为一种融资方式，是有它存在的空间，但如果从治理的角度讲，很难解决效率和活力的问题。然而企业之间的竞争是效率的竞争，如果我们的治理结构影响决策效率和执行效率，这可能对企业是一个致命的问题。

陆学彬：的确是很大的挑战，实际上我们在做架构设计时也讨论了这些问题，我们觉得，我们前华为人做这个小菊咖啡其实也是一个大胆的制度设计，我们通过众筹，用华为文化来参与咖啡这个竞争行业，看它是否能成功。

李志华：我们今年去美国做交流时，就有人问我如何看在中国投资效率很低的问题。我说中国的投资公司看重的第一要素并不是产品，或者项目书，而是创业团队。如果是个一流的团队，那肯定会做一流的产品，如果是二流的团队，再好的产品也没希望。

彭剑锋：这个理念很重要，即合伙人团队比合伙人的机制制度设计更重要。

陆学彬：所以我觉得众筹有意义，或者更有魅力的地方就在于：如何在人力资本合伙人这个命题下面，通过一个制度设计来找到具有企业家精神的人？通过一种制度设计，能够通过相对民主的方式，而不是“君权神授”的方式来解决企业家的问题。这不仅是摆在我们面前的一个问题，恐怕也是摆在所有管理学者面前的问题。

彭剑锋：众筹有几个功能：第一是筹资功能，第二是人才团队功能，第三是资源功能，第四是它的传播及品牌功能。

其实刚才吴老师谈的很重要的就是在人力资本合伙人制度下怎么保持决策和执行的效率。其实这是众筹或者是其他人力资本合伙制所面临的一个最大问题，这可能真正还需要在实践中去探索和总结。但就目前来看，众筹模式中的合伙人制与人力资本合伙人制还是有很大区别。

推荐作者得新书！

博瑞森征稿启事

亲爱的读者朋友：

感谢您选择了博瑞森图书！希望您手中的这本书能给您带来实实在在的帮助！

博瑞森一直致力于发掘好作者、好内容，希望能把您最需要的思想、方法，一字一句地交到您手中，成为管理知识与管理实践的桥梁。

但是我们也知道，有很多深入企业一线、经验丰富、乐于分享的优秀专家，或者忙于实战没时间，或者缺少专业的写作指导和便捷的出版途径，只能茫然以待……

还有很多在竞争大潮中坚守的企业，有着异常宝贵的实践经验和独特的洞察，但缺少专业的记录和整理者，无法让企业的经验和故事被更多的人了解、学习……

对读者而言，这些都太遗憾了！

博瑞森非常希望能将这些埋藏的"宝藏"发掘出来，贡献给广大读者，让更多的人从中受益。

所以，我们真心地邀请您，我们的老读者，帮我们搜寻：

推荐作者

可以是您自己或您的朋友，只要对本土管理有实践、有思考；可以是您通过网络、杂志、书籍或其他途径了解的某位专家，不管名气大小，只要他的思想和方法曾让您深受启发。

可以是管理类作品，也可以超出管理，各类优秀的社科作品或学术作品。

推荐企业

可以是您自己所在的企业，或者是您熟悉的某家企业，其创业过程、运营经历、产品研发、机制创新，等等。无论企业大小，只要乐于分享、有值得借鉴书写之处。

总之，好内容就是一切！

博瑞森绝非"自费出书"，出版费用完全由我们承担。您推荐的作者或企业案例一经采用，我们会立刻向您赠送书币 1000 元，可直接换取任何博瑞森图书的纸书或电子书。

感谢您对本土管理原创、博瑞森图书的支持！

推荐投稿邮箱：bookgood@126.com　　推荐手机：13611149991

1120 本土管理实践与创新论坛

这是由100多位本土管理专家联合创立的企业管理实践学术交流组织，旨在孵化本土管理思想、促进企业管理实践、加强专家间交流与协作。

论坛每年集中力量办好两件大事：第一，“**出一本书**”，汇聚一年的思考和实践，把最原创、最前沿、最实战的内容集结成册，贡献给读者；第二，“**办一次会**”，每年11月20日本土管理专家们汇聚一堂，碰撞思想、研讨案例、交流切磋、回馈社会。

论坛理事名单（以年龄为序，以示传承之意）

首届常务理事：

彭志雄	曾　伟	施　炜	杨　涛	张学军
郭　晓	程绍珊	胡八一	王祥伍	李志华
陈立云	杨永华			

理　　事：

卢根鑫	王铁仁	周荣辉	曾令同	陆和平	宋杼宸	张国祥
刘承元	曹子祥	宋新宇	吴越舟	吴　坚	戴欣明	仲昭川
刘春雄	刘祖轲	段继东	何　慕	秦国伟	贺兵一	张小虎
郭　剑	余晓雷	黄中强	朱玉童	沈　坤	阎立忠	张　进
丁兴良	朱仁健	薛宝峰	史贤龙	卢　强	史幼波	叶敦明
王明胤	陈　明	岑立聪	方　刚	何足奇	周　俊	杨　奕
孙行健	孙嘉晖	张东利	郭富才	叶　宁	何　屹	沈　奎
王　超	马宝琳	谭长春	夏惊鸣	张　博	李洪道	胡浪球
孙　波	唐江华	程　翔	刘红明	杨鸿贵	伯建新	高可为
李　蓓	王春强	孔祥云	贾同领	罗宏文	史立臣	李政权
余　盛	陈小龙	尚　锋	邢　雷	余伟辉	李小勇	全怀周

初勇钢　陈　锐　高继中　聂志新　黄　屹　沈　拓　徐伟泽
谭洪华　崔自三　王玉荣　蒋　军　侯军伟　黄润霖　金国华
吴　之　葛新红　周　剑　崔海鹏　柏　龑　唐道明　朱志明
曲宗恺　杜　忠　远　鸣　范月明　刘文新　赵晓萌　张　伟
韩　旭　韩友诚　熊亚柱　孙彩军　刘　雷　王庆云　李少星
俞士耀　丁　昀　黄　磊　罗晓慧　伏泓霖　梁小平　鄢圣安

企业案例·老板传记

	书名.作者	内容/特色	读者价值
企业案例·老板传记	**你不知道的加多宝:原市场部高管讲述** 曲宗恺　牛玮娜　著	前加多宝高管解读加多宝	全景式解读,原汁原味
	借力咨询:德邦成长背后的秘密 官同良　王祥伍　著	讲述德邦是如何借助咨询公司的力量进行自身与发展的	来自德邦内部的第一线资料,真实、珍贵,令人受益匪浅
	收购后怎样有效整合:一个重工业收购整合实录(待出版) 李少星　著	讲述企业并购后的事	语言轻松活泼,对并购后的企业有借鉴作用
	娃哈哈区域标杆:豫北市场营销实录 罗宏文　赵晓萌　等著	本书从区域的角度来写娃哈哈河南分公司豫北市场是怎么进行区域市场营销,成为娃哈哈全国第一大市场、全国增量第一高市场的一些操作方法	参考性、指导性,一线真实资料
	六个核桃凭什么:从0过100亿 张学军　著	首部全面揭秘养元六个核桃裂变式成长的巨著	学习优秀企业的成长路径,了解其背后的理论体系
	像六个核桃一样:打造畅销品的36个简明法则 王　超　范　萍　著	本书分上下两篇:包括“六个核桃”的营销战略历程和36条畅销法则	知名企业的战略历程极具参考价值,36条法则提供操作方法
	解决方案营销实战案例 刘祖轲　著	用10个真案例讲明白什么是工业品的解决方案式营销,实战、实用	有干货、真正操作过的才能写得出来
	招招见销量的营销常识 刘文新　著	如何让每一个营销动作都直指销量	适合中小企业,看了就能用
	我们的营销真案例 联纵智达研究院　著	五芳斋粽子从区域到全国/诺贝尔瓷砖门店销量提升/利豪家具出口转内销/汤臣倍健的营销模式	选择的案例都很有代表性,实在、实操!
	中国营销战实录:令人拍案叫绝的营销真案例 联纵智达　著	51个案例,42家企业,38万字,18年,累计2000余人次参与……	最真实的营销案例,全是一线记录,开阔眼界
	双剑破局:沈坤营销策划案例集 沈　坤　著	双剑公司多年来的精选案例解析集,阐述了项目策划中每一个营销策略的诞生过程,策划角度和方法	一线真实案例,与众不同的策划角度令人拍案叫绝、受益匪浅
	宗:一位制造业企业家的思考 杨　涛　著	1993年创业,引领企业平稳发展20多年,分享独到的心得体会	难得的一本老板分享经验的书
	简单思考:AMT咨询创始人自述 孔祥云　著	著名咨询公司(AMT)的CEO创业历程中点点滴滴的经验与思考	每一位咨询人,每一位创业者和管理经营者,都值得一读
	边干边学做老板 黄中强　著	创业20多年的老板,有经验、能写、又愿意分享,这样的书很少	处处共鸣,帮助中小企业老板少走弯路
	三四线城市超市如何快速成长:解密甘雨亭 IBMG国际商业管理集团　著	国内外标杆企业的经验+本土实践量化数据+操作步骤、方法	通俗易懂,行业经验丰富,宝贵的行业量化数据,关键思路和步骤
	中国首家未来超市:解密安徽乐城 IBMG国际商业管理集团　著	本书深入挖掘了安徽乐城超市的试验案例,为零售企业未来的发展提供了一条可借鉴之路	通俗易懂,行业经验丰富,宝贵的行业量化数据,关键思路和步骤

续表

互联网 +			
书名．作者		内容/特色	读者价值
互联网+	**互联网时代的银行转型** 韩友诚　著	以大量案例形式为读者全面展示和分析了银行的互联网金融转型应对之道	结合本土银行转型发展案例的书籍
	正在发生的转型升级·实践 本土管理实践与创新论坛　著	企业在快速变革期所展现出的管理变革新成果、新方法、新案例	重点突出对于未来企业管理相关领域的趋势研判
	触发需求：互联网新营销样本·水产 何足奇　著	传统产业都在苦闷中挣扎前行，本书通过鲜活的案例告诉你如何以需求链整合供应链，从而把大家熟知的传统行业打碎了重构、重做一遍	全是干货，值得细读学习，并且作者的理论已经经过了他亲自操刀的实践检验，效果惊人，就在书中全景展示
	移动互联新玩法：未来商业的格局和趋势 史贤龙　著	传统商业、电商、移动互联，三个世界并存，这种新格局的玩法一定要懂	看清热点的本质，把握行业先机，一本书搞定移动互联网
	微商生意经：真实再现33个成功案例操作全程 伏泓霖　罗晓慧　著	本书为33个真实案例，分享案例主人公在做微商过程中的经验教训	案例真实，有借鉴意义
	阿里巴巴实战运营——14招玩转诚信通 聂志新　著	本书主要介绍阿里巴巴诚信通的十四个基本推广操作，从而帮助使用诚信通的用户及企业更好地提升业绩	基本操作，很多可以边学边用，简单易学
	今后这样做品牌：移动互联时代的品牌营销策略 蒋　军　著	与移动互联紧密结合，告诉你老方法还能不能用，新方法怎么用	今后这样做品牌就对了
	互联网+"变"与"不变"：本土管理实践与创新论坛集萃．2016 本土管理实践与创新论坛　著	本土管理领域正在产生自己独特的理论和模式，尤其在移动互联时代，有很多新课题需要本土专家们一起研究	帮助读者拓宽眼界、突破思维
	创造增量市场：传统企业互联网转型之道 刘红明　著	传统企业需要用互联网思维去创造增量，而不是用电子商务去转移传统业务的存量	教你怎么在"互联网+"的海洋中创造实实在在的增量
	重生战略：移动互联网和大数据时代的转型法则 沈　拓　著	在移动互联网和大数据时代，传统企业转型如同生命体打算与再造，称之为"重生战略"	帮助企业认清移动互联网环境下的变化和应对之道
	画出公司的互联网进化路线图：用互联网思维重塑产品、客户和价值 李　蓓　著	18个问题帮助企业一步步梳理出互联网转型思路	思路清晰、案例丰富，非常有启发性
	7个转变，让公司3年胜出 李　蓓　著	消费者主权时代，企业该怎么办	这就是互联网思维，老板有能这样想，肯定倒不了
	跳出同质思维，从跟随到领先 郭　剑　著	66个精彩案例剖析，帮助老板突破行业长期思维惯性	做企业竟然有这么多玩法，开眼界

续表

<table>
<tr><th colspan="4">行业类：零售、白酒、食品/快消品、农业、医药、建材家居等</th></tr>
<tr><th colspan="2">书名．作者</th><th>内容/特色</th><th>读者价值</th></tr>
<tr><td rowspan="9">零售·超市·餐饮·服装</td><td>1. 总部有多强大，门店就能走多远
2. 超市卖场定价策略与品类管理
3. 连锁零售企业招聘与培训破解之道
4. 中国首家未来超市：解密安徽乐城
5. 三四线城市超市如何快速成长：解密甘雨亭
IBMG 国际商业管理集团 著</td><td>国内外标杆企业的经验 + 本土实践量化数据 + 操作步骤、方法</td><td>通俗易懂，行业经验丰富，宝贵的行业量化数据，关键思路和步骤</td></tr>
<tr><td>涨价也能卖到翻
村松达夫 【日】</td><td>提升客单价的 15 种实用、有效的方法</td><td>日本企业在这方面非常值得学习和借鉴</td></tr>
<tr><td>移动互联下的超市升级
联商网专栏频道 著</td><td>深度解析超市转型升级重点</td><td>帮助零售企业把握全局、看清方向</td></tr>
<tr><td>手把手教你做专业督导：专卖店、连锁店
熊亚柱 著</td><td>从督导的职能、作用，在工作中需要的专业技能、方法，都提供了详细的解读和训练办法，同时附有大量的表单工具</td><td>无论是店铺需要统一培训，还是个人想成为优秀的督导，有这一本就够了</td></tr>
<tr><td>百货零售全渠道营销策略
陈继展 著</td><td>没有照本宣科、说教式的絮叨，只有笔者对行业的认知与理解，庖丁解牛式的逐项解析、展开</td><td>通俗易懂，花极少的时间快速掌握该领域的知识及趋势</td></tr>
<tr><td>零售：把客流变成购买力
丁 昀 著</td><td>如何通过不断升级产品和体验式服务来经营客流</td><td>如何进行体验营销，国外的好经营，这方面有启发</td></tr>
<tr><td>餐饮企业经营策略第一书
吴 坚 著</td><td>分别从产品、顾客、市场、盈利模式等几个方面，对现阶段餐饮企业的发展提出策略和思路</td><td>第一本专业的、高端的餐饮企业经营指导书</td></tr>
<tr><td>电影院的下一个黄金十年：开发·差异化·案例
李保煜 著</td><td>对目前电影院市场存大的问题及如何解决进行了探讨与解读</td><td>多角度了解电影院运营方式及代表性案例</td></tr>
<tr><td>赚不赚钱靠店长：从懂管理到会经营
孙彩军 著</td><td>通过生动的案例来进行剖析，注重门店管理细节方面的能力提升</td><td>帮助终端门店店长在管理门店的过程中实现经营思路的拓展与突破</td></tr>
<tr><td rowspan="2">耐消品</td><td>汽车配件这样卖：汽车后市场销售秘诀 100 条
俞士耀 著</td><td>汽配销售业务员必读，手把手教授最实用的方法，轻松得来好业绩</td><td>快速上岗，专业实效，业绩无忧</td></tr>
<tr><td>跟行业老手学经销商开发与管理：家电、耐消品、建材家居
黄润霖 著</td><td>全部来源于经销商管理的一线问题，作者用丰富的经验将每一个问题落实到最便捷快速的操作方法上去</td><td>书中每一个问题都是普通营销人亲口提出的，这些问题你也会遇到，作者进行的解答则精彩实用</td></tr>
<tr><td rowspan="2">白酒</td><td>白酒到底如何卖
赵海永 著</td><td>以市场实战为主，多层次、全方位、多角度地阐释了白酒一线市场操作的最新模式和方法，接地气</td><td>实操性强，37 个方法、6 大案例帮你成功卖酒</td></tr>
<tr><td>变局下的白酒企业重构
杨永华 著</td><td>帮助白酒企业从产业视角看清趋势，找准位置，实现弯道超车的书</td><td>行业内企业要减少 90%，自己在什么位置，怎么做，都清楚了</td></tr>
</table>

续表

白酒	1. 白酒营销的第一本书(升级版) 2. 白酒经销商的第一本书 唐江华　著	华泽集团湖南开口笑公司品牌部长,擅长酒类新品推广、新市场拓展	扎根一线,实战
	区域型白酒企业营销必胜法则 朱志明　著	为区域型白酒企业提供35条必胜法则,在竞争中赢销的葵花宝典	丰富的一线经验和深厚积累,实操实用
	10步成功运作白酒区域市场 朱志明　著	白酒区域操盘者必备,掌握区域市场运作的战略、战术、兵法	在区域市场的攻伐防守中运筹帷幄,立于不败之地
	酒业转型大时代:微酒精选2014-2015 微酒　主编	本书分为五个部分:当年大事件、那些酒业营销工具、微酒独立策划、业内大调查和十大经典案例	了解行业新动态、新观点,学习营销方法
快消品·食品	5小时读懂快消品营销:中国快消品案例观察 陈海超　著	多年营销经验的一线老手把案例掰开了、揉碎了,从中得出的各种手段和方法给读者以帮助和启发	营销那些事儿的个中秘辛,求人还不一定告诉你,这本书里就有
	快消品招商的第一本书:从入门到精通 刘　雷　著	深入浅出,不说废话,有工具方法,通俗易懂	让零基础的招商新人快速学习书中最实用的招商技能,成长为骨干人才
	乳业营销第一书 侯军伟　著	对区域乳品企业生存发展关键性问题的梳理	唯一的区域乳业营销书,区域乳品企业一定要看
	食用油营销第一书 余　盛　著	10多年油脂企业工作经验,从行业到具体实操	食用油行业第一书,当之无愧
	中国茶叶营销第一书 柏　龑　著	如何跳出茶行业"大文化小产业"的困境,作者给出了自己的观察和思考	不是传统做茶的思路,而是现在商业做茶的思路
	调味品营销第一书 陈小龙　著	国内唯一一本调味品营销的书	唯一的调味品营销的书,调味品的从业者一定要看
	快消品营销人的第一本书:从入门到精通 刘　雷　伯建新　著	快消行业必读书,从入门到专业	深入细致,易学易懂
	变局下的快消品营销实战策略 杨永华　著	通胀了,成本增加,如何从被动应战变成主动的"系统战"	作者对快消品行业非常熟悉、非常实战
	快消品经销商如何快速做大 杨永华　著	本书完全从实战的角度,评述现象,解析误区,揭示原理,传授方法	为转型期的经销商提供了解决思路,指出了发展方向
	一位销售经理的工作心得 蒋　军　著	一线营销管理人员想提升业绩却无从下手时,可以看看这本书	一线的真实感悟
	快消品营销:一位销售经理的工作心得2 蒋　军　著	快消品、食品饮料营销的经验之谈,重点图书	来源与实战的精华总结
	快消品营销与渠道管理 谭长春　著	将快消品标杆企业渠道管理的经验和方法分享出来	可口可乐、华润的一些具体的渠道管理经验,实战
	成为优秀的快消品区域经理(升级版) 伯建新　著	用"怎么办"分析区域经理的工作关键点,增加30%全新内容,更贴近环境变化	可以作为区域经理的"速成催化器"
	销售轨迹:一位快消品营销总监的拼搏之路 秦国伟　著	本书讲述了一个普通销售员打拼成为跨国企业营销总监的真实奋斗历程	激励人心,给广大销售员以力量和鼓舞

续表

快消品·食品	**快消老手都在这样做：区域经理操盘锦囊** 方刚　著	非常接地气，全是多年沉淀下来的干货，丰富的一线经验和实操方法不可多得	在市场摸爬滚打的“老油条”，那些独家绝招妙招一般你问都是问不来的
	动销四维：全程辅导与新品上市 高继中　著	从产品、渠道、促销和新品上市详细讲解提高动销的具体方法，总结作者18年的快消品行业经验，方法实操	内容全面系统，方法实操
农业	**新农资如何换道超车** 刘祖轲　等著	从农业产业化、互联网转型、行业营销与经营突破四个方面阐述如何让农资企业占领先机、提前布局	南方略专家告诉你如何应对资源浪费、生产效率低下、产能严重过剩、价格与价值严重扭曲等
	中国牧场管理实战：畜牧业、乳业必读 黄剑黎　著	本书不仅提供了来自一线的实际经验，还收入了丰富的工具文档与表单	填补空白的行业必读作品
	中小农业企业品牌战法 韩　旭　著	将中小农业企业品牌建设的方法，从理论讲到实践，具有指导性	全面把握品牌规划，传播推广，落地执行的具体措施
	农资营销实战全指导 张　博　著	农资如何向“深度营销”转型，从理论到实践进行系统剖析，经验资深	朴实、使用！不可多得的农资营销实战指导
	农产品营销第一书 胡浪球　著	从农业企业战略到市场开拓、营销、品牌、模式等	来源于实践中的思考，有启发
	变局下的农牧企业9大成长策略 彭志雄　著	食品安全、纵向延伸、横向联合、品牌建设……	唯一的农牧企业经营实操的书，农牧企业一定要看
医药	**在中国，医药营销这样做：时代方略精选文集** 段继东　主编	专注于医药营销咨询15年，将医药营销方法的精华文章合编，深入全面	可谓医药营销领域的顶尖著作，医药界读者的必读书
	医药新营销：制药企业、医药商业企业营销模式转型 史立臣　著	医药生产企业和商业企业在新环境下如何做营销？老方法还有没有用？如何寻找新方法？新方法怎么用？本书给你答案	内容非常现实接地气，踏实谈问题说方法
	医药企业转型升级战略 史立臣　著	药企转型升级有5大途径，并给出落地步骤及风险控制方法	实操性强，有作者个人经验总结及分析
	新医改下的医药营销与团队管理 史立臣　著	探讨新医改对医药行业的系列影响和医药团队管理	帮助理清思路，有一个框架
	医药营销与处方药学术推广 马宝琳　著	如何用医学策划把“平民产品”变成“明星产品”	有真货、讲真话的作者，堪称处方药营销的经典！
	新医改了，药店就要这样开 尚　锋　著	药店经营、管理、营销全攻略	有很强的实战性和可操作性
	电商来了，实体药店如何突围 尚　锋　著	电商崛起，药店该如何突围？本书从促销、会员服务、专业性、客单价等多重角度给出了指导方向	实战攻略，拿来就能用
	OTC医药代表药店销售36计 鄢圣安　著	以《三十六计》为线，写OTC医药代表向药店销售的一些技巧与策略	案例丰富，生动真实，实操性强

续表

医药	**OTC 医药代表药店开发与维护** 鄢圣安　著	要做到一名专业的医药代表,需要做什么、准备什么、知识储备、操作技巧等	医药代表药店拜访的指导手册,手把手教你快速上手
	引爆药店成交率 1:店员导购实战 范月明　著	一本书解决药店导购所有难题	情景化、真实化、实战化
	引爆药店成交率 2:经营落地实战 范月明　著	最接地气的经营方法全指导	揭示了药店经营的几类关键问题
	引爆药店成交率:专业化销售解决方案(待出版) 范月明　著	药品搭配分析与关联销售	为药店人专业化助力
建材家居	**建材家居营销:除了促销还能做什么** 孙嘉晖　著	一线老手的深度思考,告诉你在建材家居营销模式基本停滞的今天,除了促销,营销还能怎么做	给你的想法一场革命
	建材家居营销实务 程绍珊　杨鸿贵　主编	价值营销运用到建材家居,每一步都让客户增值	有自己的系统、实战
	建材家居门店销量提升 贾同领　著	店面选址、广告投放、推广助销、空间布局、生动展示、店面运营等	门店销量提升是一个系统工程,非常系统、实战
	10 步成为最棒的建材家居门店店长 徐伟泽　著	实际方法易学易用,让员工能够迅速成长,成为独当一面的好店长	只要坚持这样干,一定能成为好店长
	手把手帮建材家居导购业绩倍增:成为顶尖的门店店员 熊亚柱　著	生动的表现形式,让普通人也能成为优秀的导购员,让门店业绩长红	读着有趣,用着简单,一本在手、业绩无忧
	建材家居经销商实战 42 章经 王庆云　著	告诉经销商:老板怎么当、团队怎么带、生意怎么做	忠言逆耳,看着不舒服就对了,实战总结,用一招半式就值了
工业品	**销售是门专业活:B2B、工业品** 陆和平　著	销售流程就应该跟着客户的采购流程和关注点的变化向前推进,将一个完整的销售过程分成十个阶段,提供具体方法	销售不是请客吃饭拉关系,是个专业的活计!方法在手,走遍天下不愁
	解决方案营销实战案例 刘祖轲　著	用 10 个真案例讲明白什么是工业品的解决方案式营销,实战、实用	有干货、真正操作过的才能写得出来
	变局下的工业品企业 7 大机遇 叶敦明　著	产业链条的整合机会、盈利模式的复制机会、营销红利的机会、工业服务商转型机会……	工业品企业还可以这样做,思维大突破
	工业品市场部实战全指导 杜　忠　著	工业品市场部经理工作内容全指导	系统、全面、有理论、有方法,帮助工业品市场部经理更快提升专业能力
	工业品营销管理实务 李洪道　著	中国特色工业品营销体系的全面深化、工业品营销管理体系优化升级	工具更实战,案例更鲜活,内容更深化
	工业品企业如何做品牌 张东利　著	为工业品企业提供最全面的品牌建设思路	有策略、有方法、有思路、有工具
	丁兴良讲工业 4.0 丁兴良　著	没有枯燥的理论和说教,用朴实直白的语言告诉你工业 4.0 的全貌	工业 4.0 是什么?本书告诉你答案

续表

工业品	**资深大客户经理：策略准，执行狠** 叶敦明　著	从业务开发、发起攻势、关系培育、职业成长四个方面，详述了大客户营销的精髓	满满的全是干货
工业品	**一切为了订单：订单驱动下的工业品营销实战** 唐道明　著	其实，所有的企业都在围绕着两个字在开展全部的经营和管理工作，那就是“订单”	开发订单、满足订单、扩大订单。本书全是实操方法，字字珠玑、句句干货，教你获得营销的胜利
金融	**交易心理分析** (美)马克·道格拉斯　著 刘真如　译	作者一语道破赢家的思考方式，并提供了具体的训练方法	不愧是投资心理的第一书，绝对经典
金融	**精品银行管理之道** 崔海鹏　何　屹　主编	中小银行转型的实战经验总结	中小银行的教材很多，实战类的书很少，可以看看
金融	**支付战争** Eric M. Jackson　著 徐　彬　王　晓　译	PayPal 创业期营销官，亲身讲述 PayPal 从诞生到壮大到成功出售的整个历史	激烈、有趣的内幕商战故事！了解美国支付市场的风云巨变
金融	**互联网时代的银行转型** 韩友诚　著	以大量案例形式为读者全面展示和分析了银行的互联网金融转型应对之道	结合本土银行转型发展案例的书籍
房地产	**产业园区/产业地产规划、招商、运营实战** 阎立忠　著	目前中国第一本系统解读产业园区和产业地产建设运营的实战宝典	从认知、策划、招商到运营全面了解地产策划
房地产	**人文商业地产策划** 戴欣明　著	城市与商业地产战略定位的关键是不可复制性，要发现独一无二的“味道”	突破千城一面的策划困局
房地产	**电影院的下一个黄金十年：开发·差异化·案例** 李保煜　著	对目前电影院市场存大的问题及如何解决进行了探讨与解读	多角度了解电影院运营方式及代表性案例

经营类：企业如何赚钱，如何抓机会，如何突破，如何“开源”

	书名．作者	内容/特色	读者价值
抓方向	**让经营回归简单．升级版** 宋新宇　著	化繁为简抓住经营本质：战略、客户、产品、员工、成长	经典，做企业就这几个关键点！
抓方向	**混沌与秩序Ⅰ：变革时代企业领先之道** **混沌与秩序Ⅱ：变革时代管理新思维** 彭剑锋　尚艳玲　主编	汇集华夏基石专家团队 10 年来研究成果，集中选择了其中的精华文章编纂成册	作者都是既有深厚理论积淀又有实践经验的重磅专家，为中国企业和企业家的未来提出了高屋建瓴的观点
抓方向	**活系统：跟任正非学当老板** 孙行健　尹　贤　著	以任正非的独到视角，教企业老板如何经营公司	看透公司经营本质，激活企业活力
抓方向	**公司由小到大要过哪些坎** 卢　强　著	老板手里的一张“企业成长路线图”	现在我在哪儿，未来还要走哪些路，都清楚了
抓方向	**企业二次创业成功路线图** 夏惊鸣　著	企业曾经抓住机会成功了，但下一步该怎么办？	企业怎样获得第二次成功，心里有个大框架了
抓方向	**老板经理人双赢之道** 陈　明　著	经理人怎养选平台、怎么开局，老板怎样选/育/用/留	老板生闷气，经理人牢骚大，这次知道该怎么办了
抓方向	**简单思考：AMT 咨询创始人自述** 孔祥云　著	著名咨询公司（AMT）的 CEO 创业历程中点点滴滴的经验与思考	每一位咨询人，每一位创业者和管理经营者，都值得一读
抓方向	**企业文化的逻辑** 王祥伍　黄健江　著	为什么企业绩效如此不同，解开绩效背后的文化密码	少有的深刻，有品质，读起来很流畅
抓方向	**使命驱动企业成长** 高可为　著	钱能让一个人今天努力，使命能让一群人长期努力	对于想做事业的人，‘使命’是绕不过去的

续表

思维突破	**移动互联新玩法:未来商业的格局和趋势** 史贤龙　著	传统商业、电商、移动互联,三个世界并存,这种新格局的玩法一定要懂	看清热点的本质,把握行业先机,一本书搞定移动互联网
	画出公司的互联网进化路线图:用互联网思维重塑产品、客户和价值 李　蓓　著	18个问题帮助企业一步步梳理出互联网转型思路	思路清晰、案例丰富,非常有启发性
	重生战略:移动互联网和大数据时代的转型法则 沈　拓　著	在移动互联网和大数据时代,传统企业转型如同生命体打算与再造,称之为"重生战略"	帮助企业认清移动互联网环境下的变化和应对之道
	创造增量市场:传统企业互联网转型之道 刘红明　著	传统企业需要用互联网思维去创造增量,而不是用电子商务去转移传统业务的存量	教你怎么在"互联网+"的海洋中创造实实在在的增量
	7个转变,让公司3年胜出 李　蓓　著	消费者主权时代,企业该怎么办	这就是互联网思维,老板有能这样想,肯定倒不了
	跳出同质思维,从跟随到领先 郭　剑　著	66个精彩案例剖析,帮助老板突破行业长期思维惯性	做企业竟然有这么多玩法,开眼界
	麻烦就是需求　难题就是商机 卢根鑫　著	如何借助客户的眼睛发现商机	什么是真商机,怎么判断、怎么抓,有借鉴
	互联网+"变"与"不变":本土管理实践与创新论坛集萃·2016 本土管理实践与创新论坛　著	加速本土管理思想的孕育诞生,促进本土管理创新成果更好地服务企业、贡献社会	各个作者本年度最新思想,帮助读者拓宽眼界、突破思维
财务	**写给企业家的公司与家庭财务规划——从创业成功到富足退休** 周荣辉　著	本书以企业的发展周期为主线,写各阶段企业与企业主家庭的财务规划	为读者处理人生各阶段企业与家庭的财务问题提供建议及方法,让家庭成员真正享受财富带来的益处
	互联网时代的成本观 程　翔　著	本书结合互联网时代提出了成本的多维观,揭示了多维组合成本的互联网精神和大数据特征,论述了其产生背景、实现思路和应用价值	在传统成本观下为盈利的业务,在新环境下也许就成为亏损业务。帮助管理者从新的角度来看待成本,进一步做好精益管理

管理类:效率如何提升,如何实现经营目标,如何"节流"

	书名.作者	内容/特色	读者价值
通用管理	**1. 让管理回归简单.升级版** **2. 让经营回归简单.升级版** **3. 让用人回归简单** 宋新宇　著	宋博士的"简单"三部曲,影响20万读者,非常经典	被读者热情地称作"中小企业的管理圣经"
	管理:以规则驾驭人性 王春强　著	详细解读企业规则的制定方法	从人与人博弈角度提升管理的有效性
	员工心理学超级漫画版 邢　雷　著	以漫画的形式深度剖析员工心理	帮助管理者更了解员工,从而更轻松地管理员工

续表

通用管理	**分股合心：股权激励这样做** 段磊　周剑　著	通过丰富的案例，详细介绍了股权激励的知识和实行方法	内容丰富全面、易读易懂，了解股权激励，有这一本就够了
	边干边学做老板 黄中强　著	创业20多年的老板，有经验、能写、又愿意分享，这样的书很少	处处共鸣，帮助中小企业老板少走弯路
	中国式阿米巴落地实践之从交付到交易 胡八一　著	本书主要讲述阿米巴经营会计，“从交付到交易”，这是成功实施了阿米巴的标志	阿米巴经营会计的工作是有逻辑关联的，一本书就能搞定
	中国式阿米巴落地实践之激活组织 胡八一　著	重点讲解如何科学划分阿米巴单元，阐述划分的实操要领、思路、方法、技术与工具	最大限度减少“推行风险”和“摸索成本”，利于公司成功搭建适合自身的个性化阿米巴经营体系
	集团化企业阿米巴实战案例 初勇钢　著	一家集团化企业阿米巴实施案例	指导集团化企业系统实施阿米巴
	阿米巴经营的中国模式 李志华　著	让员工从“要我干”到“我要干”，价值量化出来	阿米巴在企业如何落地，明白思路了
	欧博心法：好管理靠修行 曾　伟　著	用佛家的智慧，深刻剖析管理问题，见解独到	如果真的有‘中国式管理’，曾老师是其中标志性人物
流程管理	**1. 用流程解放管理者** **2. 用流程解放管理者2** 张国祥　著	中小企业阅读的流程管理、企业规范化的书	通俗易懂，理论和实践的结合恰到好处
	跟我们学建流程体系 陈立云　著	畅销书《跟我们学做流程管理》系列，更实操，更细致，更深入	更多地分享实践，分享感悟，从实践总结出来的方法论
质量管理	**IATF16949质量管理体系详解与案例文件汇编：TS16949转版IATF16949:2016** 谭洪华　著	针对IATF的新标准做了详细的解说，同时指出了一些推行中容易犯的错误，提供了大量的表单、案例	案例、表单丰富，拿来就用
	五大质量工具详解及运用案例：APQP/FMEA/PPAP/MSA/SPC 谭洪华　著	对制造业必备的五大质量工具中每个文件的制作要求、注意事项、制作流程、成功案例等进行了解读	通俗易懂、简便易行，能真正实现学以致用
	1. ISO9001:2015新版质量管理体系详解与案例文件汇编 **2. ISO14001:2015新版环境管理体系详解与案例文件汇编** 谭洪华　著	紧密围绕2015新版，逐条详细解读，工具也可以直接套用，易学易上手	企业认证、内审必备
战略落地	**重生——中国企业的战略转型** 施　炜　著	从前瞻和适用的角度，对中国企业战略转型的方向、路径及策略性举措提出了一些概要性的建议和意见	对企业有战略指导意义
	公司大了怎么管：从靠英雄到靠组织 AMT 金国华　著	第一次详尽阐释中国快速成长型企业的特点、问题及解决之道	帮助快速成长型企业领导及管理团队理清思路，突破瓶颈
	低效会议怎么改：每年节省一半会议成本的秘密 AMT 王玉荣　著	教你如何系统规划公司的各级会议，一本工具书	教会你科学管理会议的办法
	年初订计划，年尾有结果：战略落地七步成诗 AMT 郭晓　著	7个步骤教会你怎么让公司制定的战略转变为行动	系统规划，有效指导计划实现

续表

人力资源	**HRBP 是这样炼成的之“菜鸟起飞”** 新　海　著	以小说的形式，具体解析 HRBP 的职责，应该如何操作，如何为业务服务	实践者的经验分享，内容实务具体，形式有趣
	HRBP 是这样炼成的之中级修炼 新　海　著	本书以案例故事的方式，介绍了 HRBP 在实际工作中碰到的问题和挑战	书中的 HR 解决方案讲究因时因地制宜、简单有效的原则，重在启发读者思路，可供各类企业 HRBP 借鉴
	回归本源看绩效 孙　波　著	让绩效回顾“改进工具”的本源，真正为企业所用	确实是来源于实践的思考，有共鸣
	世界 500 强资深培训经理人教你做培训管理 陈　锐　著	从 7 大角度具体细致地讲解了培训管理的核心内容	专业、实用、接地气
	曹子祥教你做激励性薪酬设计 曹子祥　著	以激励性为指导，系统性地介绍了薪酬体系及关键岗位的薪酬设计模式	深入浅出，一本书学会薪酬设计
	曹子祥教你做绩效管理 曹子祥　著	复杂的理论通俗化，专业的知识简单化，企业绩效管理共性问题的解决方案	轻松掌握绩效管理
	把招聘做到极致 远　鸣　著	作为世界 500 强高级招聘经理，作者数十年招聘经验的总结分享	带来职场思考境界的提升和具体招聘方法的学习
	人才评价中心．超级漫画版 邢　雷　著	专业的主题，漫画的形式，只此一本	没想到一本专业的书，能写成这效果
	走出薪酬管理误区 全怀周　著	剖析薪酬管理的 8 大误区，真正发挥好枢纽作用	值得企业深读的实用教案
	集团化人力资源管理实践 李小勇　著	对搭建集团化的企业很有帮助，务实，实用	最大的亮点不是理论，而是结合实际的深入剖析
	我的人力资源咨询笔记 张　伟　著	管理咨询师的视角，思考企业的 HR 管理	通过咨询师的眼睛对比很多企业，有启发
	本土化人力资源管理 8 大思维 周　剑　著	成熟 HR 理论，在本土中小企业实践中的探索和思考	对企业的现实困境有真切体会，有启发
企业文化	**36 个拿来就用的企业文化建设工具** 海融心胜　主编	数十个工具，为了方便拿来就用，每一个工具都严格按照工具属性、操作方法、案例解读划分，实用、好用	企业文化工作者的案头必备书，方法都在里面，简单易操作
	华夏基石方法：企业文化落地本土实践 王祥伍　谭俊峰　著	十年积累、原创方法、一线资料，和盘托出	在文化落地方面真正有洞察，有实操价值的书
	企业文化的逻辑 王祥伍　著	为什么企业之间如此不同，解开绩效背后的文化密码	少有的深刻，有品质，读起来很流畅
	企业文化激活沟通 宋杼宸　安　琪　著	透过新任 HR 总经理的眼睛，揭示出沟通与企业文化的关系	有实际指导作用的文化落地读本
	在组织中绽放自我：从专业化到职业化 朱仁健　王祥伍　著	个人如何融入组织，组织如何助力个人成长	帮助企业员工快速认同并投入到组织中去，为企业发展贡献力量
	企业文化定位·落地一本通 王明胤　著	把高深枯燥的专业理论创建成一套系统化、实操化、简单化的企业文化缔造方法	对企业文化不了解，不会做？有这一本从概念到实操，就够了

续表

生产管理	**精益思维:中国精益如何落地** 刘承元　著	笔者二十余年企业经营和咨询管理的经验总结	中国企业需要灵活运用精益思维,推动经营要素与管理机制的有机结合,推动企业管理向前发展
	300张现场图看懂精益5S管理 乐　涛　编著	5S现场实操详解	案例图解,易懂易学
	高员工流失率下的精益生产 余伟辉　著	中国的精益生产必须面对和解决高员工流失率问题	确实来源于本土的工厂车间,很务实
	车间人员管理那些事儿 岑立聪　著	车间人员管理中处理各种“疑难杂症”的经验和方法	基层车间管理者最闹心、头疼的事,‘打包’解决
	1. 欧博心法:好管理靠修行 **2. 欧博心法:好工厂这样管** 曾　伟　著	他是本土最大的制造业管理咨询机构创始人,他从400多个项目、上万家企业实践中锤炼出的欧博心法	中小制造型企业,一定会有很强的共鸣
	欧博工厂案例1:生产计划管控对话录 **欧博工厂案例2:品质技术改善对话录** **欧博工厂案例3:员工执行力提升对话录** 曾　伟　著	最典型的问题、最详尽的解析,工厂管理9大问题27个经典案例	没想到说得这么细,超出想象,案例很典型,照搬都可以了
	工厂管理实战工具 欧博企管　编著	以传统文化为核心的管理工具	适合中国工厂
	苦中得乐:管理者的第一堂必修课 曾　伟　编著	曾伟与师傅大愿法师的对话,佛学与管理实践的碰撞,管理禅的修行之道	用佛学最高智慧看透管理
	比日本工厂更高效1:管理提升无极限 刘承元　著	指出制造型企业管理的六大积弊;颠覆流行的错误认知;掌握精益管理的精髓	每一个企业都有自己不同的问题,管理没有一剑封喉的秘笈,要从现场、现物、现实出发
	比日本工厂更高效2:超强经营力 刘承元　著	企业要获得持续盈利,就要开源和节流,即实现销售最大化,费用最小化	掌握提升工厂效率的全新方法
	比日本工厂更高效3:精益改善力的成功实践 刘承元　著	工厂全面改善系统有其独特的目的取向特征,着眼于企业经营体质(持续竞争力)的建设与提升	用持续改善力来飞速提升工厂的效率,高效率能够带来意想不到的高效益
	3A顾问精益实践1:IE与效率提升 党新民　苏迎斌　蓝旭日　著	系统的阐述了IE技术的来龙去脉以及操作方法	使员工与企业持续获利
	3A顾问精益实践2:JIT与精益改善 肖志军　党新民　著	只在需要的时候,按需要的量,生产所需的产品	提升工厂效率
员工素质提升	**TTT培训师精进三部曲(上):深度改善现场培训效果** **TTT培训师精进三部曲(中):构建最有价值的课程内容** **TTT培训师精进三部曲(下):职业功力沉淀与修为提升** **廖信琳　著**	**从内到外全方位指导企业内训师从专业到卓越**	成为优秀企业内训师/培训师的案头必备书籍

续表

员工素质提升	**手把手教你做专业督导：专卖店、连锁店** 熊亚柱　著	从督导的职能、作用，在工作中需要的专业技能、方法，都提供了详细的解读和训练办法，同时附有大量的表单工具	无论是店铺需要统一培训，还是个人想成为优秀的督导，有这一本就够了
员工素质提升	**跟老板“偷师”学创业** 吴江萍　余晓雷　著	边学边干，边观察边成长，你也可以当老板	不同于其他类型的创业书，让你在工作中积累创业经验，一举成功
员工素质提升	**销售轨迹：一位快消品营销总监的拼搏之路** 秦国伟　著	本书讲述了一个普通销售员打拼成为跨国企业营销总监的真实奋斗历程	激励人心，给广大销售员以力量和鼓舞
员工素质提升	**在组织中绽放自我：从专业化到职业化** 朱仁健　王祥伍　著	个人如何融入组织，组织如何助力个人成长	帮助企业员工快速认同并投入到组织中去，为企业发展贡献力量
员工素质提升	**企业员工弟子规：用心做小事，成就大事业** 贾同领　著	从传统文化《弟子规》中学习企业中为人处事的办法，从自身做起	点滴小事，修养自身，从自身的改善得到事业的提升
员工素质提升	**手把手教你做顶尖企业内训师：TTT 培训师宝典** 熊亚柱　著	从课程研发到现场把控、个人提升都有涉及，易读易懂，内容丰富全面	想要做企业内训师的员工有福了，本书教你如何抓住关键，从入门到精通

营销类：把客户需求融入企业各环节，提供“客户认为”有价值的东西

	书名．作者	内容/特色	读者价值
营销模式	**精品营销战略** 杜建君　著	以精品理念为核心的精益战略和营销策略	用精品思维赢得高端市场
营销模式	**变局下的营销模式升级** 程绍珊　叶　宁　著	客户驱动模式、技术驱动模式、资源驱动模式	很多行业的营销模式被颠覆，调整的思路有了！
营销模式	**卖轮子** 科克斯【美】	小说版的营销学！营销理念巧妙贯穿其中，贵在既有趣，又有深度	经典、有趣！一个故事读懂营销精髓
营销模式	**动销操盘：节奏掌控与社群时代新战法** 朱志明　著	在社群时代把握好产品生产销售的节奏，解析动销的症结，寻找动销的规律与方法	都是易读易懂的干货！对动销方法的全面解析和操盘
营销模式	**弱势品牌如何做营销** 李政权　著	中小企业虽有品牌但没名气，营销照样能做的有声有色	没有丰富的实操经验，写不出这么具体、详实的案例和步骤，很有启发
营销模式	**老板如何管营销** 史贤龙　著	高段位营销 16 招，好学好用	老板能看，营销人也能看
营销模式	**洞察人性的营销战术：沈坤教你 28 式** 沈　坤　著	28 个匪夷所思的营销怪招令人拍案叫绝，涉及商业竞争的方方面面，大部分战术可以直接应用到企业营销中	各种谋略得益于作者的横向思维方式，将其操作过的案例结合其中，提供的战术对读者有参考价值
营销模式	**动销：产品是如何畅销起来的** 吴江萍　余晓雷　著	真真切切告诉你，产品究竟怎么才能卖出去	击中痛点，提供方法，你值得拥有
销售	**资深大客户经理：策略准，执行狠** 叶敦明　著	从业务开发、发起攻势、关系培育、职业成长四个方面，详述了大客户营销的精髓	满满的全是干货

续表

销售	**成为资深的销售经理:B2B、工业品** 陆和平　著	围绕"销售管理的六个关键控制点"一一展开,提供销售管理的专业、高效方法	方法和技术接地气,拿来就用,从销售员成长为经理不再犯难
	销售是门专业活:B2B、工业品 陆和平　著	销售流程就应该跟着客户的采购流程和关注点的变化向前推进,将一个完整的销售过程分成十个阶段,提供具体方法	销售不是请客吃饭拉关系,是个专业的活计!方法在手,走遍天下不愁
	向高层销售:与决策者有效打交道 贺兵一　著	一套完整有效的销售策略	有工具,有方法,有案例,通俗易懂
	卖轮子 科克斯　【美】	小说版的营销学!营销理念巧妙贯穿其中,贵在既有趣,又有深度	经典、有趣!一个故事读懂营销精髓
	学话术　卖产品 张小虎　著	分析常见的顾客异议,将优秀的话术模块化	让普通导购员也能成为销售精英
组织和团队	**升级你的营销组织** 程绍珊　吴越舟　著	用"有机性"的营销组织替代"营销能人",营销团队变成"铁营盘"	营销队伍最难管,程老师不愧是营销第1操盘手,步骤方法都很成熟
	用数字解放营销人 黄润霖　著	通过量化帮助营销人员提高工作效率	作者很用心,很好的常备工具书
	成为优秀的快消品区域经理(升级版) 伯建新　著	用"怎么办"分析区域经理的工作关键点,增加30%全新内容,更贴近环境变化	可以作为区域经理的"速成催化器"
	成为资深的销售经理:B2B、工业品 陆和平　著	围绕"销售管理的六个关键控制点"一一展开,提供销售管理的专业、高效方法	方法和技术接地气,拿来就用,从销售员成长为经理不再犯难
	一位销售经理的工作心得 蒋　军　著	一线营销管理人员想提升业绩却无从下手时,可以看看这本书	一线的真实感悟
	快消品营销:一位销售经理的工作心得2 蒋　军　著	快消品、食品饮料营销的经验之谈,重点突出	来源于实战的精华总结
	销售轨迹:一位快消品营销总监的拼搏之路 秦国伟　著	本书讲述了一个普通销售员打拼成为跨国企业营销总监的真实奋斗历程	激励人心,给广大销售员以力量和鼓舞
	用营销计划锁定胜局:用数字解放营销人2 黄润霖　著	全方位教你怎么做好营销计划,好学好用真简单	照搬套用就行,做营销计划再也不头痛
	快消品营销人的第一本书:从入门到精通 刘　雷　伯建新　著	快消行业必读书,从入门到专业	深入细致,易学易懂
产品	**新产品开发管理,就用IPD** 郭富才　著	10年IPD研发管理咨询总结,国内首部IPD专业著作	一本书掌握IPD管理精髓
	资深项目经理这样做新产品开发管理 秦海林　著	以IPD为思想,系统讲解新产品开管理的细节	提供管理思路和实用工具
	产品炼金术Ⅰ:如何打造畅销产品 史贤龙　著	满足不同阶段、不同体量、不同行业企业对产品的完整需求	必须具备的思维和方法,避免在产品问题上走弯路
	产品炼金术Ⅱ:如何用产品驱动企业成长 史贤龙　著	做好产品、关注产品的品质,就是企业成功的第一步	必须具备的思维和方法,避免在产品问题上走弯路

续表

品牌	**中小企业如何建品牌** 梁小平　著	中小企业建品牌的入门读本,通俗、易懂	对建品牌有了一个整体框架
	采纳方法:破解本土营销8大难题 朱玉童　编著	全面、系统、案例丰富、图文并茂	希望在品牌营销方面有所突破的人,应该看看
	中国品牌营销十三战法 朱玉童　编著	采纳20年来的品牌策划方法,同时配有大量的案例	众包方式写作,丰富案例给人启发,极具价值
	今后这样做品牌:移动互联时代的品牌营销策略 蒋军　著	与移动互联紧密结合,告诉你老方法还能不能用,新方法怎么用	今后这样做品牌就对了
	中小企业如何打造区域强势品牌 吴之　著	帮助区域的中小企业打造自身品牌,如何在强壮自身的基础上往外拓展	梳理误区,系统思考品牌问题,切实符合中小区域品牌的自身特点进行阐述
渠道通路	**快消品营销与渠道管理** 谭长春　著	将快消品标杆企业渠道管理的经验和方法分享出来	可口可乐、华润的一些具体的渠道管理经验,实战
	传统行业如何用网络拿订单 张　进　著	给老板看的第一本网络营销书	适合不懂网络技术的经营决策者看
	采纳方法:化解渠道冲突 朱玉童　编著	系统剖析渠道冲突,21个渠道冲突案例、情景式讲解,37篇讲义	系统、全面
	学话术　卖产品 张小虎　著	分析常见的顾客异议,将优秀的话术模块化	让普通导购员也能成为销售精英
	向高层销售:与决策者有效打交道 贺兵一　著	一套完整有效的销售策略	有工具,有方法,有案例,通俗易懂
	通路精耕操作全解:快消品20年实战精华 周　俊　陈小龙　著	通路精耕的详细全解,每一步的具体操作方法和表单全部无保留提供	康师傅二十年的经验和精华,实践证明的最有效方法,教你如何主宰通路

管理者读的文史哲·生活

	书名. 作者	内容/特色	读者价值
思想·文化	**德鲁克管理思想解读** 罗　珉　著	用独特视角和研究方法,对德鲁克的管理理论进行了深度解读与剖析	不仅是摘引和粗浅分析,还是作者多年深入研究的成果,非常可贵
	德鲁克与他的论敌们:马斯洛、戴明、彼得斯 罗　珉　著	几位大师之间的论战和思想碰撞令人受益匪浅	对大师们的观点和著作进行了大量的理论加工,去伪存真、去粗存精,同时有自己独特的体系深度
	德鲁克管理学 张远凤　著	本书以德鲁克管理思想的发展为线索,从一个侧面展示了20世纪管理学的发展历程	通俗易懂,脉络清晰
	自我与世界:以问题为中心的现象学运动研究 陈立胜　著	以问题为中心,对现象学运动中的“意向性”“自我”“他人”“身体”及“世界”各核心议题之思想史背景与内在发展理路进行深入细致的分析	深入了解现象学中的几个主要问题

续表

思想·文化	作为身体哲学的中国古代哲学 张再林　著	上篇为中国古代身体哲学理论体系奠基性部分，下篇对由“上篇”所开出的中国身体哲学理论体系的进一步的阐发和拓展	了解什么是真正原生态意义上的中国哲学，把中国传统哲学与西方传统哲学加以严格区别
	中西哲学的歧异与会通 张再林　著	本书以一种现代解释学的方法，对中国传统哲学内在本质尝试一种全新的和全方位的解读	发掘出掩埋在古老传统形式下的现代特质和活的生命，在此基础上揭示中西哲学“你中有我，我中有你”之旨
	治论：中国古代管理思想 张再林　著	本书主要从儒、法墨三家阐述中国古代管理思想	看人本主义的管理理论如何不留斧痕地克服似乎无法调解的存在于人类社会行为与社会组织中的种种两难和对立
	中国古代政治制度（修订版）上：皇帝制度与中央政府（待出版） 刘文瑞　著	全面论证了古代皇帝制度的形成和演变的历程	有助于读者从政治制度角度了解中国国情的历史渊源
	中国古代政治制度（修订版）下：地方体制与官僚制度（待出版） 刘文瑞　著	全面论证了古代地方政府的发展演变过程	有助于读者从政治制度角度了解中国国情的历史渊源
	通天彻地，九大法则：《尚书·洪范》讲记 史幼波　著	精析“洪范九畴”这一中华传统政治哲学的理论基础	寓渊深义理于通俗口语之中，使现代人也能一睹中华文化原典之精湛奥义
	史幼波大学讲记 史幼波　著	用儒释道的观点阐释大学的深刻思想	一本书读懂传统文化经典
	史幼波《周子通书》《太极图说》讲记 史幼波　著	把形而上的宇宙、天地，与形而下的社会、人生、经济、文化等融合在一起	将儒家的一整套学修系统融合起来
	史幼波中庸讲记（上下册） 史幼波　著	全面、深入浅出地揭示儒家中庸文化的真谛	儒释道三家思想融会贯通
	中国思想文化十八讲（修订版）（待出版） 张茂泽　著	中国古代的宗教思想文化，如对祖先崇拜、儒家天命观、中国古代关于“神”的讨论等	宗教文化和人生信仰或信念紧密相联，在文化转型时期学习和研究中国宗教文化就有特别的现实意义
	每个中国人身上的春秋基因 史贤龙　著	春秋368年（公元前770－公元前403年），每一个中国人都可以在这段时期的历史中找到自己的祖先，看到真实发生的事件，同时也看到自己	长情商、识人心
	内功太极拳训练教程 王铁仁　编著	杨式（内功）太极拳（俗称老六路）的详细介绍及具体修炼方法，身心的一次升华	书中含有大量图解并有相关视频供读者同步学习
	中医治心脏病 马宝琳　著	引用众多真实案例，客观真实地讲述了中西医对于心脏病的认识及治疗方法	看完这本书，能为您节约10万元医药费